Kommunikative Handlungsmuster im Wandel?
¿Convenciones comunicativas en proceso de transformación?

STUDIEN ZUR TRANSLATION UND INTERKULTURELLEN KOMMUNIKATION IN DER ROMANIA

Herausgegeben von Nadine Rentel und Ramona Schröpf

BAND 3

Zu Qualitätssicherung und Peer Review der vorliegenden Publikation:

Die Qualität der in dieser Reihe erscheinenden Arbeiten wird vor der Publikation durch eine Herausgeberin der Reihe geprüft.

Notes on the quality assurance and peer review of this publication:

Prior to publication, the quality of the work published in this series is reviewed by one of the editors of the series.

Nadine Rentel / Tilman Schröder / Ramona Schröpf
(Hrsg./eds.)

Kommunikative Handlungsmuster im Wandel? ¿Convenciones comunicativas en proceso de transformación?

Chats, Foren und Dienste des Web 2.0 im deutsch-spanischen Vergleich
Estudios hispano-alemanes de chats, foros y redes sociales

PETER LANG
EDITION

Bibliografische Information der Deutschen Nationalbibliothek
Die Deutsche Nationalbibliothek verzeichnet diese Publikation in der Deutschen Nationalbibliografie; detaillierte bibliografische Daten sind im Internet über http://dnb.d-nb.de abrufbar.

Library of Congress Cataloging-in-Publication Data
Kommunikative Handlungsmuster im Wandel? : Chats, Foren und Dienste des Web 2.0 im deutsch-spanischen Vergleich = ¿Convenciones comunicativas en proceso de transformación? : Estudios hispano-alemanes de chats, foros y redes sociales / Nadine Rentel, Tilman Schröder, Ramona Schröpf (Hrsg./eds.).
pages cm. — (Studien zur Translation und Interkulturellen Kommunikation in der Romania, ISSN 2195-710X ; Band 3)
Papers in German, Spanish, and English with English summaries.
ISBN 978-3-631-66805-4 (Print) — ISBN 978-3-653-05930-4 (E-Book) 1. Language and the Internet. 2. Social media. 3. Web 2.0. 4. Contrastive linguistics. 5. German language—Discourse analysis. 6. Spanish language–Discourse analysis. I. Rentel, Nadine, 1976- editor. II. Schröder, Tilman, 1980- editor. III. Schröpf, Ramona, 1974- editor.
P120.I6K66 2015
302.23'1—dc23

2015024002

Umschlagabbildung / Ilustración de portada:
Tag Cloud Social Media
© photolars / fotolia.com (Foto-Nr. / imagen n° 36628784)

ISSN 2195-710X
ISBN 978-3-631-66805-4 (Print)
E-ISBN 978-3-653-05930-4 (E-Book)
DOI 10.3726/978-3-653-05930-4

Peter Lang Edition ist ein Imprint der Peter Lang GmbH.

Peter Lang – Frankfurt am Main · Bern · Bruxelles ·
New York · Oxford · Warszawa · Wien

Diese Publikation wurde begutachtet.

www.peterlang.com

Inhaltsverzeichnis

Einleitung

Sprachliche und kommunikative Handlungen vollziehen sich nach konventionalisierten Mustern, die ihrerseits zur Herausbildung rekurrenter Diskursformen und Textsorten beitragen. Kommunikative Handlungsschemata sind jedoch keineswegs in Stein gemeißelt, sondern in stetigem Wandel begriffen, der wiederum nicht ohne Folgen für die Gestalt der entsprechenden Diskurse und Texte bleibt. Wandlungsprozesse kommunikativer Handlungsstrukturen stehen häufig im Zusammenhang mit Veränderungen der außersprachlichen Rahmenbedingungen, wobei neben dem sozialen und politischen Kontext auch Änderungen des medialen Umfelds, in dem die Kommunikation situiert ist, eine wichtige Rolle spielen können.

Insbesondere webbasierte Medien und Kommunikationskanäle haben in jüngster Vergangenheit drastische Veränderungen erfahren. Die Technologien des Web 2.0, die das einstmals statische und für den einseitigen Informationsabruf konzipierte World Wide Web nachhaltig modifizierten, haben sich als zentrale Triebfeder für die Veränderung kommunikativer Handlungsschemata erwiesen. In Anwendungen des Web 2.0 können sich Internetnutzer dank neuer Kooperations- und Interaktionsmöglichkeiten gegenseitig vernetzen, Informationen austauschen, selbstständig Content im Web publizieren und bestehende Inhalte modifizieren. Online-Dienste wie Wikipedia, die ausschließlich auf *User-generated content* basieren, demokratisieren mithilfe der „kollektiven Intelligenz" von Nutzern weltweit die derzeit verfügbaren Informationsbestände. Blogs und Online-Foren hingegen ermöglichen es Usern,[1] ihr soziales, politisches und wirtschaftliches Umfeld kommunikativ zu begleiten und auf diese Weise aktiv zu beeinflussen – ungeachtet politischer Repressionsversuche wie beispielsweise in Kuba. In den virtuellen Communitys sozialer Netzwerke können Mitglieder wiederum Informationen und Meinungen ohne Zeitverlust und mit großer Reichweite online verbreiten oder rezipieren, sich mit eigenen Beiträgen im virtuellen Raum profilieren und auf diese Weise entsprechende Selbstbestätigung erfahren.

1 Aus Gründen der besseren Lesbarkeit wird hier und im Folgenden nur die maskuline Form verwendet; es sind jedoch stets Personen männlichen und weiblichen Geschlechts gleichermaßen gemeint.

Die modifizierten Bedingungen der digitalen Formate und Dienste sind einerseits für etablierte kommunikative Handlungsmuster nicht ohne Folgen geblieben; andererseits haben sie neue Formen kommunikativen Handelns überhaupt erst ermöglicht. Genau diese Entwicklungen sind es, die in den Beiträgen, die im vorliegenden Band zusammengefasst sind, näher betrachtet werden. Die Frage nach dem Wandel kommunikativer Handlungsschemata in digitalen Medien wird dabei um eine sprachvergleichende Perspektive ergänzt. Erst die kontrastive Betrachtung – als Vergleichssprachen werden das Deutsche und das Spanische gewählt – ermöglicht es, kommunikative Spezifika von Texten in der einen oder anderen Sprache zuverlässig herauszuarbeiten und voneinander abzugrenzen. Die Annahme, dass sich kommunikative Handlungskonventionen trotz des globalen Charakters digitaler Dienste nach wie vor sprach- und kulturübergreifend unterscheiden, erscheint dabei durchaus begründet. Schließlich führt der *Digital Turn* – so haben mehrere Studien gezeigt – nicht etwa zur Auflösung kulturell etablierter Diskurs- und Handlungsmuster, sondern bietet gerade angesichts der Möglichkeit zur medialen Fixierung zahlreicher Texte eine Chance zur Verstetigung kulturspezifischer Konventionen.

Die in diesem Band versammelten Beiträge spiegeln die Vorträge und den Diskussionsverlauf der Sektion „Kontrastive Medienlinguistik / Lingüística mediática contrastiva“ des 18. Deutschen Hispanistentages wider, der im März 2011 unter dem Titel „Realität – Virtualität – Repräsentation“ an der Universität Passau stattfand. In ihren Aufsätzen widmen sich die Autoren aus unterschiedlichen Blickwinkeln dem Wandel kommunikativer Handlungsmuster in digitalen und sozialen Medien. Brückenschläge zu den analogen Pendants und Vorläufern digitaler Medientextsorten sowie zu konzeptionell verwandten Kommunikationsformen bleiben dabei keinesfalls ausgeklammert, sondern ergänzen den digitalen Schwerpunkt des Bandes in produktiver Weise. Die Themen der digitalen Texte und Diskurse, die in den Beiträgen untersucht werden, sind darüber hinaus ausgesprochen vielfältig: sie reichen von Fragen der politischen Information und Partizipation über Chancen und Risiken für Minderheitensprachen bis hin zu Aspekten von Wirtschafts- und Unternehmenskommunikation in digitalen und sozialen Medien wie Blogs, Chats und virtuellen Communitys.

Die Beiträge gliedern sich analog zu den jeweils besprochenen Medien und Kommunikationsformen in drei thematische Sektionen. Unter dem Titel „Kommunikative Handlungsmuster in Blogs, Foren und Chats“ widmet sich der erste Teil des Bandes Diskurs- und Interaktionsverläufen in den genannten digitalen Umgebungen und Diensten, ebenso wie den funktionalen, strukturellen und sprachlichen Implikationen für die jeweiligen Kommunikate. Die Beiträge des darauffolgenden Teils „Kommunikative Handlungsmuster in Wikis und sozialen

Netzwerken“ konzentrieren sich auf Sprechhandlungsmuster in sozialen Medien, wobei insbesondere der kollaborative Charakter von Anwendungen des Web 2.0 thematisiert wird. Der dritte Abschnitt „Kommunikative Handlungsmuster in transmedialer Perspektive“ bietet neben der Analyse digitaler Medien auch Untersuchungen zu konventionellen Kommunikationsformen Raum, wobei entstehungsgeschichtliche Aspekte medialer Textsorten ebenso wie Wechselwirkungen zwischen analogen und digitalen Texten in den Fokus rücken.

Kommunikative Handlungsmuster in Blogs, Foren und Chats

Im ersten Teil des Bandes stehen Kommunikations- und Interaktionsmuster in Blogs und Online-Foren sowie in Chatnachrichten und Kurzmitteilungen im Fokus. Fünf Fallstudien widmen sich in jeweils unterschiedlicher Gewichtung funktionalen, makrostrukturellen, mikrostrukturellen und pragmatischen Gesichtspunkten in den entsprechenden Kommunikaten.

Die Reihe der Beiträge wird eröffnet durch „Blogs en prensa digital: elaboración de un corpus textual bilingüe alemán-español para el estudio contrastivo de las construcciones con verbos funcionales“ von Maria Egido Vicente. Sie skizziert die Kompilation eines Korpus bestehend aus Blogs deutscher und spanischer Tageszeitungen, mithilfe dessen eine kontrastive Analyse des Gebrauchs von Funktionsverbgefügen in der Blogkommunikation möglich ist. Anhand medialer, formaler, funktionaler und inhaltlicher Parameter systematisiert die Autorin zunächst theoretisch in Frage kommende Blogs. Darauf aufbauend zeigt sie, wie sich eine begründete Materialauswahl für die kontrastive Analyse treffen und somit ein geeignetes Korpus zusammenstellen lässt.

Blogbasierte Kommunikation steht ebenfalls im Zentrum des Aufsatzes von Sybille Große. In „Kommentare politischer Blogs. Interaktion zwischen Konvention und sprachlicher Freiheit: Blog Generación Y“ unterzieht Große am Beispiel eines politischen Blogs in Kuba ausgewählte Postings und die daraufhin veröffentlichten Kommentare einer systematischen Analyse. Im Kontext eingeschränkter Meinungsfreiheit kommt politischen Blogs besondere Relevanz zu, da sie es ermöglichen, parallel zur regimetreuen Berichterstattung alternative Diskurse zu initiieren und über Postings und Kommentare aktiv auf die politische Meinungsbildung einzuwirken. Am Beispiel eines Postings im Blog der Kubanerin Yoani Sánchez systematisiert Große die thematischen Schwerpunkte der dort veröffentlichten Kommentare, ihren formalen Aufbau sowie Verweistechniken auf Kommentare anderer Nutzer, aber auch mikrostrukturelle Merkmale, Emotionalisierungstechniken und argumentative Verfahren der Kommentatoren. Die Kommentare, so wird deutlich, folgen keineswegs nur dem ursprünglichen Posting, sondern lassen sich aufgrund ihrer thematischen und funktionalen Heterogenität vielmehr als Symptom eines grundsätzlichen Bedürfnisses nach Beteiligung am politischen Diskurs interpretieren.

Der Beitrag Elmar Eggerts leitet zu einer den Blogs verwandten Kommunikationsform über. In „Las remisiones endofóricas y exofóricas en los foros de discusión de cantantes de música" untersucht Eggert spanische Diskussionsbeiträge in den Online-Foren des Fernsehsenders Univisión im Hinblick auf textuelle Verweisstrukturen in einzelnen Threads. Im Vordergrund steht hier die Frage, wie sich die spezifischen Kommunikationsbedingungen im Forum auf den Gebrauch endophorischer und exophorischer, also textinterner und textexterner Verweise, in den einzelnen Beiträgen auswirken. Seine Hypothese, die Threadstruktur der Forenkommunikation begünstige insbesondere den Gebrauch endophorischer Verweise, kann Eggert am Beispiel einer Forendiskussion zur mexikanischen Sängerin Thalía bestätigen. Es zeigt sich, dass die endophorischen Verweise in erheblichem Maße zur Herstellung von Kohärenz innerhalb der Beiträge des Threads beitragen.

Die beiden folgenden Beiträge thematisieren die Kommunikation per Chat bzw. per SMS, wobei einerseits Aspekte der Graphie (Daniel Kallweit) und andererseits der Pragmatik (Nadine Rentel) im Fokus stehen. In seinem Aufsatz „Spanische und deutsche Chats im Vergleich. Kn S 1 deutsche Neografie GBn?" stellt Daniel Kallweit die Schreibkonventionen in deutschen und spanischen Chats einander gegenüber. Es wird deutlich, dass sich in spanischen Chats mehrere innovative Graphiekonventionen herausgebildet haben, während genuin neographische Schreibweisen in deutschen Chats lediglich ansatzweise zu beobachten sind. Als mögliche Gründe für diesen Umstand diskutiert Kallweit die geringe Zahl von Buchstaben-Ziffern-Homophonien sowie die höhere Frequenz von Konsonantengruppen im Deutschen, die die Herausbildung von – vornehmlich phonetisch bestimmten – neographischen Verkürzungsformen erschweren.

Der Beitrag von Nadine Rentel widmet sich pragmatischen Aspekten spanischsprachiger Kurzmitteilungen. In „Diskursmarker und Interjektionen in spanischen SMS" analysiert sie anhand eines umfangreichen Korpus spanischsprachiger SMS die kommunikativen Funktionen von Diskursmarkern und Interjektionen. Es zeigt sich, dass Gesprächswörter in – grundsätzlich konzeptionell mündlichen und emotional geprägten – SMS-Nachrichten unter anderen Vorzeichen als in direkten Interaktionskontexten verwendet werden. Während Diskursmarker und Interjektionen in der *face-to-face*-Kommunikation eher zur unmittelbaren Gesprächskoordination eingesetzt werden, dienen sie in SMS-Nachrichten vorrangig dem Ausgleich fehlender raumzeitlicher Kopräsenz der

Gesprächspartner, indem sie Gesprächsauftakt und -ende signalisieren, Rückmeldungen des Gesprächspartners einfordern oder inhaltliche Stellungnahmen ersetzen.

Kommunikative Handlungsmuster in Wikis und sozialen Netzwerken

Der zweite Teil des Bandes legt den Fokus auf Phänomene der Interaktion, Kooperation und kollektiven Autorschaft in Wikipedia, sozialen Netzwerken und weiteren Diensten des Web 2.0. Anhand konkreter Fallanalysen erörtern die zugehörigen Beiträge, wie das Web 2.0 zur impliziten und expliziten Äußerung von Meinungen, Einstellungen und Gefühlen genutzt wird. Diese kommunikativen Handlungen können durch eine Vielzahl von Absichten motiviert sein, die in den nachfolgenden Aufsätzen unter anderem sprachen- und wirtschaftspolitischer Natur sind.

In ihrem Beitrag „Minderheitensprachen auf Wikipedia. Zwischen Information und interessengeleiteter Färbung“ untersuchen Kristina Bedijs und Karoline Heyder, inwieweit Sprecher von Minderheitensprachen die Online-Enzyklopädie Wikipedia dazu nutzen, in den Artikeln zur jeweiligen Minderheitensprache ein dezidiert positives Bild von deren Status und sozio-politischer Relevanz zu verbreiten. Es wird deutlich, dass die untersuchten Artikel keinesfalls durchgängig objektive Perspektiven bieten, sondern insbesondere unterschiedliche (sprachen)politische Standpunkte der jeweils mitwirkenden Autoren einer neutralen Faktendarstellung entgegenstehen.

Auch der anschließende Beitrag von Raúl Sánchez Prieto fragt nach der Rolle von Minderheitensprachen in sozialen Netzwerken. In „Nin spanhol nin pertués, weder Düütsch noch Franzeesch: el mirandés y el alsaciano como lenguas regionales o dialectos exteriores en la web social“ untersucht Sánchez Prieto am Beispiel des *Alsacien* und des *Mirandés* die Präsenz von Minderheitensprachen in vier verschiedenen Diensten des Web 2.0. Das kooperative Web 2.0 bietet Sprechern von Minderheitensprachen erstmals die Möglichkeit, umfangreichere Texte in ihren jeweiligen Sprachen online zu publizieren. Messungen der Auftretenshäufigkeit von relevanten Glotto- und Toponymen beider Sprachvarietäten zeigen, dass das *Mirandés* im Web 2.0 deutlich stärker präsent ist als das *Alsacien*. Diese Präsenz beschränkt sich jedoch vorwiegend auf Wikipedia und Blogformate, wohingegen sich bei Facebook und Youtube kaum Beiträge in den untersuchten Minderheitensprachen finden lassen.

In seinem zweiten Aufsatz „A new contrastive research project in German-Spanish media linguistics: Comments 2.0“ präsentiert Raúl Sánchez Prieto ein Forschungsprojekt, dessen Ziel die Entwicklung eines linguistischen Instrumentariums zur Auswertung digitaler Produktrezensionen und -bewertungen im Web 2.0 ist. Dieses Instrumentarium ist dazu bestimmt, Hotelbewertungen deutscher und spanischer Internetnutzer kontrastiv zu analysieren, wobei funktionale, textgrammatische, stilistische, lexikalische und morphosyntaktische Parameter berücksichtigt werden. Die Ergebnisse dieses Projekts, das sich an der Schnittstelle von Marketing und Angewandter Linguistik bewegt, können der Tourismuswirtschaft sowohl in Deutschland als auch in Spanien wertvolle Hinweise auf unterschiedliche Kundenpräferenzen geben und darüber hinaus Hilfestellung bei der Interpretation und Einordnung digitaler Produktrezensionen als neu entstandenem *Digital Genre* bieten.

Auch der folgende Beitrag setzt sich mit Bewertungen, Meinungen und Emotionen in sozialen Netzwerken auseinander, wählt dabei jedoch einen didaktischen Ansatz. In „Análisis de sentimientos en el aula de español“ stellt Antonio Ruiz Tinoco ein Unterrichtsprojekt vor, das japanische Spanischlerner mit der sprachlichen Markierung von Meinungs- und Gefühlsäußerungen vertraut machen soll, um sie in die Lage zu versetzen, in der unüberschaubaren Menge digital verfügbarer Quellen objektive von subjektiven Informationen trennen zu können. Im Rahmen dieses Projektes nutzen die Studierenden soziale Netzwerke, Blogs, Foren und Nutzerkommentare, um subjektive Äußerungen zu einem selbst gewählten Themenbereich zusammenzutragen und darin sprachliche Wertungsmechanismen zu identifizieren. Die Möglichkeit, das Internet zur eigenständigen Recherche autonom gewählter Themen zu nutzen, wirkt auf die Studierenden in hohem Maße motivierend. Gleichzeitig eröffnet die Beschäftigung mit fremdsprachlichen Meinungs- und Gefühlsäußerungen in Abgrenzung zu eigenen Wertungs- und Wahrnehmungsweisen eine dezidiert interkulturelle Dimension innerhalb des Lernprozesses.

Kommunikative Handlungsmuster in transmedialer Perspektive

Der dritte Themenblock erweitert den Blickwinkel des Bandes mit Fallstudien zu multimedialer und multimodaler Werbekommunikation sowie zum Quellcode von Software über das Web 2.0 hinaus. Auch Wandelprozesse konventioneller Medientextsorten finden hier Berücksichtigung, und zwar im Rahmen einer Studie zur Internationalisierung lateinamerikanischer Telenovelas sowie einer deutsch-spanischen Textsortenkontrastierung am Beispiel des politischen Leserbriefs.

Der erste Aufsatz von Mireia Calvet Creizet behandelt die mehrsprachige und multimediale Marketingkommunikation des Möbelhändlers IKEA. In „Der IKEA-Katalog kommt nicht allein. Wortmomente und andere „erratische Blöcke“ der Wortbildung im inter-medialen Kommunikationskonzept eines Weltkonzerns“ analysiert Calvet Creizet über mehrere Sprachen hinweg die Corporate Communication von IKEA in analogen und digitalen Medien, wobei ihr besonderes Augenmerk auf Verfahren der Begriffsbildung liegt. Die Autorin zeigt, wie IKEA satz- und wortähnliche Wortbildungsmechanismen nutzt, um einerseits einen einheitlichen unternehmenstypischen Stil zu generieren und andererseits gezielt die Funktionalitäten seiner Produkte zu unterstreichen. Calvet Creizet berücksichtigt dabei zusätzlich intermedial und intersprachlich rekurrente Inhaltskategorien sowie spezifische Strategien der werblichen Argumentation.

Auch der nachfolgende Beitrag befasst sich mit werblicher Kommunikation auf verschiedenen textuellen Ebenen. In „Kulturelle Stile im Marketing: deutsche und spanische Unternehmenswebsites“ erörtert Tilman Schröder, wie deutsche und spanische Unternehmen auf ihren Websites äquivalente Produkte präsentieren und bewerben. Grundlage seiner Analyse ist ein Katalog von mikro- und makrostrukturellen sowie multimodalen Parametern, mithilfe dessen er die Websites deutscher und spanischer Fluggesellschaften im Hinblick auf Gemeinsamkeiten und Unterschiede untersucht. Es wird deutlich, dass sich das digitale Marketing der Unternehmen aus beiden Ländern sowohl im formalsprachlichen und bildlichen als auch im inhaltlichen und pragmatischen Bereich mitunter deutlich voneinander unterscheidet.

In seinem Aufsatz „Die Lokalisierung freier und offener Software als Gegenstand der Medienlinguistik“ plädiert Falk Seiler dafür, textuelle Aspekte von Software und ihrer Lokalisierung stärker als bisher in medienlinguistische Forschungen einzubeziehen. Mögliche Fragestellungen in diesem Kontext können beispielsweise auf sprachliche Merkmale des Quelltextes sowie auf soziokulturelle und -ökonomische Kontextfaktoren der Programmierung zielen. Auch sprach(en)politisch relevante Entscheidungstatbestände der Softwarelokalisierung bieten sich für linguistische Untersuchungen an: insbesondere im Bereich von *Open-Source*-Software lohnen angesichts der frei verfügbaren Quelltexte sprachwissenschaftliche Studien zur multiplen Autorschaft sowie zum Umgang mit Translation, Mehrsprachigkeit und sprachlicher Variation. Innerhalb der von wenigen großen Sprachen dominierten und marktwirtschaftlich arbeitenden Lokalisierungsindustrie, so Seiler, biete frei verfügbarer Code ein besonderes Potenzial für die Übersetzung von Softwareprodukten in Minderheitensprachen.

Der Beitrag von Raúl Ávila schlägt die Brücke von den digitalen Texten hin zu konventionellen Medienformaten. In seiner Studie „En el límite de las lenguas romances: las telenovelas hispánicas en Rumanía" beschäftigt er sich mit lateinamerikanischen *Telenovelas* im Spannungsfeld von sprachlicher Polymorphie und wirtschaftlicher Internationalisierung. Da *Telenovelas* vielfach auch außerhalb der spanischsprachigen Welt ausgestrahlt und rezipiert werden, kann den in ihnen jeweils gebrauchten linguistischen Varianten mitunter Referenzcharakter für Nicht-Muttersprachler zukommen. Ausgehend von der Hypothese, dass in *Telenovelas* häufig ein international standardisiertes Spanisch ohne Regionalismen zu hören ist, untersucht Avila im rumänischen Fernsehen fünf lateinamerikanische *Telenovelas* unterschiedlicher regionaler Provenienz. Am Beispiel ausgewählter phonetischer und lexikalischer Variablen zeigt der Autor, dass allen untersuchten *Telenovelas* lediglich zwei grundsätzliche Aussprachemuster zugrunde liegen, und dass auf regional markierte Lexeme weitgehend verzichtet wird. Diese Befunde unterstreichen den Charakter der *Telenovela* als internationales mediales Exportprodukt.

Den Abschluss des Bandes bildet der Aufsatz „Kommunikative Handlungsmuster im Wandel: theoretische und methodische Bausteine ausgelotet anhand der Textsorte Leserbrief" von Eva Martha Eckkrammer und Gabriele Knauer. Die Autorinnen legen zu Beginn ihres Beitrags ein umfassendes text- und diskursanalytisches Fundament für die kontrastive und textsortenbasierte Analyse von Prozessen des Sprach-, Kultur- und Medienwandels. Das skizzierte Instrumentarium, das neben der materiellen Textgestalt insbesondere auch die historischen und medialen Entwicklungs- und Kontextfaktoren von Textsorten in den Blick nimmt, wenden die Autorinnen in einem zweiten Schritt beispielhaft auf die Textsorte Leserbrief an, wie sie sich in der Zeitung Neues Deutschland und der kubanischen Tageszeitung Granma manifestiert. Es zeigt sich, dass die textuellen Konventionen der Leserbriefe in beiden Sprach- und Kulturräumen stets eng mit den jeweiligen soziopolitischen Rahmenbedingungen korrelieren. Eine Veränderung dieser Rahmenbedingungen schlägt sich wiederum stets in den Vertextungskonventionen der Leserbriefe nieder, die daher – insbesondere in Zeiten größerer politischer Umbrüche – in kontinuierlichem Wandel begriffen sind. Das skizzierte theoretisch-methodische Instrumentarium bietet eine wertvolle Grundlage für künftige Untersuchungen zum Wandel textueller Konventionen aus holistischer Perspektive.

Die veränderten Kommunikationsbedingungen in digitalen und sozialen Medien und ihre außersprachlichen Kontextfaktoren, so machen die Beiträge des Bandes deutlich, bleiben einerseits für etablierte Handlungsmuster nicht ohne Folgen und schaffen andererseits die Grundlage für neue Formen kommunikativen Handelns. Für die linguistische Analyse beider Aspekte liefert der vorliegende Band nicht nur praktische Beispiele, sondern zeigt darüber hinaus auf, in welchen Bereichen weiterführendes Forschungspotenzial liegt und wo weitere theoretisch-methodische Ausdifferenzierungen geboten sind. Der Band versteht sich daher als konstruktiver Beitrag zur gegenwärtigen Debatte um die Ziele, den Wirkungsbereich und das methodische Fundament der digitalen Medienlinguistik als wissenschaftlicher Disziplin. Gleichzeitig unterstreichen die hier versammelten Beiträge den engen Anwendungsbezug medienlinguistischer Untersuchungen und die damit verbundene hohe Relevanz ihrer Ergebnisse für Wissenschaft, Wirtschaft und Gesellschaft.

Zwickau, Augsburg, Dortmund, im März 2015

Nadine Rentel, Tilman Schröder, Ramona Schröpf

Kommunikative Handlungsmuster in Blogs, Foren und Chats

Blogs en prensa digital: elaboración de un corpus textual bilingüe alemán-español para el estudio contrastivo de las construcciones con verbos funcionales

María Egido Vicente (Würzburg)

Web 2.0 provides new communication parameters to satisfy the needs of a new digital society. With this aim in mind, blogs, together with the rest of hypertextual genres, can be framed within the term of Computer Mediated Communication (CMC). Blogs, since their emergence within the digital spectrum in the early 90s, constitute the fastest growing hypertextual genre, because of their significant presence in both public and private areas. From a linguistic point of view, they constitute new data sources providing immediate access. Consequently, they can be considered very attractive and useful tools for contrastive synchronic studies. This paper presents a bilingual corpus (Spanish-German) which has been built up with data from daily press blogs. Thus, this paper aims to prove the corpus' validity when addressing the contrastive description of linguistic phenomena, like those related to light verb constructions. In addition to showing the stages of corpus-making, we will point out some of the most common difficulties when dealing with blogs as a source for research within the field of contrastive linguistics.

1 Introducción

Las construcciones con verbos funcionales (CVF) constituyen un fenómeno lingüístico bien explorado en un gran número de lenguas. Entre ellas, el alemán, donde el estudio de los denominados *Funktionsverbgefüge* cuenta con una larga tradición y cuya base teórica se ha aplicado al estudio de las CVF en otras lenguas como, por ejemplo, el español (Wotjak 1994; Elena 1991; Bustos Plaza 2005).

Tradicionalmente, los estudios en torno a las CVF se han basado en la aplicación de una serie de modelos restrictivos de análisis, centrados más bien en la justificación de un determinado modelo lingüístico y no en el estudio del proceder morfosintáctico y semántico de las construcciones en contextos reales de comunicación. En las últimas décadas, y con el fin de superar los problemas de análisis del pasado, han tomado protagonismo los estudios de corpus en el ámbito de las CVF. Estos estudios aportan datos que ayudan a esclarecer el comportamiento de las construcciones desde un punto de vista pragmático-funcional. En la mayoría de los casos, dichos trabajos toman como base del corpus obras literarias, como es el caso de Bustos Plaza (2005) para el español, o, también, periódicos o prensa especializada como hace Kamber (2008) para el alemán o Buckingham (2009) en su estudio contrastivo de las CVF en alemán y español.

Nuestro objetivo es presentar la elaboración de un corpus textual bilingüe alemán-español, válido para el análisis contrastivo de las CVF. Sin embargo, y a diferencia de los trabajos anteriores, no vamos a recurrir a las fuentes tradicionales, sino que nos basamos en la web 2.0 y, en concreto, en el formato blog. Para ello exponemos en primer lugar algunas de las características más significativas del blog como medio hipertextual, para, posteriormente, centrarnos en el análisis de los blogs seleccionados con el fin de determinar el material lingüístico para la elaboración de nuestro corpus.

2 Aproximación al concepto de CVF

Antes de continuar, nos parece adecuado delimitar lo que entendemos por estas estructuras, ya que se trata de un fenómeno en torno al cual no existe una concepción teórica homogénea. Se trata de unidades léxicas plurilexemáticas como *in Gang kommen* o *zur Verfügung stellen* en alemán y *poner en marcha* o *poner a disposición de* en español. Están constituidas por un verbo altamente polisémico y un sustantivo integrado en un grupo preposicional o en forma de complemento en acusativo. Verbo y sustantivo mantienen una relación de dependencia mutua y conjuntamente configuran un predicado complejo. En esta relación, el sustantivo deverbal o deadjetival desempeña la función semántica de un infinitivo aportando la carga léxica fundamental a la construcción, mientras que el verbo, con un alto grado de delexicalización, aporta las categorías gramaticales de tiempo, modo, número y persona, además de determinados aspectos verbales como comienzo, duración y causatividad.

3 El blog como medio hipertextual

El blog como medio hipertextual ha experimentado un enorme crecimiento a nivel global desde su aparición en el panorama digital a mediados de los 90, adquiriendo cada vez un mayor protagonismo tanto en la vida personal como profesional. Este *boom* del fenómeno blog puede explicarse atendiendo a diversos factores:

1) En primer lugar hay que mencionar la fácil accesibilidad al medio desde el punto de vista técnico, en cuanto que cualquier usuario sin grandes conocimientos de programación es capaz de crear su propio blog, un proceso que se ve facilitado por la existencia

de los denominados *Weblog-hoster* (proveedor de alojamiento weblog) que ponen a disposición del usuario el soporte técnico necesario y que además suelen ser gratuitos.

2) Por otra parte, el blog, permite establecer y cuidar relaciones personales y profesionales más allá de las barreras espaciales.

3) Por último, otro aspecto que hace atractivo este medio para la gran masa es su carácter interactivo. El blog no sólo nos permite publicar información (webs), sino que además nos permite compartirla de forma interactiva por medio de comentarios, convirtiéndolo así en un espacio colaborativo.

Estos factores han contribuido a hacer del blog uno de los medio de comunicación más populares y de mayor proyección en la web, razón por la cual se ha convertido en objeto de estudio de diversas disciplinas como la Psicología, Sociología y la Lingüística.

En el ámbito lingüístico los estudios realizados se centran principalmente, por una parte, en explicar el funcionamiento del medio hipertextual y su organización micro- y macroestructural y, por otra, lo que Herring (2008, 2) denomina como "structural features"; es decir, en describir una serie de factores como la interactividad, la sincronicidad, el uso de elementos icónicos, abreviaturas... que caracterizan este nuevo medio de comunicación digital diferenciándolo de otros como el mail, los foros o el chat. Además de estas dos vertientes surge una tercera ocupada en determinar los cambios que sufre la lengua en los nuevos contextos digitales de comunicación (Schlobinski/Siever 2005). Estos estudios observan los cambios surgidos a nivel léxico como por ejemplo la aparición de neologismos y de una metalengua y los cambios a nivel interno, especialmente a nivel sintáctico. En este sentido, se puede comprobar si estos cambios o modificaciones se traspasan a los formatos tradicionales o si, por el contrario, son exclusivos del contexto digital.

A pesar de abrir nuevas vías de investigación estos estudios presentan una serie de dificultades al lingüista que hace que el desarrollo de proyectos basados en el análisis gramatical de formatos hipertextuales y concretamente del blog no sean tan prolíferos. Entre ellos nos encontramos en primer lugar con la escasez de corpora textuales basados en los medios de comunicación digitalizada y la dificultad de su elaboración debido a factores como su carácter dinámico, la descodificación no secuencial del hipertexto o su multimodalidad. La segunda dificultad radica en el proceso de extracción de información de los blogs en el sentido que apunta Moens (2009, 470): "information extraction techniques are applied to well-formed text, i.e., consistent with the standards of an official language". Uno de los rasgos que caracteriza a gran parte de los formatos hipertextuales, y en especial a los formatos sincrónicos, es la aparición de variantes lingüísticas que se alejan de la lengua estandarizada, lo que provoca que hoy por hoy no se cuente con un mecanismo de extracción de información adecuado para trabajar con el formato hipertextual. En el caso concreto de los blogs, a pesar de presentar variaciones (abreviaturas, asimilaciones, construcciones elípticas, rasgos dialectales…), muestran, por lo general, una mayor fidelidad a las normas ortográficas que otros formatos (pensemos por ejemplo en el chat); pero, sin embargo, suelen presentar más fallos o errores que las webs, quizás debido a su dinamismo y a que normalmente no se trata de documentos revisados o corregidos. En este sentido se habla de la oralidad del blog o en términos de Herring (2008) de "speechlike informality" y en definitiva del estatus del blog como un formato a medio camino entre la producción escrita y la producción oral. Por último, hay que hacer también mención a la heterogeneidad que caracteriza al formato blog y la dificultad de su organización como género. Este hecho hace que no podamos hablar de una tipología blog prototípica, por lo que las conclusiones extraídas para un blog no tienen que ser necesariamente válidas para otro. Esto nos obliga a delimitar y caracterizar minuciosamente la fuente antes de proceder a la extracción y análisis del material lingüístico, puesto que cualquier conclusión extraída del análisis lingüístico, ya sea de tipo formal o pragmático, va a depender de numerosas variables subordinadas a la naturaleza heterogénea del formato hipertextual seleccionado.

4 Elaboración del corpus

Teniendo en cuenta las dificultades que supone tomar el formato blog como fuente de datos lingüísticos, procedemos a exponer el proceso de elaboración de nuestro corpus.

4.1 Selección del material textual

Como hemos dicho anteriormente, el carácter heterogéneo del blog dificulta enormemente su organización tipológica o el establecimiento de modelos prototípicos. Sin embargo, el material lingüístico ha de extraerse de contextos lingüísticos semejantes para que así el estudio contrastivo sea viable. Por esta razón hemos sometido a análisis los blogs integrados en portales de prensa digital. Para el alemán hemos escogido las versiones digitales de Die Zeit (*http://www.zeit.de/index*), Sueddeutsche Zeitung (*http://www.sueddeutsche.de/*) y Frankfurter Allgemeine Zeitung (*http://www.faz.net/*) y para el español las de El País (*http://www.elpais.com/global/*), El Mundo (*http://www.elmundo.es/*) y ABC (*http://www.abc.es/*) analizando un total de 44 blogs para el alemán (Die

Zeit (18), Sueddeutsche (6) y Frankfurter Allgemeine (20)) y 177 para el español (El País[1] (36), El Mundo (71) y ABC (70)).

Antes de proceder a un análisis específico, se observa que el total de los 221 blogs analizados tienen algunos factores en común: 1) proveedor de alojamiento (portal de prensa digital), 2) accesibilidad (a través de la página principal de dicho portal) y 3) tipo de usuario (por el tipo de alojamiento los blogs comparten, por lo general, un usuario adulto).

Otro aspecto fundamental a tener en cuenta es el tipo de material textual más conveniente para la elaboración del corpus. En este sentido se nos presentan varias posibilidades:

1) Análisis de la lengua de las entradas o *posts*.

2) Análisis de la lengua de navegación (menú: archivo, entradas, número de comentarios..., fecha de las entradas, información sobre el blog, sobre el autor...)

3) Análisis de la lengua de las etiquetas o *tags*.

4) Análisis de la lengua de las categorías o *topics*.

5) Análisis de la lengua de los comentarios.

6) Análisis de la lengua de las páginas vinculadas al blog por medio de hipervínculos.

Atendiendo a los estudios realizados sobre las CVF, éstas cuentan con una mayor frecuencia de aparición en contextos textuales elaborados, por lo que en este caso la fuente textual del corpus va a estar constituida por las entradas de los blogs.

4.2 Criterios de análisis de los blogs

Una vez determinado el material textual, proponemos los siguientes 6 criterios de análisis para determinar qué blogs formarán definitivamente parte de nuestro corpus. Para ello tomamos como punto de partida la contribución de Herring (2004) *Bridging the Gap: A Genre Analysis of Weblogs*, cuya base teórica adaptamos a nuestras necesidades concretas.

Criterio 1: Formato: Diferenciamos entre blogs basados en el texto (*formato textual*), lo que se entiende por blog en su forma original, y otras representacio-

---

1 En el presente trabajo nos centramos en el análisis de los blogs oficiales (permanentes) que forman parte de la sección *http://www.elpais.com/blogs/* cuyos autores son profesionales de la información o de otros ámbitos y constituyen la plantilla oficial de la sección y no de los blogs integrados en La Comunidad (*http://lacomunidad.elpais.com/*) donde se recogen los blogs personales de los usuarios de *http://www.elpais.com*.

nes como el *fotoblog* en el que predomina la imagen digital, el *videoblog* o *vBlog* en el que la información se proporciona por medio de imágenes en movimiento y el *audioblog* o *podcast* basado en el sonido en el que la información aparece en forma de fichero de audio. Algunos blogs presentan varios formatos, combinando, por ejemplo, la fotografía con el texto. Los blogs que presentan un formato no homogéneo se incluyen dentro de la categoría de *formato mixto*.[2]

A este respecto, los blogs integrados en los portales de prensa digital española y alemana muestran una gran semejanza en lo que al formato se refiere, predominando en ambos casos claramente el formato textual con un 93% y 96% en los blogs alemanes y españoles respectivamente.

Criterio 2: Idioma: Determinamos la lengua principal de las entradas del blog. En algunas ocasiones los blogs presentan entradas o fragmentos en otras lenguas. En este sentido el objetivo es determinar si la incorporación de estas entradas son algo anecdótico o, por el contrario, se trata de una práctica habitual que otorga al blog un carácter bilingüe o multilingüe. Del total de los 221 blogs analizados tan sólo 2 *East of Eden* (*http://blogs.sueddeutsche.de/eastofeden/*) y *Elephant im Raum* (*http://blogs.sueddeutsche.de/elefantimraum/*) están escritos en inglés. La lengua vehicular del resto de blogs es el español y el alemán.

Criterio 3: Autoría: Con este criterio hacemos referencia, por un lado, al aspecto cuantitativo; es decir, determinamos si se trata de una autoría individual o compartida. Otra posibilidad a este respecto, aunque menos frecuente, es la del *openblog* o blog abierto en el no existe un autor o autores únicos. Se trata de un espacio gratuito, abierto a la participación de cualquier usuario donde por lo general la temática viene determinada por el interés común de los participantes.

Tanto en el caso del alemán como del español, con un 57% y 82% respectivamente predomina la autoría individual. Sin embargo, entre los blogs alemanes la diferencia entre la autoría colectiva e individual (39% frente a 57%) es menos significativa que entre los blogs españoles donde la diferencia entre las dos modalidades asciende a 66 puntos porcentuales.

Por otro lado, siempre que sea posible, vamos a tener en cuenta la procedencia del autor. Este criterio va a permitir diferenciar si la lengua vehicular es utilizada por un hablante nativo o no nativo, como ocurre frecuentemente con el inglés. Este aspecto nos parece de relevancia a la hora de seleccionar el material lingüístico, especialmente en el caso del español donde está comprobado que la vertiente peninsular y transatlántica presentan distintas tendencias en el uso de

2 Dentro del formato mixto también incluimos blogs principalmente textuales, pero en los que el resto de formatos también presentan una alta frecuencia de aparición.

las CVF.[3] En alemán, por el contrario, este criterio no nos parece tan relevante puesto que no contamos con datos concretos sobre el uso variable de estas construcciones en los diferentes núcleos germanófonos.

Procedencia del autor	Blogs
España	112
Hispanoamérica	8
Otros	3
Procedencia desconocida	54

Tabla 1: blogs españoles

Procedencia del autor	Blogs
Alemania	27
Austria	1
Otros	--
Procedencia desconocida	16

Tabla 2: blogs alemanes

Criterio 4: Propósito: El objetivo es determinar la intención del autor(es), lo que en Herring se denomina como "primary purpose" (2004, 6). En esta relación, siguiendo el modelo propuesto por Blood en *The Weblog Handbook* (2002) diferenciamos entre:[4]

Filters ('direccionamiento de enlaces'[5]): Se trata de la tipología original del blog. El autor hace referencia a otros enlaces que despiertan su interés. En este sentido, el blog se plantea "como un directorio comentado de hipervínculos" (Campás/Bruguera 2007, 23). El contenido de este tipo de blogs es de ámbito externo al autor, por ejemplo, el anuncio o recomendación de eventos online.

3 Dubský (1965, 347) ya se refiere a esta variable, así como también *La Nueva Gramática de la lengua española* (2009, 57): "El español de algunos países americanos muestra una tendencia muy marcada a usar estas perífrasis verbonominales. Entre los numerosos ejemplos cabe señalar *echarse una platicada o una conversada* ('platicar'), *echar una nadada* ('nadar'), *darse una espantada* ('espantarse', 'salir corriendo'), *dar una registrada* ('registrar') y otros similares formados con sustantivos participiales femeninos".

4 Otra propuesta interesante acerca de la tipología de los blogs según el propósito es la de Krishnamurthy (2002) quien partiendo de los paradigmas *personal* vs. *topical* y *community* vs. *individual* establece cuatro modelos: 1) *online diaries* y 2) *support group*, semejantes al *personal journal* de Blood, 3) *enhanced column*, correspondientes al filter y 4) *collaborative content*, cercano al *notebook*.

5 Véase Campás/Bruguera (2007, 23).

Personal journals ('diarios personales'): Se trata de un blog personal en sentido estricto. El contenido es de ámbito interno al autor, haciendo públicos pensamientos o reflexiones que considera de interés, o, que simplemente le apetece compartir. El blog puede desempeñar también la función de diario personal en el que el autor comparte experiencias de su vida cotidiana.

Notebooks ('circulación de noticias'[6]): Se centra, por lo general, en la reflexión, comentario o ampliación de sucesos o temas de actualidad de cualquier ámbito temático. Hace referencia a un amplio espectro de contenidos tanto de ámbito interno como externo. La diferencia con los diarios personales radica en que en este caso las reflexiones o comentarios suscitados surgen a partir de un hecho noticiable o de interés para el autor y no del autoanálisis o reflexión interna del mismo.

Otra característica notable es su marcado carácter conversacional. Con sus comentarios sobre temas de actualidad, el autor invita más fácilmente a la participación y al establecimiento de debates en forma de comentario-respuesta. En relación a este modelo Campás/Bruguera (2007, 24) diferencian entre dos variantes:

1) Blogs como canal para hacer circular información diferente y alternativa a la de los grandes conglomerados mediáticos convencionales, dando voz y visibilidad a las fuentes informativas generalmente obviadas o ignoradas por éstos.
2) Blogs como elemento de información complementaria por parte de los grandes medios, la mayoría de los cuales han creado y promovido blogs vinculados a sus propias estructuras empresariales para hacer llegar su información más allá de sus audiencias convencionales.

Además de los tres tipos de blogs presentados, incluimos la categoría de *otros* para blogs que no se ajustan a ninguna de las tipologías anteriores. Una vez analizados el total de los 221 blogs seleccionados se observa como el *notebook/circulación de noticias* es la tipología de blog prototípica tanto en los portales de presa española como alemana con un 91% y 82% respectivamente.

Criterio 5: Contenido: La variedad temática de los blogs es amplísima pues como afirma Schmidt (2005, 2) "als Form der onlinebasierten Kommunikation sind Weblogs inhaltlich nicht festgelegt". A pesar de ello y por cuestiones pragmáticas agrupamos los blogs en base a los siguientes bloques temáticos:[7] 1)

---

6 Ibíd.

7 Para determinar el ámbito temático de un blog consultamos los *tags* o palabras clave que describen el contenido de cada entrada y las categorías.

ciencia y tecnología, 2) arte y cultura, 3) deporte y tiempo libre, 4) economía y política 6) sociedad y 7) otros.

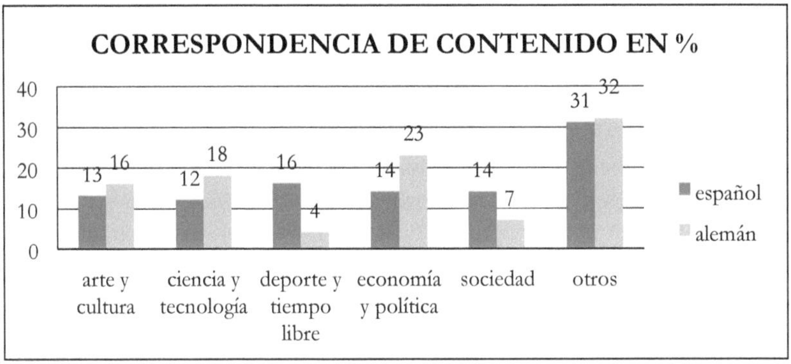

Figura 1: contenido de los blogs

En relación a este criterio es donde nos encontramos con la mayor disparidad entre los blogs españoles y alemanes. Nos llama la atención que, excluyendo el grupo de *otros*, los blogs relacionados con el deporte y el tiempo libre son los más abundantes en los portales de prensa española, a diferencia del alemán, donde esta constelación temática tan sólo ocupa un 4% del total, mostrándose una mayor predilección por los blogs relacionados con la economía y la política.

Criterio 6: Información Temporal: Con este tipo de información determinamos de forma aproximada el grado de actividad del blog. La naturaleza temporal del blog es, por lo general, muy inestable ya que no hay parámetros que indiquen cada cuánto tiempo se debe actualizar un blog, lo cual depende exclusivamente del autor. Por ello, nos parece importante tener en cuenta el factor temporal a la hora de seleccionar el instrumento contrastivo ya que el nivel de actividad de los blogs puede diferir significativamente en cada caso y, con éste, el material lingüístico disponible en cada lengua. Para determinar el grado de actividad de los blogs aplicamos los siguientes criterios:

> **1) Edad del blog** para lo cual tomando como referencia la fecha del primer post archivado y la fecha de consulta,[8]

8 Siempre que hablamos de fecha de consulta nos referimos al 22.10.2010.

2) Actualización reciente en base a la cual calculamos los días discurridos entre la última actualización y la fecha de consulta y, por último,

3) Intervalo de actualización entre la entrada más reciente (en relación a la fecha de consulta) y la anterior.

Acceder a este tipo de información se convierte en muchos casos en un trabajo lento y costoso puesto que no todos los blogs están organizados de la misma manera aún formando parte de un mismo proveedor como por ejemplo sucede con los blogs de abc.es donde no todos ponen a disposición un archivo. Este es el caso del blog *A por todas* (*http://www.abc.es/blogs/a-por-todas/*) en el que se tiene que retroceder entrada a entrada para llegar a la primera entrada del blog. Algo semejante sucede con los blogs integrados en zeit.de donde tampoco se cuenta con un archivo.

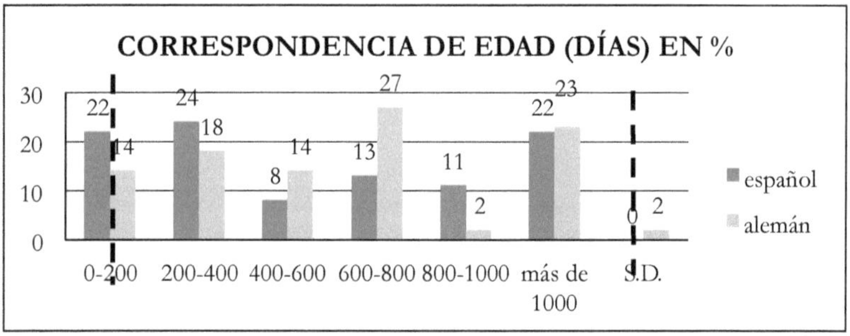

Figura 2: edad (días) de los blogs

Como se observa en el gráfico, la edad de los blogs es muy variable. Para la elaboración de nuestro corpus, seleccionamos blogs activos durante más de 200 días, unos 6 meses aproximadamente.

En cuanto al criterio de la actualización reciente tanto los blogs alemanes como españoles muestran por lo general un alto grado de actividad. En este sentido, seleccionamos los blogs actualizados entre 0 y 15 días partiendo de la fecha de consulta. Por último, en lo que se refiere al intervalo de actualización, se observa una mayor disparidad de valores entre los blogs, seleccionando también en este caso los blogs con un intervalo comprendido entre 0 y 15 días.

Una vez analizados los blogs y contrastados los datos entre los blogs españoles y alemanes establecemos los siguientes baremos para la selección de los blogs que formarán definitivamente parte del corpus:

1) Formato: textual

2) Idioma: monolingüe español, monolingüe alemán

3) Autoría (cuantitativa): individual y colectivo

4) Autoría (procedencia del autor): España/Alemania

5) Propósito: *notebook*

6) Contenido:[9] (1) ciencia y tecnología y (2) economía y política

7) Edad: a partir de 200 días

8) Actualización reciente: entre 0 y 15 días

9) Intervalo de actualización: entre 0 y 15 días

Aplicando estos baremos de selección contamos con el siguiente instrumento contrastivo:

	ECONOMÍA Y POLÍTICA	CIENCIA Y TECNOLOGÍA
Blogs en alemán	6	5
Blogs en español	10	13

Tabla 3: instrumento contrastivo

De los 11 blogs alemanes y 23 españoles hemos seleccionado 5 blogs para cada constelación temática e idioma. Para ello nos hemos basado principalmente en el número de entradas archivadas, seleccionando los blogs que registren un mayor número de entradas y, por lo tanto, de material lingüístico:

9 La decisión más complicada ha sido la relacionada con la constelación temática. Para ello, además de los porcentajes, especialmente en el caso del alemán, donde contamos con un número mucho más limitado de blogs, hemos tenido en cuenta los temas en torno a los cuales consideramos que la frecuencia de aparición de las CVF puede ser más elevada en ambas lenguas.

ALEMÁN: 640 entradas

ECONOMÍA Y POLÍTICA	ENTRADAS
Ad hoc (http://fazcommunity.faz.net/blogs/adhoc/default.aspx)	53
Grüne Geschäfte (http://blog.zeit.de/gruenegeschaefte/)	80
Herdentrieb (http://blog.zeit.de/herdentrieb)	84
Joerg Lau (http://blog.zeit.de/joerglau/)	176
Kongo (http://blog.zeit.de/kongo/)	20

CIENCIA Y TECNOLOGÍA	ENTRADAS
Biopolitik (http://fazcommunity.faz.net/blogs/biopolitik/default.aspx)	27
Kulturkampf (http://blog.zeit.de/kulturkampf)	69
Netzökonom (http://fazcommunity.faz.net/blogs/netzkonom/default.aspx)	64
Planckton (http://faz-community.faz.net/blogs/planckton/default.aspx)	25
Schaltzentrale (http://blogs.sueddeutsche.de/schaltzentrale/)	42

ESPAÑOL: 368 entradas

ECONOMÍA Y POLÍTICA	ENTRADAS
Santiago González (http://www.elmundo.es/blogs/elmundo/elblogdesantiago gonzalez)	208
El ojo izquierdo (http://blogs.elpais.com/ojo-izquierdo/)	120
Nuestro dinero (http://www.abc.es/blogs/urbaneja/)	107
El escritorio (http://www.abc.es/blogs/calleja/)	56
Del alfiler al elefante (http://blogs.elpais.com/lluis_bassets/)	147

CIENCIA Y TECNOLOGÍA	ENTRADAS
Apuntes científicos desde el MIT (http://lacomunidad.elpais.com/apuntes-cientificos-desde-el-mit/)	38
Ciencia y Tecnología (http://www.abc.es/blogs/nieves/)	119
Eco Lab (http://blogs.elpais.com/eco-lab/)	39
Estrategia digital (http://blogs.elpais.com/estrategia-digital/)	60
Gadgetblog (http://www.elmundo.es/blogs/elmundo/el-gadgetoblog/)	112

5 Conclusiones

El blog como medio de comunicación digitalizada no sólo ha modificado nuestros hábitos de comunicación, sino también la lengua. Por esta razón, a parte del aspecto sociológico y sociolingüístico consideramos fundamental llevar a cabo estudios que se ocupen de describir los cambios producidos en la estructura interna de la lengua para lo cual es necesario la elaboración de corpora a partir de formatos hipertextuales.

A pesar de las dificultades que supone para el lingüista por su carácter heterogéneo, el blog constituye una nueva fuente inagotable de datos lingüísticos en continua actualización y de acceso inmediato, lo cual, desde nuestro punto de vista, lo convierte en un formato especialmente atractivo para los estudios sincrónicos de tipo contrastivo ya que nos permite observar el comportamiento de determinados fenómenos lingüísticos, como por ejemplo las CVF, en contextos reales de comunicación.

6 Bibliografía

Blood, Rebecca (2002): *The Weblog Handbook. Practical advice on creating and maintaining your blog*, Cambridge: Perseus Publishing.

Buckingham, Louisa (2009): *Las construcciones con verbo soporte en un corpus de especialidad*, Fráncfort del Meno: Peter Lang.

Bustos Plaza, Alberto (2005): *Combinaciones verbonominales y lexicalización*, Fráncfort del Meno: Peter Lang.

Campás, Joan/Bruguera, Enric (2007): *Los blogs*, Barcelona: UOC.

Dubsky, Josef (1965): "Intercambio de componentes en las formas descompuestas españolas", En: *Bulletin Hispanique* 67, Bordeaux: Université Michel de Montaigne Bordeaux 3, pp. 343-352.

Elena García, Pilar (1991): "Las locuciones verbonominales en alemán y español", En: *Anuari de Filologia* XVI, Barcelona: Universidad de Barcelona, pp. 24-43.

Herring, Susan et al. (2004): "Bridging the gap. A genre analysis of Weblogs", En: *Proceedings of the 37th Hawai'i International Conference on System Sciences (HICSS-37)*, Los Alamitos: IEEE Computer Society Press, en línea: http://citeseerx.ist.psu.edu/viewdoc/download?doi=10.1.1.160.939&rep=rep1&type=pdf (19.02.2011).

----- (2008): "Language and the Internet", En: International Encyclopedia of Communication, Blackwell Publishers, en línea: http://ella.slis.indiana.edu/~herring/lg.inet.pdf (15.02.2011).

Kamber, Alain (2009): *Funktionsverbgefüge-empirisch. Eine korpusbasierte Untersuchung zu den nominalen Prädikaten des Deutschen*, Tubinga: Niemeyer.

Krishnamurthy, Sandeep (2002): *The multidimensionality of blog conversation. The virtual enactment of September 11*, Maastricht Internet Research 3.0.

Moens, Marie-Francine: "Information Extraction from Blogs", En: Jansen, Bernard/Spink, Amanda/Taksa, Isak (eds.): *Handbook of Research on Web Log Analysis*, Hershey: ISC, pp. 469-487.

RAE (2009): *Nueva gramática de la lengua española*, Madrid: Espasa Calpe.

Schlobinski, Peter/Siever, Torsten (eds.) (2005): "Sprachliche und textuelle Merkmale in Weblogs. Ein internationales Projekt", En: *Networx* 46, en línea: http://www.mediensprache.net/networx/networx-46.pdf (19.02.2011).

Schmidt, Jan/Schönberger, Klaus/Stegbauer, Christian (2005): "Erkundungen von Weblog Nutzungen. Anmerkungen zum Stand der Forschung", En: *Erkundungen des Bloggens. Sozialwissenschaftliche Ansätze und Perspektiven der Weblogforschung. Sonderausgabe von kommunikation@gesellschaft, Jg. 6*, en línea: http://www.soz.unifrankfurt.de/K.G/B4_2005_Schmidt_Schoenberger_Stegbauer.pdf (19.02.2011).

Wotjak, Gerd. (1994): "Nichtidiomatische Phraseologismen: Substantiv-Verb-Kollokationen - ein Farbspiel", En: *Tendenzen der Phraseologieforschung (EUROPHRAS 92)*, Bochum: Universitätsverlag Dr. N. Brockmeyer, pp. 651-677.

Kommentare politischer Blogs – Interaktion zwischen Konvention und sprachlicher Freiheit: Blog *Generación Y*

Sybille Große (Heidelberg)

From a linguistic perspective, there is a lack of communicative approaches which treat the interaction and the dynamics of blogs as genuine forms of computer-assisted communication. As the dynamics and the intensity of communication in weblogs are a result of the comments on one or more blog posts, the article takes a close look at the various forms of those comments. An exemplary analysis of the blog Generación Y by the very successful Cuban blogger Yoani Sánchez points out different classifications for the analysis of comments which take into account linguistic, thematic as well as formal criteria. In addition to the distinction between reactive versus active commenting on the meta-level, special attention is given to strategies of emotionalization and structures of argumentation. As a last point, the relation between blog commenting on the one hand and the communicative forms of chats and discussion forums on the other hand is addressed.

1 Blogs und Interaktion

Bereits kurz nach ihrem Aufkommen Ende der neunziger Jahre wurden die ersten Blogs als *genre du jour* bezeichnet (Miller/Shepherd 2009, 263) und mit dieser Charakterisierung vor allem auf ihre raumgreifende Popularität sowie Vernetzung untereinander (Blogosphäre) referiert.[1] Ihr heute noch andauernder Ruhm erklärt sich jedoch eher aus der sozialen Interaktion, auf die die Blogger und ihre Rezipienten immer häufiger zurückgreifen.

Sobald grundlegende Charakteristika computergestützter Kommunikation thematisiert werden, fehlt selten der Hinweis auf die neuen Möglichkeiten der Interaktion, die mit dieser Art der Kommunikation erreicht werden können (vgl. Runkehl 1998, 27). Nun ist die Interaktion bei den genuin dialogischen Formen computergestützter Kommunikation wie dem Chat konstitutiv, aber auch die technischen Parameter der Blogs verweisen durch Kommentar-, Fragen- oder Anmerkungsstrukturen auf Formen des sozialen und kommunikativen Austauschs, der in bestimmten Kontexten, so auch in der politischen Kommunikation, erstaunlich oft genutzt wird. Zu den drei Leitbildern der Bloggestaltung ge-

1 In Diemands kommunikationssoziologischer Perspektive (2006) werden Weblogs als eine Form der Online-Vergesellschaftung verstanden (Diemand 2006, 66).

hören daher gemäß Schmidt nicht von ungefähr neben der Authentizität und Dezentralität auch der Austausch zwischen den jeweiligen Autoren eines Blogs und seinen Lesern (Schmidt 2006a, 9). Welche Relevanz den Blogs insgesamt innerhalb der politischen Kommunikation zukommt, die im Zentrum unserer Analyse steht, beschreibt treffend Keren (2006, 16): „It has made political discourse interactive and abolished etiquettes that have previously served as means to silence legitimate voices on the edges".

Als prototypische Kennzeichen eines Blogs fungieren neben dem Namen und den Werkzeugen, den Kalenderelementen, den Informationen zur Person, der Suchfunktion, der Linkliste mit anderen Blogs (*Blogroll*), dem Counter und den externen Verbindungen oft auch der *Feed-Button* (Franco 2005, 295; Dünne 2004, o.S.; Yus 2010, 135), der die Interaktion in der Blogkommunikation technisch wesentlich vereinfachte.

Um die Neuartigkeit und zugleich die Verankerung der Tradition von Kommunikation im Blog zu erfassen, werden in den einzelnen Arbeiten verschiedene diskurstraditionelle Bezüge hergestellt. Neben dem bereits auf der Benennungsebene sichtbaren Bezug zum Tagebuch, werden je nach Blogausrichtung der Reisebericht, das Essay, die Werbeanzeige oder auch der Leitartikel genannt. Für Jörg Dünne (2004, o.S.) weist das Bloggen aber auch eine Nähe zur philologischen Kommentartradition auf; für Gerald Heidegger ist demgegenüber die Nähe zu den Pamphletisten des 18. Jahrhunderts entscheidend (Heidegger 2003, o. S.).[2]

Die enorme inhaltliche Vielfalt der Blogs, die eben über die typische individuelle Tagebuchnutzung hinausgeht, bringt es mit sich, dass eindeutige funktionale Typologisierungen der Blogs heute kaum mehr möglich sind. Dennoch sind ihre stark zunehmende Verbreitung und die Ausdifferenzierung der Blogpraktiken wissenschaftlich, z. B. soziologisch,[3] erfassbar. Neben der Vielzahl an Zeitschriften- und Nachrichtenblogs, die sich als Alternativjournalismus stilisieren,

---

2 „Sowohl Weblogs als auch Pamphlete mussten ihre Durchschlagskraft erst gegen ein etabliertes politisches und intellektuelles Feld erzwingen. Auffallend ist: Wo Pamphlet und Blog größere Öffentlichkeit erzeugen, haben sie sehr oft Debatten mit einer stark ethischen Schlagseite provoziert. Das Zu-Tage-Bringen von Tabu-Themen war und ist dabei Zeichen eines solchen neuen medialen 'Eroberungs'-Diskurses" (Heidegger 2003, o.S.).

3 „Kommunikationssoziologisch kann man diese unterschiedlichen Praktiken erfassen, indem man die spezifischen Gebrauchsweisen und Erwartungen untersucht, die die individuelle Nutzung rahmen und innerhalb von (unterschiedlich großen) Verwendungsgemeinschaften gelten" (Schmidt 2006b, o.S.).

finden wir zugleich auch nicht wenige Politik- und Unternehmensblogs,[4] die das Bloggen als Marketinginstrument nutzen (Schmidt 2006b, o.S; vgl. Pano 2008, 172; Dünne 2004, o. S.).

Je nach Art des Blogs, treten jedoch seine verschiedenen Funktionen (alternatives Informationsmedium, Meinungsfilter, Internetarchiv, Gesprächsplattform, siehe auch Pano 2008, 172) in variierendem Maße hervor.

In den persönlichen Blogs (*Personal Blogs*) kann der Blogger sowohl aus seinem eigenen Leben berichten, sich aber auch zu bestimmten tagesaktuellen bzw. gesellschafts- oder gruppenrelevanten Themen äußern (vgl. Schlobinski/Siever 2005b, 10).[5]

Schmidt (2006b, o.S.) sieht als Resultat seiner empirischen Erhebungen zum Usus des Bloggens Blogs primär als ein Instrument, mit dem Beziehungen hergestellt und Identitäten konstruiert werden (im Sinne von „Blogito Ergo Sum“ – Loving 2008, 31).

Gründe für den nicht vorhersehbaren Erfolg von Blogs auch als alternativem Informationsmedium hat Orihuela bereits 2003 auf einer Tagung vorgestellt (cf. Orihuela 2004), u. a.:

- vom passiven Publikum zum aktiven User
- von Monomedien zu Multimedia
- von Knappheit zu Überfluss
- von Distribution zu Zugang (der User sucht, surft, navigiert und entscheidet selbst)
- von Einweg-Kommunikation zu Interaktivität
- von linear zu Hypertext und schließlich
- von Daten zu Wissen (Orihuela in Schlobinski/Siever 2005a, 16)

2 Forschungsansätze und -desiderata zu Weblogs

In den wissenschaftlichen Erörterungen zu Blogs dominieren kommunikationstheoretische (Medienwissenschaften, Journalismus, Soziologie, Philosophie,

4 Puschmann (2009, 55) erörtert gleichfalls die Vielfalt der Blogs und differenziert in der Analyse von Wirtschafts-/Unternehmensblogs z.B. den Produkt-Blog oder den Blog zum Anwerben von Arbeitnehmern.

5 Während vor 1999 als Blogger vor allem technisch Versierte agierten, ist spätestens mit der Ankunft der sozialen Netzwerke (2004) diese Dominanz nicht mehr erkennbar.

Kulturwissenschaften), medienpädagogische (Pädagogik, Psychologie, Soziologie) und sprachwissenschaftliche Fragestellungen. Aus sprachwissenschaftlicher Perspektive wurden Textsortenspezifika (so die Einordnung als Kommunikationsform oder der hypertextuelle Aufbau), sprachliche Charakteristika allgemein sowie die nähe- bzw. distanzsprachliche Orientierung von Blogs diskutiert und analysiert.

So stellt Puschmann (2009) in seiner Studie zu englischsprachigen Blogs prototypische Merkmale für einen Blog auf und differenziert diese in die Bereiche Technik/Präsentation, Sprachgebrauch sowie Kontexte (Puschmann 2009, 59).[6] Francos Untersuchung spanischsprachiger Blogs aus dem Jahre 2005 fokussierte demgegenüber sprachliche, graphische, diskursive bzw. ikonische Kennzeichen, die allerdings nicht unbedingt nur blogspezifisch, sondern auch im Chat, in Internetforen oder allgemein oft in nähesprachlichen Äußerungen nachweisbar sind, so beispielsweise getilgte bzw. gekürzte Formen: *peque* (*pequeño*) oder *tele* (*televisión*), Diminutive, Anakoluthe; Auslassungszeichen als Markierung bzw. Imitation von Pausen; Graphem-Wiederholungen, Verwendung von Gesprächsausdrücken oder die direkte Anrede der Ansprechpartner wie *¿La fragancia nos define*? (Franco 2005, 302).

Aus sprachwissenschaftlicher Sicht stellen kommunikative Ansätze, die die Interaktion und Dynamik dieser Form des sprachlichen Austauschs beschreiben, ein klares Defizit dar. Dabei ist die Dynamik weblogbasierter Kommunikation unverkennbar und wird auch in der existenten Forschungsliteratur deutlich herausgestellt. Der dynamische Charakter ergibt sich aus dem Ausbringen einer oder mehrerer Blogeinträge, denen Kommentare folgen, welche durch neue Einträge ergänzt und schließlich über Blogrolls verknüpft werden (Perschke/Lübcke 2005, 10). Eine derartige Perspektive führt letztlich zu der von Perschke/Lübcke (2005, 20) angemahnten Beschreibung der Weblogkommunikation in Form eines „Diskursraumes".

6 Sprachliche Kennzeichen englischsprachiger Blogs sind nach Puschmann (2009, 59): Subjektpronomen der 1. Person in Agensfunktion, unpersönliche Pronomina in Subjektposition (wie *it*), hohe Frequenz deiktischer Konstruktionen, besonders der Personaldeixis, statischer Verben und modaler Markierungen, Präferenz der Verbformen im Präsens und Perfekt, eher aktivische als passivische Konstruktionen, relativ kurze Sätze sowie metasprachliche Äußerungen zum Bloggen.

3 Kommentare im Weblog

Der Kommentar ist heute ein prototypisches Kennzeichen des Konzepts „Blog“ (Hentschel 2008, 54). Auch für die vorliegende Analyse ist es bedeutsam, dass sich das Kommentieren dabei eben nicht mehr wie am Anfang der Blogentwicklung allein auf den jeweiligen Blogeintrag beschränkt, sondern zunehmend auch Kommentare zu Kommentaren erstellt werden (siehe auch Dünne 2004, o.S.), wodurch die Dynamik und Intensität des Austauschs nochmals erhöht wird. Diese breite Möglichkeit des Kommentierens schafft eine neue Art der Kommunikationsgemeinschaft:

> Estos comentarios pueden ser tanto libres como administrados por el creador del blog, sin embargo, en el espíritu de libertad digital que inspira a los bloggers, los comentarios suelen estar abiertos a quien lo desee, y así uno puede responder y abrir el diálogo con otros comentaristas desde cualquier parte del mundo (Calvo Peña 2010, 155).

3.1 Funktion von Kommentaren allgemein

Die Arbeit von Posner (1980) stellt eine der grundlegendsten Arbeiten zum Kommentieren dar. Posner hob die Allgegenwärtigkeit des Kommentierens als typisches Muster menschlicher Informationsverarbeitung heraus. Bei Dünne (2004) wird den Kommentaren die Funktion zugeschrieben, dass durch sie Texte erst „zu sozial relevanten 'Monumenten' werden“ (Dünne 2004, o.S.), was ihn zur Formulierung folgender These veranlasst:

> Kommentierende Netz-Anwendungen [...] können möglicherweise von ausgezeichneter Bedeutung bei der sprachlichen Bewältigung der ungeheuren Diskursvielfalt bzw. bei der Etablierung eines (mehr oder weniger einheitlichen und stabilen) kulturellen Gedächtnisses sowie individueller Selbstpraktiken im Rahmen einer Diskurs- und Gedächtnisordnung sein (Dünne 2004, o. S.).

Durch das Kommentieren kann es zur „Umverteilung“ der vom Blogger gesetzten Schwerpunkte der Informationsstrukturierung kommen (Posner 1980, 5) und es können sich so neue Perspektiven für die Kommunikation ergeben.

3.2 Posners Typologie (1980) des Kommentierens

In Posners Arbeit sind zwei Kommentartypologien zu erkennen: zum einen seine Unterteilung in direkte und indirekte Kommentare, zum anderen in textuelle und kontextuelle Kommentierungen. Während bei den direkten Kommentaren die „Kommentierer“ die vorhandenen Sprachstrukturen des Kommentars direkt übernehmen, weicht bei den indirekten Kommentaren die kommentierte Information in der Struktur von der Originalformulierung ab (Posner 1980, 5). Für die Differenzierung in textuelle und kontextuelle Kommentierung legt Posner die eindeutige Identifizierung der sprachlichen Form zwischen dem Ausgangstext (im Sinne Posners „Kommentandum") und dem Kommentar zum Ausgangstext (in Posners Terminologie „Kommentat") zu Grunde. Bei dieser Art der Kommentierung wiederholt der Kommentarsatz den gesamten Kommentandumsatz als *daß*-Komplement oder verweist durch die Proform *das* auf ihn zurück (Posner 1980, 46). Bei der kontextuellen Kommentierung stützt sich das Kommentat nur auf eine „Teilinformation des Kommentandumsatzes" (Posner 1980, 45). Die Anerkennung einer kontextuellen Kommentierung hängt aus diesem Grund nicht allein vom sprachlichen Wissen der Kommunikationspartner ab (Posner 1980, 46).

3.3 Eigene Klassifizierung der Kommentare aus der Analyse

In der nachfolgenden Analyseklassifizierung der Kommentare werden sowohl das sprachlich-textuelle und inhaltlich-funktionale Verhältnis des Blogeintrags zum Kommentar als auch der Kommentare untereinander berücksichtigt, wobei die Zuordnung einzelner Kommentare unserer Analyse nicht immer eindeutig ist.

1. Reaktive und aktive Kommentare

Bei reaktiven Kommentaren ist über explizite Textübernahmen ein direkter textueller Bezug in den Kommentaren auf den Inhalt des Eintrags bzw. Kommentars nachweisbar. Bei der aktiven Kommentierung ist der Bezug zwischen dem Eintrag und dem Kommentar demgegenüber nicht im Text selbst, sondern diskursuniversal gegeben; im Mittelpunkt dieser Art der Kommentierung stehen oft neue bzw. weitere Inhaltsaspekte oder es kommt zur Verlagerung des Themenschwerpunktes. Ergänzt wird diese Art des Kommentars nicht selten durch Beispiele.

2. Metasprachliche Kommentare

Ein Teil der analysierten Kommentare setzt sich mit dem Blogeintrag, dem Blog allgemein oder auch dem Verhalten im Blog einschließlich des Kommentierens auseinander und bewertet dieses auf einer Metaebene. Sie werden von uns daher als metasprachliche Kommentare eingestuft.

3. „Sprachgesten“

Bei den Kommentaren als sogenannte „Sprachgesten“ positioniert sich der Kommentator in keiner Weise inhaltlich; sein Kommentar dient ausschließlich dem Fortgang der Interaktion (z. B. *grüßen*).

4. Fremd- bzw. Außenkommentare

Als Fremd- bzw. Außenkommentare werden alle diejenigen klassifiziert, die ohne direkten sprachlichen oder inhaltlichen Bezug zum Blogeintrag oder Kommentar stehen. Gerade diese Form der Kommentierung tritt nicht selten auf und wird individuell oder kommerziell zu Werbezwecken eingesetzt.

3.4 Verhältnis von Kommentar und Argumentation

Einzelne Kommentare werden von Argumentationen geleitet bzw. begleitet; allerdings stehen diese im Unterschied zu den Diskussionsforen und zu Beyers Auffassung nicht im Vordergrund des Kommentars (Beyer 1999, 194).

Grundsätzlich bieten Argumentationen, die in den Kommentar eingebettet werden, die Möglichkeit inhaltliche Positionen der Blogeinträge zu verstärken, zu entkräften[7] oder für den Rezipienten nachvollziehbar zu gestalten (vgl. auch Beyer 1999, 66).[8]

3.5 Relativität der Sachlichkeit der Kommentare

In nicht seltenen Fällen wird die Kommentierung, auch bei den politischen Blogs, zur allgemeinen, nicht bloginhaltsbezogenen Kommentierung genutzt.

---

7 Beyer (199, 209ff.) weist zu Recht darauf hin, dass die Kommentierung auch bewusst zur tendenziösen Meinungsäußerung bzw. Faktendarstellung eingesetzt wird.

8 Argumenttypologien wurden in der vorhandenen Literatur zur Argumentation zahlreich entwickelt. Als Typologisierungsgrundlage gelten sowohl formallogische, den Bezug zur Realitätskonstruktion etablierende, als auch wirkungsbezogene Kriterien (z.B. Kienpointner [1983, 94ff.] – quasilogische, realitätsbezogene, realitätsetablierende Argumente oder Toulmin [2003, 133ff.] – Fakten und Garantien, analytische und substanzielle Argumente). Girnth stellt für den Argumentationsaufbau in politischer Kommunikation drei Argumentationskategorien heraus: Kausation „die kausale Herleitung historischer Fakten, Ereignisse und Handlungen“, Konsekution „die Darstellung möglicher Folgen von Ereignissen, Handlungen und Entscheidungen“ und Motivation „die Generalisierung parteilicher Haltungen als allgemein erstrebenswerte und Berufung auf überparteiliche ‚Autoritäten‘“ (Girnth 2005, 87).

Die technisch bedingte einfache Handhabung der Kommentarfunktion mag diese Tendenz durchaus verstärken.

4 Politische Blogs

4.1 Relevanz politischer Blogs

Für Engelmann (2010) erklärt sich der Erfolg gerade der politischen Blogs nicht aus der Implementierung neuer Themen, sondern eher aus dem Potenzial politischer Meinungsbildung[9] (Engelmann 2010, 86), welche gerade dann in den Fokus der Aufmerksamkeit gelangen, wenn in einer Gesellschaft oder in einem bestimmten gesellschaftlichen Kontext ein Defizit im Bereich der öffentlichen Kommunikation empfunden bzw. erkannt wird. Die Schaffung einer alternativen medialen Öffentlichkeit liegt nahe. Dies soll kurz am Beispiel des *Blog del narco* illustriert werden. Dieser Blog, der am 2. März 2010 eingerichtet wurde, versteht sich als Plattform der Informationsverbreitung zur Drogenkriminalität in Mexiko. Für den Inhalt der Blogeinträge wird von den beiden anonymen Bloginhabern selbst keinerlei Verantwortung übernommen.

> Un factor clave para que naciera Blog del Narco, ha sido lo que han decidido ocultar diversos medios de comunicación: el terror que se sufre en el país. Nosotros damos a conocer los actos violentos que han hecho que la sociedad mexicana vive una realidad, que hasta hace poco tiempo se encontraba en sombras. Los medios y el Gobierno seguirán diciendo que en el país no pasa nada, nosotros continuaremos con nuestra labor (*http://www.blogdelnarco.com/p/acerca-de.html*, 22.03.2012).

4.2 Kubanische Bloggerszene

Um die kubanische Blogproduktion – und auch Rezeption – quantitativ exakt einschätzen zu können,[10] fehlen aktuell erhobene und belastbare Daten aus Kuba (vgl. Amor 2010, 85); so kann beispielsweise die Zahl der Internetnutzer nur geschätzt werden:

---

9 Für Kuba schätzt Monett (2010, 81) die Möglichkeit freier Meinungsäußerung als besonders relevant ein.

10 Siehe dazu die Untersuchung von Dagmar Monett (2010).

Gesamtbevölkerung	Internetnutzer
11.477.459 Millionen (2010)	1.604.000 Millionen (Juni 2010)
1.604.000 Millionen (Juni 2010) =14 %	1.702.206 (31. Dezember 2011) = 15,4%

Tabelle 1: Kubanische Blogproduktion[11]

Aus diesem Grund ist es auch nicht erstaunlich, dass die Mehrzahl der kubanischen Blogger im Ausland lebt (Monett 2010, 59).[12] Eine genaue Übersicht zur kubanischen Blogosphäre gibt es nicht; das Portal *http://blogssobrecuba. blogspot.com* versucht mit ständigen Aktualisierungen die Blogs zu kubanischen Themen zusammenzuführen (Monett 2010, 60).

Nach den Akteuren und Inhalten der kubanischen Blogs differenziert Loewenstein (2006, 160ff.) in die drei folgenden Bloggertypen:

1. regierungstreue Blogger – *oficialistas*, – die oft Angestellte der Regierung sind und deren Blogs die Inhalte der Reden Castros wiedergeben
2. alternative Blogger – *alternativos*, – deren Blogs als persönliche Meinungsäußerung zu politischen Themen eingestuft werden können
3. Blogger, die zu kubanischen Themen posten, allerdings ohne politische Inhalte; diese Blogs werden oft von Exilkubanern initiiert.

Die erfolgreichste kubanische Bloggerin, deren Blog *Generación Y* weit über Kuba hinaus rezipiert wird, ist die Kubanerin Yoani Sánchez.

Blog Generación Y von Yoani Sánchez

Yoani Sánchez[13] berichtet seit April 2007 aus ihrem Alltag auf der Insel und greift dazu primär politische und soziale Themen auf. Mit ihrem Blog wollte sie

11 Quelle: *http://www.internetworldstats.com/carib.htm#cu-* (27.02.2011 und 14.11.2012)

12 In *http://blogssobrecuba.blogspot.de/* wurden mit Stand vom 6. Oktober 2012 1227 Blogs über Kuba gezählt (*http://blogssobrecuba.blogspot.de/*, 14.11.2012).

13 Yoani Sánchez wurde 1975 in Havanna geboren und studierte dort bis 2000 spanische Sprache und Literatur. Von 2000-2002 arbeitete sie für den kubanischen Kinderbuchverlag *Gente Nueva*. 2002 übersiedelte sie in die Schweiz, kehrte von dort aber 2004 nach Kuba zurück. Seit 2004 arbeitete sie bis zur Blogeröffnung – und auch darüber hinaus – als Kolumnistin, z. B. bei der digitalen Zeitschrift *Consenso*, aber ebenfalls bei der *Sonntaz* und *El País*, und entwickelte mit anderen Mitstreitern die Idee eines *periodismo ciu-*

ursprünglich Leser ansprechen, die in den 70er und 80er Jahren des 20. Jahrhunderts geboren wurden und deren Namen mit Ypsilon beginnen bzw. die ein Ypsilon in sich tragen. Heute geht ihr Leserkreis weit darüber hinaus.[14] Ihr Blog war auf Kuba selbst, offensichtlich aus Gründen der politischen Zensur, zwischen 2008 und 2011 kaum bzw. nicht zugänglich (Henken 2010, 221):

> El blog de Sánchez, Generación Y, fue desbloqueado de los servidores cubanos la víspera de XIV Convención y Feria Comercial Informática 2011, que se realiza en el Palacio de las Convenciones de La Habana. Otros sitios, considerados críticos del gobierno cubano, permanecen bloqueados.
>
> (*http://cafefuerte.com/index.php?option=com_content&view=article&id=800&catid=130&Itemid=585*, 16.11.2012)

Yoani Sánchez qualifizierte ihren Blog in einem Interview vom 7. Mai 2008 als Form des „persönlichen Exorzismus“:[15]

> R. Mi blog es un exorcismo personal que de pronto se ha encontrado con otros que también tienen sus demonios, y se ha convertido en una confluencia de demonios e historias similares. Sobre todo se ha convertido en un foro de discusión: ahora mismo lo más importante de Generación Y no son mis textos, sino los comentaristas.
>
> (*http://sociedad.elpais.com/sociedad/2008/05/07/actualidad/1210111210_850215.html*, 04.03.2015)

Der Blog ist seit längerem keinesfalls nur auf Spanisch rezipierbar, sondern wird von Enthusiasten und Anhängern der Bloggerin in mittlerweile 20 Sprachen übersetzt.

5 Analysebeispiel: *Café Amargo* vom 2. Februar 2011

Der Eintrag *Café amargo* ist wie alle Einträge zweiteilig, d.h. er setzt sich aus einem Textdokument sowie einem Foto zusammen, und wurde am 2. Februar

---

dadano. Heute ist sie neben ihrem Blog vor allem auf Twitter aktiv (100.000 Follower). (vgl. Henken 2010; *http://cafefuerte.com/2011/02/07/yoani-sanchez-sobrepasa-los-100-mil-seguidores-en-twitter/*, 16.11.2012).

14 Als Erkennung für ihre journalistische Pionierleistung in Kuba wurde sie 2008 mit dem Preis *Ortega y Gasset en la categoría de periodismo digital* ausgezeichnet. Von der Zeitschrift *Time* wurde sie bereits ein Jahr nach der Einrichtung ihres Blogs zu den 100 bedeutendsten Persönlichkeiten gewählt (vgl. u.a. Henken 2010, 204).

15 Siehe Henken (2010) für eine detaillierte Analyse der Entwicklung des Blogs *Generación Y*.

2011 eingestellt.[16] In den drei Abschnitten des Eintrags lassen sich folgende thematische Schwerpunkte erfassen:

1. Relevanz des kubanischen Kaffees im Alltag der Inselbewohner
2. Einbettung der offiziellen Mitteilung des Staatschefs, Raúl Castro, über die Streckung des Kaffees durch andere pflanzliche Bestandteile
3. Hinweis der Autorin, dass dies wegen der sinkenden Kaffeeproduktion in Kuba schon seit Jahren Realität ist
4. Rückblick auf den Kaffeekonsum der vergangenen Wochen, in welchen die kubanischen Frauen den Kaffee bereits streckten

Café amargo

Tomar un sorbito de café en la mañana es el equivalente nacional al desayuno. Puede faltar cualquier cosa: el pan, la mantequilla y hasta la inalcanzable leche, pero no tener ese buche caliente y estimulante al despertarnos es el preámbulo de un mal día. Mis abuelos, mis padres y todos los adultos que me rodeaban siendo niña bebían tazas y más tazas de aquel líquido oscuro mientras conversaban. Siempre que alguien llegaba a casa, la cafetera se ponía sobre la hornilla, porque el ritual de compartir "una colada" era tan importante como dar un abrazo o invitar a pasar.

Hace algunas semanas, Raúl Castro anunció que se comenzaría a mezclar el café del mercado racionado con otros ingredientes. Fue simpático escuchar a un mandatario hablando de esos temas culinarios, pero también fue motivo de broma popular el que se dijera oficialmente algo que ya es práctica común – hace años – en toda la Isla. No sólo los ciudadanos hemos adulterado por décadas nuestra más importante bebida nacional, sino que el Estado nos ha superado en ingeniosidad sin declararlo en la etiqueta del producto. Tampoco se puede usar ya el gentilicio "cubano" en la distribución del estimulante brebaje, pues no es un secreto para nadie que el país importa grandes cantidades desde Brasil y Colombia. De las 60 mil toneladas anuales que alcanzó la producción cafetalera nacional, hoy sólo logran colectarse unas 6 mil.

En los últimos meses "el néctar negro de los dioses blancos" – como una vez lo llamaron – se ha vuelto escaso. Las amas de casa han tenido que retomar la práctica de agregarle chícharos tostados y molidos para garantizar el sorbito amargo que nos damos nada más abrir los ojos. Si se le puede llamar a eso café, ya no sabemos, pero al menos es algo caliente y amargo para tomar en la mañana.

16 Der Eintrag ist bei der Endredaktion des Aufsatzes, auch im blogeigenen Archiv, leider nicht mehr zugänglich gewesen (*http://www.desdecuba.com/generaciony/?paged=3, 20.06.2011*).

Foto: Orlando Luis Pardo Lazo

Abbildung 1: Foto aus dem Blogeintrag „Café amargo"

6 Analyse der Kommentare zum Post: *Café amargo*

Bis zum 20. Juni 2011 hatte dieser Blogeintrag 859 Kommentare erhalten; allein 845 Kommentierungen erfolgten davon bis zum 3. Februar 2011. Der offensichtlich letzte Kommentar wurde am 16. Februar 2011 getätigt.

Meyer konnte in ihrer Untersuchung des Blogs von Yoani Sánchez eine durchschnittliche Anzahl von 1500 bis 2000 Kommentaren pro Post feststellen (Meyer 2010, 17), eine Zahl, die heute – gerade bei den genuin politischen Einträgen – deutlich überschritten wird.[17]

Der Blog *Generación Y* wird moderiert; so erfolgt z. B. bei Nichtbeachtung der allgemeingültigen *Netiquette*-Regeln, die auch von Wordpress angewandt werden, die Löschung des Kommentars.[18]

17 So u.a. bei Einträgen zu den Wahlen auf Kuba oder auch zur Verhaftung von Yoani Sánchez im Oktober 2012.

18 Die Wirkungsweise, auch für die von uns ausgewählten Beispiele der Kommentierung, kann belegt werden: *BORRADO POR OFENSIVO* (K 129); *NOTA DEL MODERADOR: Nick borrado por vulgar. Por favor use otro, porque este nick será bloqueado* (K 170).

6.1 *Allgemeine Analyse der Kommentare*

Die Kommentare wurden überwiegend auf Spanisch redigiert, von Muttersprachlern und auch Nicht-Muttersprachlern, einzelne aber auch auf Portugiesisch (z.B. K 133)[19] oder Englisch. Die Mehrheit der Kommentatoren beteiligte sich über einen längeren Zeitraum (einige Stunden) mit mehreren Kommentaren, weshalb wir grundsätzlich davon ausgehen können, dass die Kommentare der anderen verfolgt wurden.

Da in dem Blog jedoch keine strukturierte Mehrebenendarstellung der Kommentare vorhanden ist, wird nicht bereits durch die graphische Strukturierung erkenntlich, wer sich auf welchen Kommentar bezieht (siehe auch Meyer 2010, 23). Für uns stellt sich daher in der Analyse die Frage, wie die Kommentatoren die Bezugnahme untereinander realisieren.

Die Kommentare wurden zumeist so schnell hintereinander verfasst, dass sie eine nahezu synchrone Kommunikation ermöglichten. Die Kommentare richteten sich nur in Einzelfällen direkt an Yoani Sánchez (siehe auch Meyer 2010, 26), zumeist bezogen sie sich auf zuvor gepostete Kommentare.

Aus dem Inhalt bzw. verschiedenen (politischen) Aussagen in den Kommentaren kann man schließen, dass es sich bei den Kommentatoren überwiegend um Kubaner im Exil handeln muss, deren Zugangsmöglichkeiten zum Internet kaum eingeschränkt sind, weshalb sie die Kommentierung über einen längeren Zeitraum problemlos verfolgen und aktiv werden können. Wie auch bei anderen Blogeinträgen von Yoani Sánchez wurden einige Kommentare von anderen Kommentatoren besonders häufig kommentiert (z. B. jene von Pablo Pacheco).

In unserer Analyse steht die Interaktion, die sich in den Kommentaren spiegelt, im Fokus. Dabei werden wir zum einen inhaltliche Schwerpunkte der Kommentierung herausarbeiten und zum anderen uns mit der Markierung der Bezugnahme beschäftigen.

6.2 *Thematische Analyse: Schwerpunkte*

6.2.1 *Kaffee*

Zu den bestimmenden Themen der Kommentare gehört zweifelsohne der im Zentrum des ausgewählten Blogeintrags stehende Kaffee. Aus diesem werden Kommentare zu verschiedenen Aspekten abgeleitet: Kaffeekultur in Kuba (K

---

19 Die Kommentarnummer wird für alle Beispiele aus dem Blog selbst übernommen.

58),[20] Kaffeemangel als Folge des castromafiösen Wirtschaftsmodells (K 3), Kaffeetrinken in Kuba als Entdeckung (K 102), Kaffeemischungen (K 103, 538), schlechter Kaffee (K 534, 564, 759) und selbst die Existenz virtueller Tassen Kaffee (K 847).

> Tomar un café en Cuba se convirtió en un descubrimiento pues nadie puede saber de antemano que sabor trae. (K 102)

6.2.2 Politische Themenbereiche

Politische Themen sind in den Kommentaren dieser Blogs insgesamt dominant. Dabei werden sowohl die Innensicht, d.h. politische Entwicklungen auf Kuba, als auch die Außensicht bzw. Weltpolitik berücksichtigt. In der **kubanischen Perspektive** (Innenperspektive) werden folgende Entwicklungen thematisiert:

- die politische Entwicklung auf Kuba (eben aus jener Perspektive wie sie in den kubanischen offiziellen Massenmedien kaum eine Rolle spielt), z.B. Fragen der Immoralität oder Korruption (K 663, 671),
- die Personen von Fidel und Raúl Castro, z.B. Castro als FBI-Agent (K 23) oder Mumien der politischen Führung (K 486),
- die Nominierung des Kubaners Oswaldo Payá für den Friedensnobelpreis (K 47, 51, 53, 477),
- die Verbindung der kubanischen Situation mit der politischen Entwicklung in der Welt (K 3, 78, 375, 439, 513),
- der Vorwurf der politischen Tatenlosigkeit der Kubaner (K 287, 316, 599, 681, 828),
- konkrete Aufrufe zu politischem Protest und Engagement in Kuba (K 87, 221-223, 274, 494, 496, 697, 857),
- die Frage nach politischen Nachfolgeparteien (K 127),
- die Flucht eines kubanischen Mediziners in Nicaragua (224 – erstaunlicherweise einer der längsten Kommentare unseres Blogeintrags), der Hungerstreik politischer Gefangener auf Kuba (K 140, 163, 727, 755), der Hinweis auf die *Damas de Blanco* (K 146, 167, 458) sowie
- politisch motivierte Verhaftungen auf Kuba (K480).

Als Schwerpunkte der thematisierten **außen- bzw. weltpolitischen Entwicklung** sind die folgenden erkennbar:

- die aktuelle politische Situation in einzelnen Ländern, konkret Ägypten, Tunesien und generell in den arabischen Staaten (K 93, 96, 99, 188, 210, 619, 718, 721, 738, 766, 853),
- die Angst vor einer Islamisierung der Welt bis hin zu islamfeindlichen Äußerungen (K 106, 232, 266, 281, 362, 742, 800),

20 Wir beschränken uns in diesem Beitrag jeweils auf die Auflistung einzelner Kommentarbeispiele.

- die gefürchtete Fundamentalisierung (K 277, 693) und
- die Gesetzgebung der Scharia (K 675, 678, 692).

Darüber hinaus werden in verschiedenen Kommentaren die Diskriminierung bzw. Gleichberechtigung der Frauen (K 336, 744), die Arbeit und Veröffentlichung von Wikileaks und die Person Julian Assange (K 429) sowie allgemeine Menschrechte (K 773) erörtert.

6.2.3 Schilderungen des kubanischen Alltags

Einen weiteren thematischen Komplex stellen Aussagen und Beispiele über die Mühsal des kubanischen Alltags dar. Hier werden detailliert Versorgungsengpässe mit Lebensmitteln oder Grenzen der medizinischen Behandlung beschrieben (K 2, 42, 73, 117, 284, 350, 404, 461, 579, 664, 665), aber es wird zugleich auf Hygienemängel aufgrund unzureichender Versorgung mit Waschmitteln (K 580, 586, 590, 591) eingegangen. Ergänzt wird das Bild um die Versorgungslage durch Einzelschilderungen zu Problemen des öffentlichen Nahverkehrs (K 589), zu den eingeschränkten Informations- bzw. Internetmöglichkeiten (K 56, 135, 359, 660-662), zur Bildung (K 656), zur Existenz von Prostitution und zu Entlassungen in kubanischen Staatsbetrieben (K 448, 582).

6.2.4 Rückblick: Kuba in früheren Jahren

Dem Leitthema des Blogeintrags folgend befassen sich einige der Kommentare mit der kubanischen Kaffeekultur in früheren Jahren (K 64, 79, 382, 529, 671) bzw. erweitern die Sicht auf die gesamte Essenskultur (K 572). In einigen Kommentaren wird die zweifelsohne aktuell bessere Versorgung der kubanischen Bevölkerung im Vergleich zu der katastrophalen Versorgungssituation in den 90er Jahren (K 602, 610, 616, 634) herausgestellt.

6.2.5 Pablo Pacheco

Unter den Kommentatoren des Blogeintrags figuriert auch der kubanische Journalist und Dissident, Pablo Pacheco, der nach fünfjährigem Gefängnisaufenthalt in Kuba im Juli 2010 nach Spanien ausreisen durfte. In den Kommentaren von und über ihn finden sich Anmerkungen zum spanischen Exil, Hinweise zur Arbeitssuche und eine Diskussion zu einem möglichen Wechsel des Wohnortes wie im folgenden Beispiel:

> pablo pacheco,
>
> Que mejore su salud y si va a EEUU que todo le salga muy bien.
>
> Saludos (K 201)

6.2.6 Kommentare auf der Blogmetaebene

Der Blog von Yoani Sánchez erregt die größte Aufmerksamkeit der Kommentatoren zweifelsfrei auf der Metaebene des Blogs. So kommt es zu Anfeindungen des Blogeintrags *Café amargo* (K 6, 20, 37). Im Zentrum der Debatte steht die Frage, ob man sich im Angesicht der politischen Entwicklungen auf Kuba mit einer solch „banalen“ Frage wie dem Kaffeegenuss beschäftigen dürfe.

> ahora si la hemos perdido, premios para que. Hablando de cafe, cuando varios paises luchan por su libertad y donde el internet , twitter y facebook han sido censurados. Deberia darle pena. que cogida de bobos nos ha dado Yoani (K 6)

Einzelne Kommentare werden in dieser ablehnenden Perspektive äußerst harsch formuliert:

> ahora el cafe tambien es un problema para yoani, por que con el cuarto de millon de euros no se compra un saco de cafe? (K 370)

Es fehlen aber bei den Metakommentaren gleichfalls Kommentare zur Verteidigung des Blogeintrags, des Blogs allgemein und der Bloggerin selbst nicht (K 48, 135, 169, 263):

> @futurodecuba No es por defender a la escritora del blog pero me parece que era un recurso literario para hacerle sentir al lector cuan importante es para la cultura Cubana el café. (K 17)

> ¿Tu eres periodista Ricardo? Si lo fueras, sabrías que un blog personal no es JAMAS un periódico informativo, que en un blog no hay porqué repetir temas que ya han sido abordados en el mismo espacio cada vez que ocurra un hecho sobre más o menos lo mismo, y que un blog personal tiene una finalidad, un tema y un estilo que no son los lectores quienes lo definen, sino el autor. Los diarios digitales, las revistas de actualidad y de opinión son otra cosa. Pero esto no es un diario es un BLOG. UN BLOG. (K 263)

In den Metakommentaren lassen sich aber in Einzelbeispielen auch Überlegungen zur Funktionsweise, zur Relevanz von Blogs und allgemein zur Art der Kommentierung von Blogs (K 50) belegen:

> Siempre que puedo leo algunos de los comentarios aqui hechos ,auque no este de acuerdos con todos es bueno saber como pienza ese pueblo mio dentro y fuera de Cuba y tambien puede uno saber el grado de inteligensia que bamos arquiriendo en cuanto al politica y cual adoctrinados o miedosos estamos todavia , de mas esta desir que hay mucho miedo en Cuba , de los dos bandos , los que oprimen y los oprimi-

dos, esto a sido de siempre , pero tengo fe que todo cambiara un dia para bien de ese pueblo que a vivido tan desinformado de las realidad del mundo que lo rodea, hoy posiblemente pocos sepan que esta pasando en Egipto , por eso estamos ablando de cafe (192)

De todos los blogs que he leido en mi vida este es el mas interesante. (K 501)

6.2.7 Varia

Dem Lebensumfeld einiger exilkubanischer Kommentatoren entsprechend werden auch die Wetterkapriolen in den USA zum Anlass für eine Kommentierung genommen (K 119, 152, 327, 389); außerdem das Gerücht über einen Brand in der für die Bevölkerung Havannas wichtigen Speiseeisfabrik *Coppelia* (K 515, 513, 548) in Form eines Kommentars verbreitet oder über die Konzertabsage von Juanes in Miami berichtet (K 219). Zudem wird in einem Kommentar ohne jegliche verbale Kommentierung zu Werbezwecken ein Link zu einer Musikdatei gesetzt (K 171). In einigen Kommentaren werden auch einzelne Kommentatoren immer wieder aufgefordert, selbst einen eigenen Blog zu verfassen (K 635, 640-646) oder die Kommentargemeinschaft explizit ermuntert, „positive Dinge“ in Kuba zu erfragen (K 649).[21] Es stellt sich in diesem Punkt nicht zu Unrecht die Frage, inwiefern „offizielle“ Kommentatoren der kubanischen Regierung versuchen, auf den Blog und auf den Verlauf und die Inhalte des Blogs von Yoani Sánchez Einfluss zu nehmen.

Die inhaltliche Verwobenheit der Themen und ihr Stellenwert für die Gesamtkommentarzahl lassen sich schematisch wie folgt erfassen:

21 […] me gustaria saber ¿qué cosa buena hay en Cuba? […] (K 649).

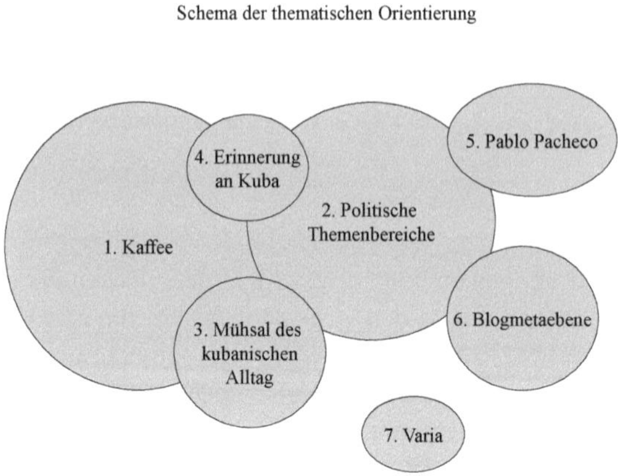

Abbildung 2: Thematische Schwerpunkte der Kommentierung

6.3 Formaler Aufbau der Kommentare

Die Kommentare untergliedern sich in einen technischen und einen kommentierenden Teil:

1. Kopf des Kommentars: Technische Informationen

- Avatar (ein personalisiertes *Icon*), d.h. zumeist ein Foto, eine Karikatur oder das Abbild einer Comicfigur
- laufende Kommentarnummer
- Nickname[22]
- Datum und Uhrzeit des Kommentars

2. Kommentartext:

- Hinweis auf den Urheber und die Nummer des Kommentars

---

22 Der Gebrauch des Nicknames dient nicht nur zur Anonymisierung, sondern wie Meyer herausstellt auch dazu, sich für den Auftritt in der Kommentargemeinschaft unverwechselbar zu machen (Meyer 2010, 249): „Die indexikalische Funktion der Nicknames besteht zum einen darin, auf bestimmte Interessenbereiche und kommunikative Einstellungen hinzuweisen, zum anderen hängen mit dem Pseudonym bestimmte geschlechtsspezifische Implikationen (oder Nichtimplikationen) zusammen“ (Runkehl et al. 2005, 75).

- Begrüßung[23] (z. B. *Buenos dias, Hola, hoa a todos, buenos dias a los amigos del blog muy especialmente al amigo Matapiojos, Arminie un saludo especial; Buenas tardes, mi saludos para todos, Buenas de nuevo, un saludo para tod@s, Hello*, teilweise auch die direkte Begrüßung von Yoani Sánchez mit *Hola Yoani* 32)
- Hauptteil
- Verabschiedung (z. B. *saludos; HASTA LUEGO, Que pases buenas noches, Tengan felices sueños, Chao*)

Dazu ein Beispiel:

231

pablo pacheco
Febrero 2nd, 2011 en 14:06

Bueno amigos termino mi tiempo en el locutorio un saludo a todos y por favor saluden a los que ahora no pude saludar,un día los aires de libertad que sacuden Egipto y otros paises del area llegaran a Cuba seguro pueden estar chao.

Abbildung 3: Kommentarbeispiel – Pablo Pacheco

6.4 Kennzeichen der Kommentierung

6.4.1 Textuelle Kommentierung (Reaktive Kommentare)

Bei der textuellen Kommentierung setzen die Kommentatoren differenzierte Strategien zur Bezugnahme auf vorangegangene Kommentare ein. So finden wir als unmittelbare Bezüge den Namen des Kommentators: z. B. *a Lou* (K 14) *a Apocalypsis* (K 15), *368 Julian* (K 380), in manchen Fällen mit der Kommentarnummer oder mit der generischen Bezeichnung *comentarista* versehen. In anderen Fällen wird der gesamte Kommentar oder Teile des Kommentars in den neuen Kommentar integriert oder der Verfasser des kommentierten Kommentars in direkter Form angeredet: *estimado colega comentarista.* Zudem werden die Kommentare nicht selten durch pronominale Aufnahme markiert:

> hla a todos mi mama **lo** mezcla con chicharo, no ha conocido nunca la calidad del cafe italiano su tueste y aroma, ni la calidad del brasileño , y una larga lista de paises que tienen un cafe tan bueno como el original que hay en cuba (K8)[24]

---

23 Wir werten den Gebrauch solch diskursiver Strategien wie der Begrüßung als explizite Anzeichen sozialer und sprachlicher Interaktion innerhalb der Kommentargemeinschaft.

24 Zur Verdeutlichung haben wir die jeweils beschriebene Struktur als fett und unterstrichen gekennzeichnet.

> Pues yo prefiero ser bastante cuidadoso con **esto** de la religion musulmana (K 278)

Dabei kommt es durch die Kombination mehrerer Strategien auch zur Intensivierung textueller Markierung, so in einem Beitrag von Pablo Pacheco zu einem Kommentar von *LLa*:

> **LLa** mi esposa **lo** domina algo y o no tanto pero la necesidad es la madre de la obligación,lo aprendemos y los primeros que llegaron a ese país,ese camino que ellos labraron fue muy duro pero lo caminaron una de mis frases favoritas" caminante no hay camino se hace camino al andar". (K 226)

Aber auch lexikalische Rekurrenz verdeutlicht nicht selten, auf welchen Kommentar sich der Kommentator bezieht (K 759-760):

> código 11 libertad **vergüenza** es que en nuestra Cuba no existan libertades desde hace mas de cinco décadas (K 760).
>
> que **verguenza** que en cuba el cafe la sal y el azucar falten como todas las cosas mas simples no [...] (K 759)

Desgleichen dient die verbale Markierung der Zustimmung oder Ablehnung der Propositionen vorangegangener Kommentare der textuellen Kommentierung. Als Zustimmungsmarker werden die Bejahungspartikel *si* (K 26, 28-31) oder verbale bzw. nominale Strukturen der Affirmation eingesetzt:

> POLLOEDIETA ES VERDAD ES UN PUEBLO VOREGO AGUANTON Y MUCHO JUEGO CON LA TIRANIA ES LA VERDAD TIENES RAZON (K 824)
>
> Camilo Fuentes
>
> Saludos, coincido con el Bromista en que entre tanto el mundo musulman no evolucione hacia la civilizacion no hay arreglo con ellos (K 252)
>
> La situacion es mucho mas complicada de lo que parece, Camilo. Estoy de acuerdo con lo que dices, esa seleccion a cuenta gotas de que tirania apoyar, y que tirania no apoyar (K 241)

Die Zustimmung kann jedoch auch modal abgeschwächt sein:

> código 11 libertad Mira quizás tengas razón ,quizás no tanto (K 808)

Die textuelle Kommentierung durch Ablehnung des Ausgangskommentars erfolgt mittels Negationsmarker, die in Teilen verstärkt werden:

> No, Julito.(K 373)
>
> Por supuesto que no (K 749)

Der Bezug auf vorangegangene Kommentare kann außerdem durch Implikaturen oder Isotopien expliziert werden. Im nachstehenden Beispiel wird die Isotopie durch den Gebrauch von Hyperonymen aktiviert. Der Ausgangskommentar von *LLa* (K 610) beinhaltet die Wiedergabe einer Anekdote zum Besuch im

Gran Teatro de la Habana, in welchem der Genuss von einem *bocadito* und *refresquito* erwähnt werden:[25]

> Lla no seas asi,recuerda que la biblia dice -Dad de **beber** al sediento y de **comer** al chivaton hambriento (K 620)

Kommentare können aber durch metasprachliche Formulierungen textuell gekennzeichnet werden:[26]

> Sus contundentes "argumentos" me dicen que es imposible dialogar con usted. Que pena. (K 777)
>
> Este comentario de Lla me recuerda la primera vez que fui al Gran Teatro de La Habana (K 610)
>
> disculpenme si me meto donde no me llaman, pero los cubanos y sino son todos la inmensa mayoria, tienen los gobernantes ke se merecen (K 821)
>
> Lo desgarrador de esto es que en el escrito de Yoani dice algo que es para partir corazones (K4)

---

25 Un saludo para tod@s (para no agraviar a nadie…) Este comentario de Lla me recuerda la primera vez que fui al Gran Teatro de La Habana, solamente tres días de haber aterrizado en Cuba, a principios de los años 80. Antes de partir, sabía que las cosas andaban mal en Cuba. Ese día, en el Gran Teatro, me di cuenta que las cosas estaban mucho peor de lo que pensaba. En el entreacto, me di un paseo por el, bueno, lo que era un salón, al lado izquierdo de la sala García Lorca. Era evidente que ese salón había conocido días mejores. Allí había un puesto que vendía alguna cosa bien odorante, nada agradable para mí. Había un tumulto de gente, me acerqué a ver y como todavía tenía el olor de extranjero, los cubanos naturalmente me dejaron pasar. Sin darme cuenta, estaba frente a una vendedora que me preguntó: ¿cuántos quiere? La pregunta era natural, sólo vendían "bocaditos" de no me acuerdo qué con refresquito. Le dije "uno". Me miró con ojos como huevo frito y me puso en la mano lel bocadito envuelto en papel y el refresquito. Pagué, salí con eso en la mano, olí el bocadito y empecé a buscar un lugar donde botarlo. En ese momento me di cuenta de que una niña de unos 10 años, acompañada de su madre, miraba el "bocadito" como si fuese algo que valía la pena mirar. Me acerqué a las dos y le pregunté a la madre si podía ofrecerle eso a la niña. Ella no supo qué contestar, pero la sonrisa de oreja a oreja de la niña dejaba ver que no había elección posible para la madre. Le entregue el bocadito a la niña y para no aparecer muy mal educado, conversé con la madre sobre el grupo de ballet italiano que se había presentado en la primera parte. Cuando volvía a la sala, me decía que las cosas en Cuba realmente andaban muy mal. Estaba lejos de pensar que todavía podían ser peores. (K 610).

26 In den K 610 und 4 liegen erneut Mehrfachmarkierungen textueller Kommentierung vor.

6.4.2 Explizite Aufforderung zur Kommentierung

Die Fortführung der Kommentierung wurde in einzelnen Okkurenzen auch durch direkte oder indirekte Fragesätze oder Aufforderungen explizit angeregt.

> PREGUNTA: como estan reportando en cuba lo que esta pasando en egipto? (K236)
>
> julian y que te parecen las nuevas medidas (K 395)
>
> No crees que seria FANTASTICO ver a Fidel a Raul y a unos cuantos de los que le rodean vestidos de rayas y ante un tribunal como el de Neurembert en Alemania? (K 403)
>
> Vuelvo a preguntar, la religion islamica ha sido la misma desde hace siglo, y por aca, las mujeres andan destapadas desde Maria Antonieta… y mas pa'tras.
>
> ¿Antes de la segunda guerra mundial, existia un conflicto tan fuerte entre el islamismo y occidente? (K 258)
>
> Por unas semanas me he estado poniendo al corriente sobre lo que Yoani cuenta en este blog desde los últimos tres años, y me gustaria saber ¿qué cosa buena hay en Cuba? (K 649)
>
> Si conoce algo mejor AVISEME!!! (K 815)

6.4.3 Diskursuniversale Markierung der Kommentare (aktive Kommentierung)

Die Funktionsweise diskursuniversaler Markierung der Kommentierung soll hier am Beispiel der Einbindung eines Kommentars zur Flucht eines kubanischen Kinderarztes während seiner Tätigkeit in Nicaragua illustriert werden. In keiner Weise wurde in den Kommentaren auf ähnliche Fälle oder auf die Arbeit kubanischer Ärzte im Ausland referiert. Allein die Tatsache, dass der Blog von Yoani Sánchez als politischer Blog interpretiert wird, stellt einen diskursuniversalen Bezug her, der durch die Verwendung des Lexems *política* noch verstärkt wird.

> POLÍTICA
> Pediatra cubano escapa de la misión en Nicaragua y denuncia corrupción Agencias - DDC | Managua | 02-02-2011 - 1:11 pm.
>
> 'Vivíamos como animales', dijo el médico y acusó de robos al jefe de la brigada y a dirigentes nicaragüenses.El pediatra cubano Rafael Fontirroche Cruz desertó de la brigada de médicos enviada por La Habana a prestar servicios en una localidad en el Caribe Sur de Nicaragua y abandonó ese país, informó la prensa local. El Nuevo Diario de Managua dijo que Fontirroche prestaba sus servicios en el municipio Muelle de Los Bueyes, y se fugó tras descubrir "actos de corrupción" presuntamente cometidos por el jefe de la brigada cubana.En declaraciones al diario, el pediatra afirmó que el jefe de la brigada, cuyo nombre no facilitó, estaba utilizando recursos destinados el atrabajo de los médicos "para impulsar un fructífero negocio con dirigentes nicaragüenses". *http://diariodecuba.com/cuba/2*.....corrupcion (K 45)

Ähnlich diskursuniversale Kommentierungen liegen in den Kommentaren zu Wikileaks zugrunde.

6.4.4 Kommentierung ohne Einbettung und ohne Bezug auf den Blogeintrag

Einige der Kommentare verfügen über keine textinternen oder textexternen Vernetzungen, d.h. die Kohärenz und das Textverstehen sind in der Interaktion erschwert; der Kommentar wird so nicht als Auslöser für die Fortführung der Interaktion genutzt:

> Segun parece La Habana era tan importante por los 1770 y pico que los ingleses, comerciantes muy astutos , la cambiaron por La Florida. (K 174)

6.5 Sprachliche Spezifika der Blogkommentare

Die Behandlung von und die Frage nach spezifischen sprachlichen Kennzeichen in den Blogkommentaren sind aus unserer Perspektive nicht unproblematisch, weil dies stets impliziert, dass Blogs über einen singulären Sprachgebrauch verfügen.

Wenn wir eine solche Frage jedoch in den Kontext sprachlicher Kennzeichen computervermittelter Kommunikation einbetten, können wir festhalten, dass in den analysierten Kommentaren keine sprachlichen Charakteristika nachweisbar sind, die nicht bereits für andere Kommunikationsformen computervermittelter Kommunikation beschrieben wurden.

Die Heterogenität der Kommentare in unserem Analysekorpus gestattet es zudem kaum, Schlussfolgerungen zu sprachlich-generischen oder konstitutiven Spezifika zu ziehen. Auch verfügen die Kommentare über keine eindeutige nähesprachliche bzw. distanzsprachliche Orientierung. In manchen Fällen sind sie wie Nachrichtentexte aufgebaut, in anderen Fällen nähern sie sich der Struktur von Gesprächssequenzen an.

In einzelnen Beispielen, und keinesfalls als generelle Tendenzen des Sprachgebrauchs, konnten wir die folgenden Besonderheiten erkennen:

- funktionale Schriftvarianten und den Ersatz komplexer Grapheme (z.B. *que=ke*, K10)
- Konsonanten- oder Silbenelision (z. B. *na* por *nada* K 704)
- Ausfall diakritischer Zeichen

6.6 Blogkommentierung und die Nähe zu anderen Kommunikationsformen: Chat bzw. Diskussionsforen

Die große Anzahl von Kommentaren innerhalb einiger Stunden, die eindeutige Bezugnahme auf vorausgehende Kommentare sowie die direkte Ansprache einzelner Kommentatoren bringen den Blog mit seinen Kommentaren in die Nähe anderer Kommunikationsformen computervermittelter Kommunikation. Dies bestätigt auch Calvo Peña:

> En este sentido, los blogs más populares o más activos actúan como un foro de discusión virtual y al administrador del blog puede decidir actuar en calidad de mediador del debate o simplemente ceder su blog como espacio abierto a la discusión (Calvo Peña 2010, 165).

Die fast synchrone Versendung und Bereitstellung der Kommentare im Kommentarbereich des Blogs *Generación Y* ermöglichen zweifellos eine wechselseitige Verständigung bzw. Interaktion, die der Chatkommunikation sehr nahe kommt. Die unmittelbare Reihung der Kommentare lässt die Idee eines gemeinsamen Raums entstehen, wie dies im Chat der Fall ist. Das Empfinden für den gemeinsamen Raum wird durch den Gebrauch von Deiktika noch unterstrichen. Dieser so konstruierte Kommunikations-Raum wird von den Kommentatoren „betreten“ sowie „verlassen“ und dieser Ein- bzw. Austritt zugleich versprachlicht:

> **Salgo salgo ahora**. Saludos. (K 712)

> **tengo ke salir**, keden bien amantes de la libertad. (K 716)

Die zahlreichen Beispiele für Begrüßung und Verabschiedung verstärken diesen Eindruck umso mehr:

> **Buenos dias Gusa, Gusa, Gusanita. Un abrazo como las palmas para ti**,Mantente dentro de la casa de ser posible: El frio no te hará nada ,pero los accidentes de tránsito si estaá al palo, y esos son serios. Saludos, Mata !! (K 60)

> **Hola**, **Gusanita**. Me he puesto muy **contenta de verla**. Si aán se encuentra **aqui**, reciba **mis saludos. Matapiojos, hola**, hombre.(K109)

> **Me alegra poder saludarte**, fuiste de las que me apoyo en el otro blog y eso nunca lo olvido,el trabajo escasea en España y médicos se necesitan pero la dictadura no manda los documentos para comenzar los tramites de homologar,nada tratar por todos los medios de asfixiarnos y hacernos ver como gruñones,mal agradecidos etc y algunos se tragan el anzuelo,pero hay que seguir adelante peor estaba hace 7 mese atrás. (K 173)

> **Bueno amigos termino mi tiempo en el locutorio un saludo a todos y por favor saluden a los que ahora no pude saludar**,un día los aires de libertad que sacuden Egipto y otros paises del area llegaran a Cuba seguro pueden estar chao. (K 231)

In verschiedenen Kommentarreihen ist darüber hinaus eine Gesprächssequenzierung zu belegen, indem zum Beispiel in den Kommentaren (626 und 627) nach der von der Kommentatorin formulierten Verabschiedung an alle explizit einer weiteren Teilnehmerin allein für die Unterhaltung gedankt wird:

> LLA
> Me ha encantado.
>
> Bye (K 627)
>
> Amigos. Hasta mañana.
>
> Tengan buenas noches. (K 626)

Auch Diskussionsforen können, sobald die einzelnen Diskussionsbeiträge in einem zeitlich knapp bemessenen Rahmen gepostet werden, Chat-Charakter annehmen. Der Übergang zwischen den einzelnen Kommunikationsformen computervermittelter Kommunikation ist kontinuierlich. Aus unserer Perspektive hat die Kommentierung im Blog *Generación Y* durchaus Gemeinsamkeiten mit der Chat-Kommunikation.

6.7 Emotionalisierungsstrategien in den Kommentaren

Mair stellt in ihrer Studie (1992) die Beziehung zwischen der sprachlichen Affektivität und der kognitiven Kategorie der Emotionalität heraus.[27] Der Kommentator kann seinen emotionalen Zustand durch den Gebrauch bestimmter Sprachstrukturen und die Wahl seiner diskursiven Strategien in den Kommentar übertragen (siehe auch Mair 1992, 66, 68).[28] So finden sich im Kommentarkorpus Belege für Aufforderungen durch Imperative: *Jejeje tengan cuidado con los hombres* (K 308), *Otye dejen esa porqueria de Egipto que en Cuba no va a pasar lo mismo NUNCA!!!!!!!!!!!!!!* (K 419) oder auch Ausrufe: *POBRE CUBA!!! (K 470), Chao, Abajo Fidel! Abajo Raul! Viva Orlando Zapata!* (K 637), *Cuba despierta!!!* (K 681), die die emotionale Involviertheit der Kommentatoren in einzelnen Situationen transportieren.

---

27 „Das wesentliche Problem liegt nun darin, ob der psychischen Kategorie der Emotionalität auch eine sprachliche Kategorie Affektivität entspricht, d.h. ob dem Sprecher ein spezifischer Subkode zur Verfügung steht, um seine Emotionen bzw. Affekte sprachlich auszudrücken“ (Mair 1992, 61).

28 Für Mair (1992, 74) kann die Emotionalität auch durch den Gebrauch durch sogenannte Emotive umgesetzt werden, worunter sich bei ihr zum Beispiel Vokative, Satzwörter oder auch Phraseologismen subsumieren.

Typische graphische Umsetzungen paraverbaler Markierung von Emotionalität sind in den Kommentaren vor allem die Majuskeln, die, wie in der computervermittelten Kommunikation Usus, als Schreien interpretiert werden:

> A MUBARAK SOLO LE FALTO TERMINAR EL DISCURSO CON UN "PATRIA O MUERTE" (K 83)

Die Graphemwiederholungen in einzelnen Kommentaren indes gelten als Intensivierer der Proposition insgesamt und vermitteln so einen stärkeren affektiven Bezug zur Proposition:

> abajooooooooooooooooooooo la tirania anticubanaaaaaaaaaaaaa abajooooooooooo pueblo de cuba que sufre (K 775)

Die im Chat allgegenwärtig eingesetzten *Smileys* zur Modalisierung und Emotionalisierung der Äußerungen werden in unserem Analysekorpus nur sporadisch genutzt (K 237).

Die affektive Involviertheit in die Kommentierung wird indes auch durch sehr populäre bis vulgäre Ausdrücke (*Ahora no se mean en las estatuas, ahora se acuestan con niñas por unos chocolates.* K 445), Beschimpfungen (*Fidel Castro = hijoeputa* K 25; *cubanos=sombies* K 316; *es lo único que sabes hacer, socotroco, espiar tus compatriotas al servicio de una dictadura criminal* K 386) oder durch die Wahl von Verben der Gefühlsäußerung (*Me preocupa que caiga una dictadura laica para establecer una Dictadura Teocratica que es 10 veces peo* K 177) zum Ausdruck gebracht. Blank (2001, 98-99) zeigte auf, dass die Bildung von Neologismen auf der Basis emotional markierter Konzepte gleichfalls von Relevanz ist. So bedient sich ein Kommentator des emotional aufgeladenen Konzepts der kubanischen „Revolution", um eine Blendingform zu bilden: *robolución* (*robo+revolución*). Nicht zuletzt kann auch der Gebrauch von Diskursmarkern zur Emotionalisierung beitragen: *Coñooo, chico* K 54, *Bueno tu sabes* K 399).

6.8 Argumentationsstruktur

In nur wenigen Beispielen unserer Kommentare, die zumeist sehr knapp gehalten sind, lassen sich Argumentationsmuster erkennen. Einen deutlichen Argumentationsaufbau wählte die Kommentatorin *La Lajera* auf einen Kommentar von *Julian*, den sie in Auszügen voranstellt. Sie nutzt in ihrer Argumentation die Verknüpfung des individuellen Schicksals mit der konkreten politischen Situation in Kuba. Zudem illustriert sie ihre Aussagen mit verschiedenen Beispielen:

La Lajera

Julian:
Lo que yo quiero es saber de todas estas personas quienes estan trabajando para pagar su sustento? la proxima vez que coincida con alguno de ellos aqui le preguntare

=====================================

De paso Julian, pregúntale a tus amiguitos del régimen porqué les retiene los títulos profesionales a los ex presos y sus familiares. Hay que ser muy re contra cínico o muy re contra...lo otro para sugerir que esos hombres no trabajan porque no quieren, cuando tú sabes muy bien que los sacaron de la cárcel directamente para el avión y los abandonaron a su suerte en una sociedad en crisis.

Pregúntale a Fidel castro si trabajó un solo día en el exilio en México cuando salió de la cárcel gracias a la amnistía de que se benefició. Porque lo que hizo Fidel fue vivir a costilla de cubanos que lo alimentaban y lo vestían mientras él preparaba la destrucción de Cuba.

Ya ni siquiera disimulas las pezuñas, Julian. Ya no te importa mucho mostrar la parte podrida de tu personaje de iglesias y ayuda "humanitaria". Antes eras más irónico y cuidabas de no mostrarte tan cínicamente cruel. Se nota que estás cansado y no es para menos. Estar todo el día, todos los días, defendiendo una dictadura que ha arruinado tu país debe ser extenuante (K 489).

Auch wenn komplexe Argumentationen in der Kommentierung im Korpus selten auftreten, gebrauchen einzelne Kommentatoren recht häufig konkrete Beispiele bzw. Anekdoten und Ironie.

Raul Musito y Fidel tienen mas buen corazon que el carajo.Ellos saben que el pueblo tiene una dieta muy mala,pobre en grasa,carbohidratos y de las proteinas ni hablar,por eso le dan el chicharo mezclado con un poco de cafe,ese mejunge no es presisamente un sucedaneo de cafe,pero con buena imaginasion se parese algo y ademas es muy nutritivo pues el chicharo contiene-1.87 mg de Fe,6.88 g de proteina,0.90g de grasa,1.2g de carbohidratos,0.29 mg de B1,0.16 mg de B2,4.05 mg de B3,o.45 mg de B5,0.17 de B6,ademas de Ca,Mg,Al,etc Benditos sean Fidel y Musito por querer tanto a su pueblo y cuidarles la salud (K 561)

7 Zusammenfassung

Der Analyse der Kommentare können wir entnehmen, dass eine inhaltliche Kontinuität des ursprünglichen Blogeintrags (*Café amargo*) nur in Teilen gegeben ist. Damit decken sich unsere Ergebnisse mit denen von Schulmeister (2010).[29]

---

29 „Abschließend kann man zusammenfassen, dass entgegen den erwähnten Hoffnungen die kollaborative Fortführung der Inhalte eines Blogs nicht im Zentrum der Kommentarkul-

Die Mehrzahl der Kommentatoren setzt die Kommentarfunktion im Blog *Generación Y* ein, um mit der Gemeinschaft der an Kubas (politischer) Entwicklung Interessierten in Kontakt zu treten und sich nahezu synchron auszutauschen. In einigen Fällen steht dabei keineswegs der inhaltliche Austausch, sondern eher die Zugehörigkeit zu einer Kommunikationsgemeinschaft im Vordergrund. Dies erklärt auch den Gebrauch von Kurzkommentaren, die primär den Wert von „Sprachgesten" haben. Die Kommentare nähern sich in dieser Perspektive eindeutig der Chatkommunikation und anderen Arten des relativ spontanen dialogischen Austauschs an.

Da die Kommentare rein chronologisch gelistet sind und eine unmittelbare Bezugnahme auf einzelne der vorangegangenen Kommentare nicht automatisch gegeben ist, wird diese Interrelation zumeist textuell markiert. So lassen sich die Wechsel in der Interaktion für alle Kommunikationsteilnehmer nachvollziehen.

Die Analyse der Kommentare und des Blogeintrags zeigen weitere Forschungsperspektiven wie die Erfassung der Emotionalisierungsstrategien in den Kommentaren oder die Untersuchung von Argumentationsmustern in den Einträgen und Kommentaren politischer Blogs auf. Auch gesprächsanalytische oder diskurstraditionelle Überlegungen zum Kommentar wären wünschenswert. Allein die „Neuartigkeit" dieser Form der Kommunikation sollte nicht mehr im Fokus linguistischer Betrachtung stehen.

8 Bibliographie

Amor, Elías (2010): „Reflexiones en torno a la blogosfera cubana", in: Calvo Peña, Beatriz (Hrsg.): *Buena Vista Social Blog. Internet y libertad de expresión en Cuba*, Valencia: Aduana Vieja, pp. 84-93.

Beißwenger, Michael (2007): *Sprachhandlungskoordination in der Chat-Kommunikation*, Berlin/New York: de Gruyter.

Beyer, Klaus (1999): *Argument und Argumentation: logische Grundlagen der Argumentationsanalyse*, Opladen: Westdeutscher Verlag.

Blank, Andreas (2001): *Einführung in die lexikalische Semantik für Romanisten*, Tübingen: Niemeyer.

tur steht. Viel wichtiger scheint es zu sein, dass die Kommentatoren dem Autor des Blogs und sich gegenseitig ihre Anwesenheit und Grundstimmung kommunizieren können. Für sie ist es wichtig, eigene Ideen und Befindlichkeiten zu äußern, und die Blogposts sind dafür nur der gegebene Anlass" (Schulmeister 2010, 6).

Cebrián Herreros, Mariano/Flores, Vivar/Jesús, Miguel (Hrsg.) (2007): *Blogs y periodismo en la RED*, Madrid: Fragua.

Calvo Peña, Beatriz (Hrsg.) (2010): *Buena Vista Social Blog. Internet y libertad de expresión en Cuba*, Valencia: Aduana Vieja.

Calvo Peña, Beatriz (2010): „Internet, comunidad y democracia: La blogosfera cubana teje su propia ‚isla virtual'", in: Calvo Peña, Beatriz (Hrsg.): *Buena Vista Social Blog. Internet*, Valencia: Aduana Vieja, pp. 147-179.

Diemand, Vanessa (2006): „Gesicht wahren im Web 2.0 – Blogs zwischen Authentizität und Inszenierung", in: Diemand, Vanessa/Mangold, Michael/Weibel, Peter (Hrsg.): *Weblogs, Podcasting und Videojournalismus*, Karlsruhe: Heise, pp. 58-90.

Dünne, Jörg (2004): „Weblogs: Verdichtung durch Kommentar", in: *PhiN-Beiheft* 2/2004, pp. 35-65, online: http://web.fu-berlin.de/phin/beiheft2/b2t04.htm (24.03.2015).

Engelmann, Kerstin et al. (Hrsg.) (2010): *Muslime Weblogs. Der Islam im deutschsprachigen Internet,* Berlin: Frank & Timme.

Fehr, Jörg (1998): „Beobachtungen zum Kommentieren in Mailinglisten", in: *Linguistik online* 1/1, online: http://www.linguistik-online.de/fehr.htm (24.03.2015).

Franco, Mario (2005): „Sprachliche und textuelle Aspekte in spanischen Weblogs", in: Schlobinski, Peter/Siever, Torsten (Hrsg.): *Sprachliche und textuelle Merkmale in Weblogs. Ein internationales Projekt*, in: *Networx* 46, pp. 288-319, online: http://www.mediensprache.net/networx/networx-46.pdf (24.03.2015).

Girnth, Heiko (2002): *Sprache und Sprachverwendung in der Politik. Eine Einführung in die linguistische Analyse öffentlich-politischer Kommunikation*, Tübingen: Niemeyer.

Heidegger, Gerald (2003): „Karl Kraus und die Blogger", in: *Telepolis*, online: http://www.heise.de/tp/r4/artikel/15/15601/1.html (24.03.2015).

Henken, Ted (2010): „En busca de la ‚Generación Y': Yoani Sánchez, la blogosfera emergente y el periodismo ciudadano de la Cuba de hoy", in: Calvo Peña, Beatriz (Hrsg.): *Buena Vista Social Blog. Internet y libertad de expresión en Cuba*, Valencia: Aduana Vieja, pp. 201-242.

Hentschel, Elke (2008): „Linguistische Forschung zur Kommunikation im Internet. Ein Überblick", in: Myrach, Thomas/Zwahlen, Sara Margarita (Hrsg.): *Virtuelle Welten? Die Realität des Internets*, Bern u.a.: Peter Lang, pp. 47-80.

Keren, Michael (2006): *Blogosphere. The New Political Arena*, Lanham, Plymouth: Lexington books.

Kienpointner, Manfred (1983): *Argumentationsanalyse*, Innsbruck: Institut für Sprachwissenschaft der Universität Innsbruck.

Komesu, Fabiana (2005): „Blogs e as práticas de escrita sobre si na Internet", in: Marcuschi, Luiz Antônio/Xavier, Antônio Carlos (Hrsg.): *Hipertexto e generos digitais*, Rio de Janeiro: Lucerna, pp. 110-119, online: http://www.ufpe.br/nehte/artigos/blogs.pdf (24.03.2015).

"Kommentar", online: http://www.edkomp.uni-muenchen.de/CD1/C/Kommentar-C-RL-print.html (24.03.2015).

Loewenstein, Antony (2008): *The Blogging Revolution*, Melbourne: Melbourne University Press.

Loving, Geert (2008): *Zero Comments. Blogging and Critical Internet Culture*, New York/ London: Routledge.

Meyer, Kristen (2010): *Kommentaranalyse im Blog Generación Y und ihre Anwendung im Spanischunterricht*, Staatsexamensarbeit an der Universität Leipzig.

Miller, Carolyn R./Shepherd, Dawn (2009): „Questions for genre theory from the blogosphere", in: Giltrow, Janet Lesley/Stein, Dieter (Hrsg.): *Genres in the Internet*, Amsterdam/Philadelphia: Benjamins, pp. 263-290.

Monett, Dagmar (2010): „Estado de la blogosfera cubana: Resultados de la primera encuesta realizada a sus bloggers", in: Calvo Peña, Beatriz (Hrsg.): *Buena Vista Social Blog. Internet y libertad de expresión en Cuba*, Valencia: Aduana Vieja, pp. 59-83.

Orihuela, José Luis (2004): „Blogging and the eCommunication Paradigms: 10 principles of the new media scenario", in: *Communicação e sociedade* 5, online: http://revistacomsoc.pt/index.php/comsoc/article/viewFile/1251/1194 (24.03.2015).

Pano, Ana (2008): *Dialogar en la Red. La lengua española en chats, e-mails, foros y blogs*, Bern u.a.: Peter Lang.

Perschke, Rasco/Lübcke, Maren (2005): „Zukunft Weblog?! – Lesen, Schreiben und die Materialität der Kommunikation. Anmerkungen zu einem neuen Typus der Online-Kommunikation aus kommunikationstheoretischer Sicht", In: Schmidt, Jan/Schönberger, Klaus/Stegbauer, Christian (Hrsg.): *Erkundungen des Bloggens. Sozialwissenschaftliche Ansätze und Perspektiven der Weblogforschung. Sonderausgabe von kommunikation@gesellschaft*, pp. 1-28, online: http://www.soz.uni-frankfurt.de/K.G/B7_2005_Perschke_Luebke.pdf (24.03.2015).

Posner, Roland (1980²): *Theorie des Kommentierens - Eine Grundlagenstudie zur Semantik und Pragmatik*, Wiesbaden: Athenaion.

Puschmann, Cornelius (2009): „Lies at Wal-Mart: Style and the subversion of genre in the Life at Wal-Mart blog", in: Giltrow, Janet Lesley/Stein, Dieter (Hrsg.): *Genres in the Internet*, Amsterdam/Philadelphia: Benjamins, pp. 49-84.

Rehm, Georg (2006): *Hypertextsorten. Definition – Struktur – Klassifikation.* Gießen: Dissertation, online: http://geb.uni-giessen.de/geb/volltexte/2006/2688/ (24.03.2015).

Runkehl, Jens/Schlobinski, Peter/Siever, Torsten (1998): *Sprache und Kommunikation im Internet: Überblick und Analysen,* Wiesbaden: Westdeutscher Verlag.

Russell, Adrienne (2009): „Introduction", in: Russell, Adrienne/Echchaibi, Nabil (Hrsg.): *International Blogging. Identity, Politics, and Networked Publics*, New York u.a.: Peter Lang, pp. 1-10.

Schlobinski, Peter/Siever, Torsten (Hrsg.) (2005a): „Sprachliche und textuelle Merkmale in Weblogs. Ein internationales Projekt", in: *Networx* 46, online: http://www.mediensprache.net/networx/networx-46.pdf (24.03.2015).

Schlobinski, Peter/Siever, Torsten (2005b): „Editorial", in: Schlobinski, Peter/Siever, Torsten (Hrsg.): *Sprachliche und textuelle Merkmale in Weblogs. Ein internationales Projekt*, in: *Networx* 46, pp. 8-29, online: http://www.mediensprache.net/networx/networx-46.pdf (24.03.2015).

Schmidt, Jan (2006a): *Weblogs. Eine kommunikationssoziologische Studie*, Konstanz: UVK.

Schmidt, Jan (2006b): „Weblogs als Social Software", online: http://politik-digital.de/weblogs-als-social-software/ (24.03.2015).

Schulmeister, Rolf (2010): „Ansichten zur Kommentarkultur", in: Bauer, Peter et al. (Hrsg.): *Fokus Medienpädagogik – Aktuelle Forschungs- und Handlungsfelder, Festschrift für Stefan Ufenager*, München: Kopaed, pp. 317-347.

Toulmin, Stephen (2003): *Los usos de la argumentación*, Barcelona: Península.

Wijnia, Elmine (2004): „Understanding Weblogs: a communicative perspective", in: Burg, Thomas (Hrsg.): *BlogTalks 2.0: The European Conference on Weblogs*, pp. 38-82, online: http://elmine.wijnia.com/weblog/archives/wijnia_understandingweblogs.pdf (08.05.2013).

Yus, Fransisco (2001): *Ciberpragmática. El uso del lenguaje en Internet*, Barcelona: Ariel.

Yus, Francisco (2010): *Ciberpragmática 2.0. Nuevos usos del lenguaje en Internet*, Barcelona: Ariel.

Zapata Galindo, Martha (2008): „Internet, actores sociales y nuevas formas de organización y resistencia en las Américas", in: Hofmann, Sabine (Hrsg.): *Más allá de la nación. Medios, espacios comunicativos y nuevas comunidades imaginadas*, Berlin: tranvía, pp. 87-108.

Las remisiones endofóricas y exofóricas en los foros de discusión de cantantes de música

Elmar Eggert (Kiel)

In this article, we attempt to delimitate virtual communication in a general perspective in order to apply the model of communication to the discussions held in virtual forums. The distinction between endophoric and exophoric references will be employed – even if these categories cannot always be clearly differentiated – for the analysis and the categorisation within a thread of discussion. In this contribution we analyse, for example, a discussion about the Mexican singer Thalía on the website of the Mexican channel Univisión. As shown, endophoric references in the virtual communication are even more important than the ones in conventional talk.

1 Introducción

En este artículo quisiéramos, en un primer paso de planteamientos preliminares, reflexionar sobre la comunicación virtual en general para, en un segundo paso, aplicar el modelo de la comunicación a las discusiones en los foros, introduciendo así la distinción entre remisiones endofóricas y exofóricas. Estas categorías – aunque no siempre claramente diferenciables – sirven para el análisis y la caracterización de un hilo de discusión ejemplar, el sobre la cantante Thalía dentro de las discusiones en el sitio web de Univisión.

1.1 Particularidad de la comunicación virtual

La comunicación en Internet no es ninguna forma extraña de comunicarse, aunque lo parezca a veces. Se asemeja a la comunicación sin recursos electrónicos, pero presenta algunas características que emanan de las condiciones particulares de la situación comunicativa. Las condiciones de cada tipo de comunicación influyen en la realización de los actos de habla. Así podemos observar tanto características universales de la forma de comunicar que se sitúan en el nivel del saber hablar como características específicas que se sitúan en el nivel de la lengua histórica y que pertenecen a las variedades particulares de una lengua. Las formas lingüísticas que se usan en Internet han sido descritas muchas veces, perteneciendo al lenguaje sms, al de los correos electrónicos privados o a las charlas instantáneas, los chats (Siever 2005; Michel 2008; Pano Alamán 2008). En muchos estudios se han registrado dependencias en el uso de formas típicas de este lenguaje del grupo de usuarios o del objetivo comunicativo, es decir que tienen validez las variaciones diastráticas y diafásicas dentro de la comunicación electrónica. Sin embargo, el factor del tipo de comunicación – sea electrónica o convencional – no se debe eliminar ya que sigue ejerciendo una influencia notable en los productos lingüísticos. Se trata, pues, de delimitar el impacto de este factor sobre la producción lingüística.

1.2 Condiciones de la comunicación electrónica

La comunicación electrónica se caracteriza, sobre todo, por la realización escrita, con excepción de las conversaciones telefónicas mediante Internet, con transmisión del sonido e incluso a veces de la imagen, que pertenecen más bien al diálogo por teléfono. La realización escrita, no obstante, supone un obstáculo para la comunicación directa e instantánea, porque requiere la entrada de los mensajes de los interlocutores mediante el teclado.

Los usuarios de Internet son conscientes de que los nuevos medios les proporcionan nuevas formas de conexiones y comunicaciones que no les serían posibles sin ellos. Por lo tanto, los usuarios ven en los nuevos tipo de comunicación electrónica una gran ventaja y por eso aceptan las desviaciones bastante importantes: tienen que encender el ordenador, inscribirse en una aplicación, arrancar cada vez el programa de conversación y conectarse con su código de entrada antes de poder iniciar una conversación. Las conversaciones se realizan esencialmente por escrito y no de forma oral, los interlocutores ven en la pantalla un número de interlocutores disponibles, algunos presentes en línea y otros no conectados actualmente. Según el tipo de comunicación pueden entrar en contacto con otra gente por vías diferentes, siempre reducidas a los instrumentos a disposición: el teclado y el ratón.

Esta pequeña descripción de las condiciones generales de la comunicación electrónica es importante, porque nos ilustra que existen claras delimitaciones en la forma de interactuar, pero también posibilidades adicionales comparadas con una conversación oral en directo. Esto nos lleva al propósito de esta contribución, que es el de querer analizar la comunicación en los foros de discusión, precisamente averiguar cómo se logra una comunicación exitosa. Normalmente, los usuarios consideran sus comunicaciones logradas, si no fuese así, no usarían más estas formas de comunicar. Para el análisis, vamos a recurrir a un modelo de la situación comunicativa adaptada a la comunicación virtual, ver figura 1.

2 Bases teóricas para el análisis de la situación comunicativa

2.1 La situación comunicativa

Cada comunicación se encuentra en una situación comunicativa específica. El enunciado lingüístico se relaciona siempre con el enunciador cuya intención quiere transmitir, con el interlocutor a quien se dirige el acto de habla y con el mundo exterior en el que viven los interlocutores. Normalmente, los interlocutores hablan sobre un elemento de la realidad compartida por los dos o un elemento que están por compartir. La comunicación virtual, en cambio, resulta ser más complicada, porque el enunciador y el interlocutor están en lugares diferentes, a veces muy distantes geográfica y culturalmente. Además, los dos se encuentran en el mundo virtual que, para ellos, es una realidad, una situación concreta adicional. Por eso, la función metalingüística se duplica en nuestro modelo, porque un elemento lingüístico no sólo se puede referir a otro elemento del enunciado (que se llama metalingüístico (nivel 4.)), sino también al momento y contexto del enunciado que se podría denominar metacomunicacional (nivel adicional 5.).

Las referencias se pueden, por consiguiente, anclar en cinco ámbitos situacionales implicados, como se ve en la figura 1 del modelo de la comunicación virtual.

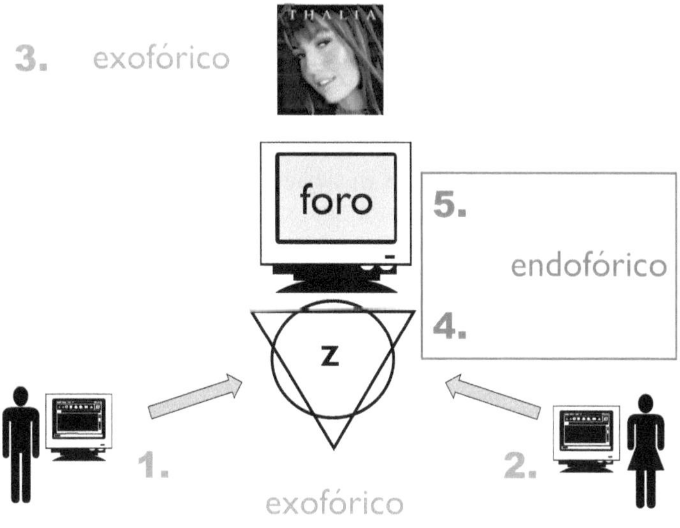

Figura 1: modelo de la comunicación virtual

2.2 *Remisiones endofóricas y exofóricas*

Las referencias se efectúan en dos niveles: en primer lugar, los verbos y los apelativos contribuyen, principalmente mediante la categorización, a la proposición del enunciado permitiendo así implícitamente la referencia a elementos posibles del contexto extralingüístico. En segundo lugar, la referencia se hace explícita por los elementos deícticos que relacionan directamente los elementos lingüísticos con los elementos no lingüísticos. Los deícticos, pues, se definen precisamente por tener la particularidad de entenderse plenamente sólo a partir de la referencia al contexto extralingüístico, por lo que se denomina también la función **exofórica**.

Sin embargo, partes del enunciado se pueden relacionar con elementos del acto de habla en sí, es decir que cumplen una función anafórica retomando un aspecto mencionado anteriormente en el discurso, o catafórica si anuncian un elemento que queda por mencionar. Como los elementos se refieren en este caso a elementos del enunciado con los que comparten la correferencia (y así metalingüísticamente a la cadena enunciada), estamos en un nivel distinto de la contextualización así que podríamos diferenciar la función deíctica de la función textual que Georgia Veldre-Gerner (2007, 1) suele llamar **endofórica**.

Maaß distingue, en su notable estudio de 2010, entre la deixis situacional y la deixis discursiva. La deixis discursiva se relaciona con elementos intratextuales, por ende es endofórica, pero se distingue de la anáfora por referirse a un elemento del discurso precedente que le parece importante al enunciador (Maaß 2010, 11ff.) y no a una palabra en el enunciado mismo. De tal forma introduce la misma duplicación de la función metalingüística que en el modelo de la figura 1.

La relación con los ámbitos del enunciador (1), del interlocutor (2), del elemento extralingüístico (3), en nuestra figura la cantante Thalía, son remisiones exofóricas, la relación con el ámbito del enunciado (4) es una remisión claramente endofórica, pero también se puede considerar la relación con la comunicación y las contribuciones respectivas una remisión endofórica, en nuestro caso con el foro y los diferentes comentarios (5). Así se impone una primera hipótesis:

(1) A causa del contexto situacional específico de la comunicación electrónica basada en elementos gráficos y visuales, estamos ante un tipo de conversación particular que recurre potencialmente más a la referencia a elementos de la cadena enunciada que otros tipos, es decir que contiene más remisiones endofóricas que exofóricas.

Claro está que una remisión endofórica sólo es la primera etapa para llegar, mediante este desvío, a la referencia exofórica deseada. Para bien diferenciar los niveles, tenemos que analizar los diferentes tipos de usos anafóricos.

2.3 *Relación con la anáfora*

La **endófora** normalmente se considera un hiperónimo de la anáfora y de la catáfora distinguiéndose de la **exófora** que designa el uso situativo, sobre todo de los demostrativos. Sin embargo, según la *Nueva Gramática de la Lengua Española* (NGLE), la endófora es más bien un hipónimo de la anáfora ya que establece un lazo textual no expresado directamente. Así determinan que el uso anafórico que remite a una palabra concreta ya mencionada en el texto se distingue del uso endofórico para el cual no es necesario que la palabra sea mencionada antes en el texto.

La NGLE distingue la anáfora directa (2) de la anáfora asociativa (3) por el ancla, marcada en cursiva:

(2) "quiere comprarse un escritorio para guardar sus memorias y una casa para guardar el escritorio" (NGLE 1046-47)

(3) "en el buzón había una carta perfumada. El remite se leía con claridad" (NGLE 1046-47)

El uso endofórico del artículo indica la anáfora asociativa, asegurada por "la relación asociativa de carácter léxico o pragmático" (NGLE 1046), es decir que la conexión entre los dos sintagmas lingüísticos se efectúa por los conocimientos semánticos o enciclopédicos. El sintagma definido se relaciona con el sintagma indefinido que se denomina también el ancla, en este caso por la relación partitiva del remite que se apunta en el sobre de la carta. La anáfora asociativa normalmente se logra por el uso de conocimientos enciclopédicos como acción – consecuencia, entidad – propiedad, causa efecto: p. ej. el sintagma *la separación* puede retomar toda la historia precedente de una disputa y su consecuencia, sin aludir expresamente a ella (NGLE 1049), el vínculo se deduce tanto de la cohesión discursiva como de la coherencia del mensaje.

(4) "Las conexiones se logran unas veces a través de complementos determinativos tácitos [...], pero otras muchas se manifiestan a través de vínculos semánticos o discursivos más generales que los que la correferencia permite estrictamente" (NGLE 1050).

La coherencia se define como la relación estructural interna de un enunciado que asegure el sentido del enunciado. Es un rasgo de la representación mental del enunciado y no del texto y, por eso, una categoría semantico-cognitiva. También se usa para describir la relación del sentido de un enunciado con la situación comunicativa y, así, con el mundo exterior. Para llegar a un alto grado de coherencia, se requiere la adecuación del enunciado al contexto enunciativo. La cohesión, por otra parte, requiere la adecuación de la frase al contexto lingüístico y se define como la suma de características formales que liguen las diferentes partes de un enunciado, es decir la interrelación de elementos textuales (cf. Blumenthal 1997; Gil/Schmitt 1996).

El proceso argumentativo es la base de un texto coherente y tanto la anáfora asociativa como la deixis discursiva son los mecanismos más importantes empleados en el proceso argumentativo. Para nuestro propósito, hay que hacer las preguntas de análisis más concretas:

¿Cómo se realizan entonces las comunicaciones en los foros de discusión, cómo logran el proceso argumentativo y cuáles son los mecanismos empleados para asegurar la coherencia de las contribuciones? Más concretamente hay que averiguar en qué medida los usuarios de los foros de discusión usan las remisiones endofóricas, refiriéndose a elementos del discurso. El análisis de un ejemplo concreto puede darnos unas respuestas, por lo que pasamos a los foros y su descripción general.

3 Los foros de discusión

3.1 Descripción

Los foros de discusión en Internet constituyen una plataforma de comunicación asincrónica usada con frecuencia, en la cual se vislumbra un comportamiento comunicativo específico. Estos sitios electrónicos ponen a disposición del público un espacio abierto donde los interesados pueden expresarse y entrar en contacto mutuamente, mediante mensajes o contribuciones. Las discusiones en los sitios están delimitadas por un tema concreto o la referencia a un personaje conocido. Debido a las claras restricciones temáticas, los enunciados lingüísticos se limitan a breves declaraciones o réplicas a preguntas hechas con anterioridad. Por ser un medio de alcance global, hay foros en todas las lenguas y contribuciones multilingües aunque normalmente los usuarios se agrupan en dominios con una de las lenguas históricas como el español o el francés. Todos los foros se subdividen temáticamente en espacios de discusión acerca de un interés particular como, por ejemplo, el intercambio de fotos de cierto acontecimiento vivido o la venta de artículos relacionados, algunos están simplemente iniciados por un comentario satírico.

Hoy en día, unos grandes portales mediáticos han sabido imponerse también como centros de varios foros de discusión que reúnen espacios sobre todo tipo de personaje conocido en el mundo hispánico, como es el caso de la página *http://www.univisión.com*.

3.2 Contexto del foro de discusión

Se trata de un foro de la cadena hispanófona Univisión con sede y la mayoría del público en Estados Unidos. El público de la empresa, que comprende más actividades mediáticas, se forma por los estadounidenses de origen hispano cuya primera o segunda lengua es el español. La empresa se entiende también como lazo entre los hispanófonos de Estados Unidos y la gente de los países americanos hispánicos. Es la más vista de las televisiones de lengua española que alcanza el 95 por ciento de los hogares hispánicos, según afirma la empresa en su página web.[1] Es decir, cuenta con un público de 30 millones de telespectadores posibles, más que algunos canales nacionales.

Aunque las habilidades lingüísticas de los hablantes bilingües varían, debido a las influencias del inglés en esta situación diglósica, la cuestión de las remisiones no se ve afectada por el nivel de la lengua.

4 Análisis de un foro

4.1 Características del hilo de discusión

En el hilo de discusión siguiente, que parece típico para este tipo de comunicación, podemos observar una discusión acerca de una noticia que fue publicada el 11 de febrero de 2011 a las 4:34 horas de la madrugada. Se cortó la grabación después de 52 mensajes publicados, así que la conversación estudiada se termina el 2 de marzo de 2011, es decir duró 29 días.

En el hilo de discusión, el iniciante, bajo el seudónimo de *italianlori*, se queja de que Thalía sólo se llevara dos nominaciones para los *Official Latin Billboard Awards 2011*, según muestra la página de noticias ...*nochelatina* del 11 de febrero de 2011 (=*Latino nightlife and entertainment city guide de New York*).[2] Thalía es una cantante mexicana de música pop que tuvo gran éxito durante muchos años, aunque últimamente ha sido superada por nuevas estrellas. Las res-

1 "The most-watched Spanish-language broadcast television network in the U.S. reaching 95% of U.S. Hispanic Households" (*http://www.univision.net/corp/en/overview.jsp*, 20.03.2011).

2 Los Billboard latinos son los premios a los artistas latinos más exitosos a nivel mundial y se compite en varias categorías. La ceremonia de entrega de los premios se hizo el jueves 28 de abril en el *BankUnited Center* de la Universidad de Miami y fue producida y transmitida en vivo por Telemundo (*http://mundofans.portalmundos.com/nominados-billboard-latino-2011/*, 30.04.2011).

puestas se caracterizan o por el apoyo moral a la cantante Thalía o por el menosprecio y la burla del éxito supuestamente desvanecido de la artista.[3]

Participaban nueve personas bajo sus seudónimos, en orden de aparición:

Seudónimo	Total de mensajes	Entradas
1. italianlori	1942	24
2. ladybd	980	3
3. caca08	85	1
4. kommeta	204	1
5. rdjcatmusic	16903	17
6. cuchibarty	161	1
7. mirceaface	58	1
8. esperanza53	770	1
9. zachiilfiger	3081	3

Figura 2: lista de los participantes en el hilo de discusión

El curso de las contribuciones, como lo vemos en la figura 3, ilustra el carácter de diálogo. Se trata sobre todo de réplicas a los comentarios anteriores y no de una colección de mensajes inconexas. *Italianlori* anima la discusión en tres contribuciones sucesivas (en sólo 17 minutos) hasta que empiece la discusión. Después de unos comentarios sueltos, la conversación se convierte en un diálogo entre el iniciante del hilo de discusión, *italianlori*, y *rdjcatmusic*, que interviene sólo después de los 11 primeros mensajes, ambos parecen ser aficionados del

3 Dos comentarios acerca del contexto electrónico y su influencia en el uso de los foros de discusión: Los contribuyentes normalmente dejan el mensaje anterior copiado en su respuesta para facilitar la relación con lo expresado anteriormente. Pero debido a la extensión muy grande por la multitud de respuestas copiadas, se vuelve difícil la orientación lo que incita algunos a borrar toda la secuencia copiada automáticamente e introducir un comentario desprovisto. Cada vez que un usuario recurre a la publicación sucesiva de un comentario, cambia el emplazamiento de su comentario, primero lo añade por debajo de los mensajes y después lo coloca por arriba, algo que se registra tanto con *italianlori* como con *rdjcatmusic*.

foro según la cantitad de mensajes publicados hasta el momento, sobre todo *rdjcatmusic* con 16.903 e *italianlori* con 1.942, en comparación con los 58 mensajes de *mirceaface*. *italianlori* publica 24 mensajes y su interlocutor 17 respuestas en este hilo de discusión.

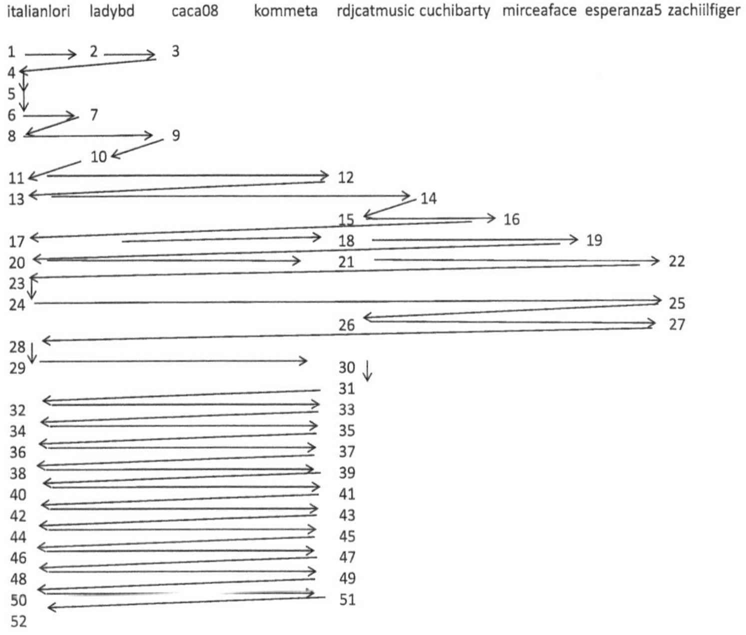

Figura 3: esquema del diálogo

4.2 *Análisis de las remisiones*

Como nuestro interés se centra en saber cómo se caracteriza el discurso en este tipo de los nuevos medios de comunicación, tenemos que analizar por qué criterios pragmalingüísticos se asegura la comprensión y cómo se usan las remisiones endofóricas y exofóricas.

El punto de partida de la discusión es la lista de las nominaciones para los premios Billboard de música latina del año 2011. Como la cantante Thalía está nominada en sólo dos categorías (de las 55 posibles), se expresa una gran decepción de sus adeptos en este hilo de discusión. El comentario inicial está marcado por la rivalidad con otras dos cantantes populares, Shakira y Paulina Rubio, apodada *Pau*.

La comprensión del título inicial *Porque Thalia en Billboard 2011...*[4] se basa principalmente en el conocimiento de dos nombres propios y una fecha. Los usuarios tienen que conocer el personaje Thalía incluido el estado actual de su carrera profesional (y personal) y también el concepto Billboard de la cadena de radio musical con su listado de los éxitos musicales de cierto periódo en diferentes categorías. La indicación del año *2011* asegura la referencia a la clasificación temporal. De estas informaciones dadas en el título del hilo ya se desprende el contexto del que parte la discusión. Por consiguiente son estas tres remisiones exofóricas las que constituyen la base del discurso.

El primer enunciado del mensaje 1 reanuda el título formando la pregunta *...esta nominada en esas 2 categorías ???*. La comprensión de la pregunta depende del conocimiento de la publicación de las nominaciones para los *Billboard awards*. La pregunta se relaciona a Thalía lo que se desprende por figurar su nombre en el título del hilo de discusión y también por el contexto del espacio de un foro de discusión cuyo tema central es la cantante.

En cuanto a las remisiones surge la pregunta de saber cómo los usuarios formulaban los títulos para lograr un comentario inicial inequívoco. De los 40 primeros hilos de discusión, el 9 de marzo, 24 contenían el nombre propio *Thalía* o el título de su última canción *El próximo viernes* con los que los autores relacionan un aspecto concreto, 6 hacían gala de temas distintos bien definidos como *Bebés famosos que nacerán en 2011* o *Como poner un banner*,[5] posiblemente porque no están en estrecha relación con el personaje central. Hay cinco títulos anodinos de función principalmente fática como *Hola*, *Hola que tal amigos, algo nuevo para Ustedes espero les guste*, o apelativa como *Déjanos tu felicitacion*, *Hermoso foro les pido que por favor me ayuden*. Algunos son indescifrables, para los neófitos, como *Primera fila#3 MixUp* y *Amprofon – Week 66/Primera fila #4*, pero se trata de constataciones del éxito de su último álbum en diferentes clasificaciones, tanto como *Enséñame a vivir blog* es la llamada a contribuir algo sobre la canción del mismo nombre. Mirando los hilos de discusión con el sujeto nulo en el título, podemos suponer un mayor peso en la remisión exofórica. P.ej. el título del hilo de discusión *Ya no sirve para nada, esta acabada artisticamente* no contiene ningún sujeto, pero la referencia a la cantante queda clara por el contexto del espacio temático sobre Thalía. De este modo

4 Véase la reproducción sucinta del inicio de la conversación en el anejo bajo el capítulo 6. Se reproducen la citas de los foros en la grafía y la puntuación originales.

5 "Bomba Jennifer Lopez on the floor: video oficial" y "Critica a los premios TV y Novelas, pro Alvaro Cueva".

se entiende también la referencia del posesivo en *Pantallaso de su patetiko foro*. Con el fondo del saber de los adeptos de la cantante, todos los títulos iniciales resultan comprensibles, sin ambigüedad, sobre todo por las remisiones exofóricas.

El demostrativo *esas* del primer mensaje *esta nominada en esas 2 categorías...???* remite, sin antecedente textual anafórico por ser el inicio del discurso, a un elemento del saber actual, es decir las categorías para las que la cantante fue nominada: *Hot Latin Song, Artista del año, Femenino* y *Top Latin Album, Artista del año, Femenino*. Estas denominaciones no están explicitadas anteriormente, por lo que no cumplen ninguna función anafórica. Es una remisión exofórica esencial. Los participantes del hilo de discusión, siendo adeptos de la cantante, estarán al corriente de las nominaciones en las dos categorías, por eso la coherencia del mensaje está asegurada para este grupo de interlocutores.

La frase siguiente parece explicar las dos nominaciones: *Osea yo juraba q la iban a nominar en Latin Pop Album Femenino, Latin Pop Airplay Femenino... osea fue dond mejor le fue*, pero las denominaciones no corresponden a las categorías oficiales por lo que, como mucho, podemos suponer una función catafórica asociativa en el uso del demostrativo *esas*. Además, según dice el mensaje 3, las categorías mencionadas forman parte de algunas categorías eliminadas, una razón aducida para explicar el número escaso de nominaciones de la cantante Thalía. En los otros enunciados del primer mensaje se observa la búsqueda de justificaciones para la supuesta decepción, la autora intenta fijar la atención en fracasos de otras rivales.

La respuesta al comentario inicial (*jajajajajaaja todavia tienen mucha dignidad, [...] que mal caen creyendose muy grandes ni una razon hay para presumir tanto*) es bastante altanera y desdeñosa, empezando por una carcajada imitada gráficamente. La autora, por lo visto seguidora de la rival Paulina Rubio, tiene la intención de quitarles a los simpatizantes de Thalía toda dignidad y todo respeto, también por el hecho de no mencionar ni una vez el nombre de la cantante. Pero repite literalmente *dos nominaciones* procediendo así a una remisión tanto endofórica (una cita rechazada) como exofórica (por el contenido semántico y pragmático). La copia del mensaje inicial refuerza el carácter de réplica directa y antagonista a este comentario.

El tercer comentario no lleva el mensaje inicial copiado, pero se refiere a esa declaración por el título y la inserción en este hilo de discusión. En su enunciado (*Yo Creo Que Fue Como Eliminaron Estas Categorias*) falta el sujeto explícito de lo que *fue*, que podría ser una constatación como *el hecho de llevarse Thalia sólo dos nominaciones*. La referencia queda clara sólo por el contexto del hilo de discusión, en esta primera parte no hay ningún elemento lingüístico que asegure la correferencia. En su declaración personal (*Yo Tambien Me Desolucione por que queria que la India Quedara Nominada*), la autora se refiere al comentario inicial por el adverbio *también*, basándose otra vez en el contexto de enunciación que es el hilo de discusión, es decir una remisión endofórica indirecta. Pero, designando a la cantante Thalía con el apelativo *la India*, ella usa una remisión exofórica.

La réplica de *italianlori* al segundo mensaje es un insulto, la orden *calla* se dirige a la interlocutora y se refiere al hecho de haber enunciado el comentario desdeñoso. La relación a la interlocutora en este espacio virtual se puede clasificar como remisión exofórica, pero como se relaciona también a la situación comunicacional contiene un aspecto endofórico. En cambio, refiriéndose con *perra* a la autora *ladybd*, ella usa una remisión exofórica.

Podríamos continuar el análisis detallado, pero ya se vislumbra la relación entre las remisiones endofóricas y exofóricas.

5 Conclusión

Los foros de discusión son una colección de comunicaciones de índole diversa, pero todas más o menos relacionadas a una temática general. El hilo de discusión, en cambio, se puede considerar una comunciación coherente y no una mera juxtaposición de declaraciones inconexas. En los hilos de discusión, la coherencia se asegura sólo parcialmente mediante recursos lingüísticos de cohesión, mucho más por el contexto situativo de la discusión virtual. Son de suma importancia la focalización en un público específicamente interesado y la subdivisión en temas muy concisos.

Lo que los usuarios tienen a la vista son los comentarios de sus interlocutores y ellos se refieren en sus réplicas casi exclusivamente a estas declaraciones. Igual que en las discusiones temáticas, los participantes contribuyen a la discusión con algunos argumentos, pero siempre para expresar sus puntos de vista con el trasfondo de las declaraciones de sus interlocutores a las que se refieren sin cesar. Por consiguiente, el grado de coordinación proposicional de las contribuciones al foro es bastante alto. Como se constata en las réplicas del hilo de discusión analizado, los comentarios se refieren sobre todo a enunciados anteriores o a sus autores y así siempre al contexto de la comunicación. Haciéndolo usan la función metacomunicacional o, según lo expuesto, las remisiones endofóricas indirectas por lo que podemos apoyar nuestra hipótesis.

Por tanto, el uso de las remisiones endofóricas – al lado de las exofóricas – es una característica que comparte la discusión en foros virtuales con la conversación temática convencional.

6 Bibliografía

Blumenthal, Peter ([2]1997): *Sprachvergleich Deutsch-Französisch*, Tubinga: Niemeyer.

Gil, Alberto/Schmitt, Christian (eds.) (1996): *Kohäsion, Kohärenz, Modalität in Texten romanischer Sprachen.* Akten der Sektion Grundlagen für eine Textgrammatik der Romanischen Sprachen des XXIV. Deutschen Romanistentages, Münster (25.-28.9.1995), Bonn: Romanistischer Verlag.

Maaß, Christiane (2010): *Diskursdeixis im Französischen. Eine korpusbasierte Studie zu Semantik und Pragmatik diskursdeiktischer Verweise*, Berlín/Nueva York: de Gruyter.

Michel, Andreas (2008): *Romania virtu@lis. Romanische Varietäten in der internetbasierten Kommunikation; zwischen Diversifizierung, Destandardisierung, Restandardisierung und kollektiver Identitätsbildung; eine interkulturelle Momentaufnahme am Beispiel des Gallo-, Ibero- und Italoromanischen*, Hamburg: Kovač.

Pano Alamán, Ana (2008): *Dialogar en la Red. La lengua española en chats, e-mails, foros y blogs*, Berna et al.: Peter Lang.

Real Academia Española/Asociación de Academias de la Lengua Española (2010): *Nueva Gramática de la Lengua Española*, Madrid: Espasa Libros. [=NGLE]

Siever, Torsten (2005): *Websprache.net. Sprache und Kommunikation im Internet*, Berlín/Nueva York: de Gruyter.

Veldre-Gerner, Georgia (2007): *Demonstrativa im Text*, Tubinga: Niemeyer.

7 Reproducción sucinta del inicio de la conversación

Comentario inicial

Porque Thalia en Billboard 2011...

esta nominada en esas 2 categorías...??? Osea yo juraba q la iban a nominar en Latin Pop Album Femenino, Latin Pop Airplay Femenino... osea fue dond mejor le fue [...]

Réplica 2

jajajajajaaja todavia tienen mucha dignidad jajajaj dos nominaciones que verguenza sobre todo para aquellos que se sienten muy grandes pero sigue siendo la emperatriz y la reyna de que??? mejor callense calladitos se ven mas bonitos en lugar de presumir por nada .... que mal caen creyendose muy grandes ni una razon hay para presumir tanto

Réplica 3

Yo Creo Que Fue Como Eliminaron Estas Categorias

Cancion Pop Femenino, Cancion Regional, Cancion Tropical

Yo Tambien Me Desolucione por que queria que la India Quedara Nominada

Réplica 4

Ay calla perra q con tu basura de artista tienes todas las de perder .... Thalia solo con el Star Billboard Award le da un par de cachetadas .... algo q pau jamas tendra

Spanische und deutsche Chats im Vergleich. Kn S 1 deutsche Neografie GBn?

Daniel Kallweit (Bochum)

Alternative spellings can be observed in different genres of CMC as well as in different languages. But it seems that not every language develops a neography, i.e. a set of procedures to economize the process of writing by using alternative spellings. The present study compares samples from German and Spanish chat channels with regard to the willingly used deviations from the orthographic norm. It shows that German chatters use less and different types of alternative spellings – mainly based on the colloquial German speech – than Spanish chatters do. In a second step, the paper tries to give an explanation for the obvious lack of a German neography, considering the depth of the two orthographic systems in question as well as the availability of letter-/number-homophones.

1 Einleitung und Vorüberlegungen

In den letzten Jahren hat sich die Aufmerksamkeit der linguistischen Forschung verstärkt der computervermittelten Kommunikation (CMC vom englischen *computer-mediated communication*) zugewandt. Vor allem in der deutschen Sprachwissenschaft ging es dabei oftmals um eine Verortung der einzelnen Kommunikationsformen im Kontinuum zwischen Mündlichkeit und Schriftlichkeit, wie es nach Koch/Oesterreicher mittlerweile hinlänglich bekannt sein dürfte (vgl. Koch/Oesterreicher 1985, 1994, 2007). Auch in Bezug auf die spanische CMC wurden erste noch bestehende Lücken in der Forschung geschlossen (vgl. z.B. Sarmiento/Vilches 2009 oder Eres Fernández/Almeida Seemann 2009).

In der vorliegenden Arbeit soll nun ein Aspekt beleuchtet werden, welcher – meines Wissens – weder für die spanische, noch für die deutsche Sprache im großen Umfang thematisiert worden ist: die Veränderungen der Grafie, wie sie in spanischen Chatkanälen zu beobachten sind.[1] Vergleicht man die Situation in spanischen Chatkanälen mit derjenigen in deutschen, so bemerkt man schnell, dass ähnliche Veränderungen im Deutschen nicht feststellbar sind. Diesem Feh-

1 Natürlich lassen sich diese Grafieveränderungen nicht ausschließlich in der Kommunikationsform Chat beobachten, sondern praktisch in jedem Genre der CMC. Der Handhabbarkeit halber soll hier jedoch nur der Chat betrachtet werden.

len eines vergleichbaren Phänomens soll im Rahmen dieses Artikels auf den Grund gegangen werden, d.h. es soll zu klären versucht werden, warum spanische Chatter[2] offensichtlich Strategien zur Ökonomisierung ihres Schreibprozesses entwickelt haben bzw. zur Anwendung bringen und deutsche Chatter dies nicht in diesem Ausmaß tun.

Eingangs sollen jedoch einige Vorüberlegungen zur Chatkommunikation angestellt werden. Wie in zahlreichen Studien beschrieben wird in der Chatkommunikation konzeptionell Mündliches medial schriftlich wiedergegeben (vgl. beispielsweise Bader 2002, Dürscheid 2003 oder Thaler 2003). Im Chat kommunizieren die Teilnehmer also i.d.R. auf die gleiche Art und Weise – bezogen auf ihre Versprachlichungsstrategien –, wie sie es in einem *face-to-face*-Gespräch täten. Dies geschieht unter anderem, weil die Teilnehmer das kommunikative Setting praktisch als „Gespräch in Echtzeit“ wahrnehmen (vgl. Cabedo Nebot 2009, ohne Paginierung [o.P.]). Im offensichtlichen Widerspruch dazu steht jedoch, dass die Produktion der sprachlichen Äußerungen mühsam, da im Vergleich zur mündlichen Kommunikation zeitaufwändig, ist sowie die Tatsache, dass die technischen Rahmenbedingungen des Chats (*scroll*-Faktor, lediglich quasi-synchrone Kommunikation, komplettes Fehlen der non-verbalen und parasprachlichen Informationen) eine schnelle und gleichzeitig effiziente Kommunikation erschweren bzw. verhindern.

Die Chatnutzer entwickeln nun bestimmte Strategien, um diesen augenscheinlichen Konflikt abzuschwächen und die Illusion eines „Gesprächs in Echtzeit“ für sich und andere aufrecht zu erhalten (vgl. Cabedo Nebot 2009, o.P.). Wie bereits erwähnt scheinen diese Strategien nicht in allen Ländern bzw. allen Sprachgemeinschaften dieselben zu sein, auch wenn sich manche Strategien als sprachübergreifend bezeichnen lassen.

Im Folgenden werden Chatkanäle des Deutschen und des Spanischen exemplarisch vorgestellt und kontrastiv betrachtet.[3] Die Beispiele stammen alle-

2 Aus Gründen der Einfachheit und auch der Lesbarkeit wird in der vorliegenden Arbeit auf eine gendersensitive Schreibweise (z.B. mit Binnen-I) verzichtet. Bei Benutzung des generischen Maskulinums sind jedoch stets auch die weiblichen Vertreter der jeweiligen Gruppe – in diesem Fall Chatterinnen – gemeint.

3 Ist in diesem Artikel von Chat die Rede, so verstehe ich darunter die Diskursart des Plauder-Chats, welcher beispielsweise von Experten- oder Beratungschats zu unterscheiden wäre; zum Plauder-Chat vgl. Beißwenger (2007, 68) sowie Storrer (2001b). Pauschale Aussagen über die Kommunikationsform Chat sind natürlich nicht zulässig (vgl. Dürscheid 2003, 47f.), weswegen diese Präzisierung sinnvoll und notwendig ist.

samt aus sogenannten IRC-Kanälen,[4] die mithilfe der Software mIRC aufgezeichnet wurden. Auf diese Weise wurden zwei Vergleichskorpora erstellt: eines für das Deutsche, welches die Kanäle *!S3VXCsmjg-alumni*, *#freunde* (beide am 14.07.2010 von 17:52h bis 23:49h erhoben), *#flirtcafe*, *#linuxger* (beide am 26.07.2010 zwischen 11:04h und 14:53h erhoben), *#archilinux.de*, *#ccc*, *#gentoo*, *#piratenpartei*, *#ubuntu-de* und *#ubuntu-de-offtopic* (jeweils am 27.07.2010 zwischen 10:53h und 12:33h erhoben) umfasst und einen Umfang von 47.876 Zeichen bzw. 8.027 grafischen Wörtern hat, und eines für das Spanische, das die Kanäle *#barcelona* und *#sevilla* (am 24.02.2009 zwischen 11:14h und 12:15h aufgezeichnet) sowie die Kanäle *#alicante*, *#barcelona* und *#coruña* (jeweils am 25.06.2009 in der Zeit von 20:23h bis 21:58h erhoben) dokumentiert und 88.473 Zeichen bzw. 15.245 grafische Wörter groß ist.[5] Die Nicknames wurden für die Untersuchung anonymisiert, um eventuelle Persönlichkeitsrechte der jeweiligen Chatter zu wahren.

2 Deutsche Chats

Da das völlige Fehlen der non-verbalen und parasprachlichen Information ein Problem für eine reibungslos verlaufende Chatkommunikation darstellt, ist es nur logisch, dass diese Art von Information in den Chats der beiden zu vergleichenden Sprachen durch Alternativstrategien zum Ausdruck gebracht wird. Deshalb soll dieser Faktor als erster Vergleichsparameter angesetzt werden. In deutschen Chatkanälen finden sich zwei verschiedene Strategien zur Kompensation der non-verbalen und parasprachlichen Mittel, nämlich zum einen die vielzitierten *Emoticons* bzw. *Smileys* und zum anderen die sogenannten Inflektive. Während erstere piktografische Darstellungen der Gesichtszüge sind, bestehen letztere aus unflektierten Verbstämmen, die prädikativ gebraucht werden (vgl. Schlobinski 2001, 193) und teilweise durch weitere Konstituenten ergänzt und zu Inflektivkonstruktionen (ebd., 206-215) werden können.

4 IRC steht für *Internet Relay Chat*, welcher die erste Form der Chatkommunikation darstellte. Für mehr Informationen zum IRC vgl. bspw. Pano (2008, 80).

5 Um die unterschiedliche Größe der beiden Korpora auszugleichen, werden neben den tatsächlichen Vorkommnissen zusätzlich die auf 10.000 grafische Wörter normalisierten Vorkommnisse angegeben.

<chatter1> schoki is gesellschaftsfähig… frag matt groening **:D**

<chatter2> kann mir mal jemand ein ue und ein sz geben? ich muss nach einem namen im telephonbuch suchen **-.-** (#ubuntu-de-offtopic, 27.07.2010, 10:54-12:33)[6]

In diesen beiden Beispielen lassen sich verschiedene *Emoticons* erkennen: *chatter1* gebraucht einen *Smiley* des westlichen Typs, der um 90° gedreht ist und bei dem der Doppelpunkt die Augen, das <D> den zum lauten Lachen geöffneten Mund repräsentiert; *chatter2* hingegen setzt ein asiatisches *Emoticon*, ein sogenanntes *Kawaicon*, welches horizontal zu lesen ist. Hier stehen die beiden Bindestriche für die zusammengekniffenen Augen, während der Punkt in der Mitte entweder die Nase oder den gerundeten Mund darstellen soll.[7] Beiden *Emoticon*-Typen ist jedoch gemein, dass sie ursprünglich zum Ausdruck von Emotionen bzw. Gemütszuständen dienen und mittlerweile die Funktion von Diskursmarkern übernommen haben, d.h. teilweise auch schon gesetzt werden, wenn keine Gemütslage transportiert werden soll/muss oder wenn beispielsweise Ironie explizit gemacht werden soll. Zur Häufigkeit des jeweiligen Typs ist zu sagen, dass die westlichen *Emoticons* deutlich dominieren: 19 *Kawaicons* (entsprich 23 bei oben erwähnter Normalisierung) stehen im untersuchten Korpus 201 westliche *Emoticons* (250 bei Normalisierung) gegenüber. Es bleibt zu untersuchen, ob es sich hier eventuell um eine diastratische Variation handelt, wie sie Morala (2001) für spanische Chats konstatierte, in denen die *Kawaicons* praktisch ausschließlich von Manga- bzw. Animée-Fangemeinschaften gebraucht wurden (ebd., o.P.).

Während die *Emoticons* lediglich Gefühle zum Ausdruck bringen können, dienen Inflektive auch zur Darstellung anderer Aktionen bzw. Handlungen:

<chatter3> oh oh ***ängstlich schau***

<chatter4> 16grad wirds ***kreischrum*** .. und am wochenende schneits (#flirtcafe, 26.07.2010, 11:41-14:53)

Die oftmals durch Asteriske gekennzeichneten Inflektivkonstruktionen bringen natürlich auch Gefühle zum Ausdruck (namentlich die Angst von *chatter3* und die Wut bzw. den Ärger von *chatter4* in den vorangegangenen Beispielen), doch belassen sie es nicht bei der piktografischen Repräsentationen dieser, sondern überführen die tatsächlichen Handlungen ins Schriftliche, verschriftlichen sie also;[8] hierbei sollen die Asteriske ebendiese Verschriftlichung markieren und

6 Alle Chatbeispiele werden in unveränderter Schreibung angegeben.

7 Für weitere Informationen zu asiatischen *Emoticons* siehe Shirai (2006).

8 Zum Unterschied zwischen Verschriftung und Verschriftlichung vgl. Koch/Oesterreicher (1994, 587) sowie Kilian (2002, 57).

von der übrigen Äußerung abheben. Dass diese Asteriske mittlerweile offenbar nicht mehr obligatorisch sind, lässt sich an folgenden Beispielen – interessanterweise von den gleichen Chattern, die die Markierung in den gerade gesehenen Beispielen mittels Asterisken vornahmen – sehen:

<chatter3> ich wars ned

<chatter3> **schwör**

<chatter4> **grins** (#flirtcafe, 26.07.2010, 11:41-14:53)

Als letzte Strategie zum Ausdruck von non-verbalen Informationen lassen sich relativ häufig sogenannte Zuschreibungsturns (vgl. Storrer 2001, 9) finden. Hierbei handelt es sich um die Möglichkeit, die eigentliche Gesprächsstruktur mittels des Systemsbefehls */me* zu durchbrechen und einen Satz über sich selbst in der dritten Person Singular einzugeben; das IRC-System generiert dann eine Art Systemmeldung, welche durch den Nickname des jeweiligen Chatters eröffnet wird:

* chatter5 schaut aus dem fenster

[Eingabe = /me schaut aus dem fenster] (#filrtcafe, 26.07.2010, 11:41-14:53)

Zuschreibungsturns stellen eine genuine Ausdrucksmöglichkeit für Handlungen im IRC dar und werden meist von etwas erfahreneren Chattern gebraucht.

Neben den eben besprochenen Kompensationsmechanismen von nonverbaler und parasprachlicher Information bietet sich die grafische Repräsentation konzeptioneller Mündlichkeit als weiterer Vergleichsparameter an, da der Chat in praktisch allen Sprachgemeinschaften durch die Wahrnehmung als „getipptes Gespräch" zwar medial schriftlich, jedoch konzeptionell mündlich ist. Diese konzeptionelle Mündlichkeit findet im deutschen Chat Ausdruck im Gebrauch von dialektaler Lexik sowie dialektal gefärbten und umgangssprachlichen Schreibungen, was Kilian (2002) unter dem Schlagwort „geschriebene Umgangssprache" beschreibt. In Beispielen wie

<chatter6> **moin moin** [nickname] :)

<chatter6> ich **glaub** ich **geh nomma** schlafen

<chatter7> wer **machtn sowat**? (#filrtcafe, 26.07.2010, 11:41-14:53)

finden sich Elemente der allgemeinen Umgangssprache, wie z.B. die Apokope des auslautenden [e] bzw. [ə] bei Verbformen der 1. Person Singular Präsens Indikativ Aktiv (*glaub* und *geh* bei *chatter6*). Darüber hinaus lassen sich ursprünglich dialektale bzw. dialektal gefärbte Elemente erkennen, wie *moin moin* von *chatter6*, was Assoziationen zum norddeutschen Raum erweckt, oder *sowat* bei *chatter7*, welches evtl. auf eine Herkunft aus dem Ruhrgebiet oder dem

Großraum Berlin schließen lassen könnte. Hierzu ist allerdings anzumerken, dass viele dieser Elemente mittlerweile sicherlich als stereotypisiert zu bezeichnen und daher keineswegs mehr ausschließlich bei Sprechern aus dem jeweiligen Gebiet zu beobachten sind.

In den wenigsten Fällen kommt es jedoch zu wirklich neuen Schreibungen, da sich meist Elisionen finden lassen, die an der Umgangssprache orientiert sind und somit als phonetische oder phonetisierende Schreibweisen zu bezeichnen wären:

> <chatter8> **tu** ich **nich** … auserdem **bissu** zuweit **wech** um mir nach zu schleichen (#freunde, 14.07.2010, 17:52-23:49)

In den gerade betrachteten Beispielen wären höchstens <nomma> (*chatter6*) und <bissu> (*chatter8*) als neue bzw. innovative Schreibungen anzusehen, denen jeweils eine Kontamination zugrunde liegt. Beide Fälle sind jedoch auch an die mündliche Umgangssprache zurückgebunden, da phonetisch basiert, weswegen sie eine andere Kategorie als die für das Spanische noch zu betrachtenden Neografien darstellen.

3 Spanische Chats

Spanische Chatter bedienen sich zum Ausgleich der fehlenden non-verbalen und parasprachlichen Mittel zwar auch der im deutschen Chat vertretenen *Emoticons*, doch lassen sich hier bereits Unterschiede feststellen:

> <chateador1> pa k luego no se keje **xD**
>
> <chateador2> y nos lo pasamos bien el sabado**:)** (#alicante, 25.06.2009, 20:23-21:58)

Das von chateador1 gebrauchte *Emoticon* <xD> lässt sich in spanischen Chatkanälen deutlich häufiger beobachten als in deutschen. Das <x> repräsentiert die beim Lachen zusammengekniffenen Augen, während das <D> abermals für den zum Lachen geöffneten Mund gebraucht wird. Im spanischen Chat stellt dieses *Emoticon* tatsächlich die häufigste Form dar: Im Korpus findet es sich 214-mal (140-mal nach Normalisierung), während das „klassische“ *Emoticon* :) nur 21-mal vorkommt (14 Vorkommnisse nach Normalisierung).

Neben der piktografischen Darstellung eines Lachens finden sich in spanischen Kanälen aber auch immer wieder Lautmalereien, die ein Lachen imitieren sollen:

<chateador1> **ajajajaa** k mal va el pais **xD** (#alicante, 25.06.2009, 20:23-21:58)

<chateador3> la estas liando ya **jajajajajaja** (#barcelona, 25.06.2009, 20:20-21:58)

Neben der hier angeführten Weise tritt diese lautmalerische Darstellung des Lachens auch als *jijiji*, *jejeje* und *jojojo* auf und kann somit praktisch die gesamte Bandbreite des menschlichen Lachens – vom Kichern bis zum schallenden Gelächter – wiedergeben.[9] Im untersuchten Korpus dominieren zwar die *Emoticons* gegenüber der lautmalerischen Darstellung des Lachens (257 *Emoticons* [169 nach Normalisierung] gegenüber 172 Lautmalereien [113 nach Normalisierung][10]), doch stellt letztere im Vergleich zum deutschen Korpus eine Eigenheit des spanischen Chats dar.[11]

Als Spezifikum des deutschen Chats stellt sich jedoch beim Vergleich der beiden Korpora der Gebrauch von Inflektiven und Inflektivkonstruktionen heraus: Dieses Phänomen bzw. etwas Vergleichbares findet sich in spanischen Kanälen nämlich überhaupt nicht, was daran liegen mag, dass die spanischen Verbstämme nicht zur Bildung verständlicher Konstruktion taugen würden. Nähme man die den in den deutschen Inflektivkonstruktionen gebrauchten Verben entsprechenden spanischen Verben *mirar* (‚schauen‘) und *chillar* (‚kreischen‘), so ergäben sich die Verbstämme *mir-* und *chill-*, welche sich keinesfalls zur Konstruktion einer einfach zu entziffernden Aussage eignen.

Auch die im deutschen Korpus relativ häufig beobachteten Zuschreibungsturns findet man im spanischen Chat eher selten. Zwar wird von der Möglichkeit, eine automatische Systemmeldung generieren zu lassen, auch Gebrauch gemacht, wie an folgendem Beispiel erkennbar:

* chateador4 saluda al señor [nickname]

[= Eingabe: /me saluda al señor [nickname]] (#coruña, 25.06.2009, 20:19-21:58)

---

9 Des Weiteren findet sich die Form juas, welche offensichtlich ein Lachen mit sarkastischem Unterton imitieren soll.

10 Zu den hier relevanten Emoticons wurden all diejenigen Formen gezählt, die irgendeine Form von Lachen darstellen, d.h. neben dem in Deutschland oft gebrauchten :) auch die im spanischen Korpus dominierende Form xD (in allen grafischen Varianten [Groß-, Kleinschreibung]). Hinsichtlich der lautmalerischen Darstellung wurden ebenfalls alle bereits angesprochenen Varianten (*jaja*, *jeje*, *jiji* und *juas*) in unterschiedlicher Länge berücksichtigt.

11 Natürlich ist die Möglichkeit, ein Lachen lautmalerisch wiederzugeben, auch im Deutschen gegeben, doch wird in deutschen Chatkanälen von ihr offenbar kein Gebrauch gemacht.

Das Phänomen ist auch in der spanischsprachigen Forschung bekannt und wird dort meist als *Tercera Persona Narrativa* (TPN) bezeichnet (vgl. Mayans i Planells 2000a und 2000b); trotzdem lässt sich der Gebrauch der TPN in spanischen Chatkanälen eher selten beobachten (vgl. hierzu auch Santillán 2009, 182), auch wenn interessanterweise einige Chatter im hier untersuchten Korpus die TPN recht häufig einsetzten (59 Vorkommnisse [39 nach Normalisierung]). Hierzu ist jedoch anzumerken, dass es wenige Chatter waren, die diese Kompensationsstrategie gebrauchten und sie auch nicht immer nur zum Ausdruck von Handlungen nutzten, sondern „normale" Äußerungen durch den Systembefehl „/me" einführten:

> * chateador5 alguien me limpia las gafas?
>
> [= Eingabe: /me alguien me limpia las gafas?] (#alicante, 25.06.2009, 20:23-21:58)

Im Gegensatz zu deutschen Chats findet man in spanischen Kanälen jedoch eine Vielzahl von neuen Schreibweisen, die zwar teilweise auch dazu dienen sollen, konzeptionelle Mündlichkeit durch die Nähe zur gesprochenen Sprache zum Ausdruck zu bringen, in einigen Fällen jedoch nicht an die Mündlichkeit, d.h. die Aussprache gebunden sind.

> <chateador6> y a las 14:15 **pal** gym **k e** **k**ed**ao** **k**on el campeon de muay thay
>
> [Y a las 14:15 **para el** gim(nasio), **que he** **qu**ed**ado** **c**on el campeón de muay thai.] (#barcelona, 24.02.2009, 11:14-12:15)
>
> <chateador7> **q** no ha **exo** ni el **webo** en **to** su vida
>
> [**Que** no ha **hecho** ni el **huevo** en **toda** su vida.] (#sevilla, 24.02.2009, 11:14-12:15)

In diesen Beispielen lassen sich *pal* (als Repräsentation einer nichtstandardsprachlichen Lautung), *e* und *webo* sicherlich zweifelsfrei als phonetische bzw. phonetisierende Schreibweisen des jeweiligen *para el*, *he* und *huevo* und somit als direkte Verschriftung der mündlichen Umgangssprache bezeichnen. Insofern liegt hier eine Parallele zur „geschriebenen Umgangssprache" in deutschen Chatkanälen vor. Der Hauptunterschied zwischen dieser „geschriebenen Umgangssprache" und den Neografien des Spanischen, wie die unkonventionellen Schreibweisen nach Anis (2007) genannt werden sollen,[12] liegt nun wohl darin, dass manche dieser neuen Schreibweisen offenbar keine direkte Rückbindung an die Aussprache haben, also auf einer anderen Basis stehen, als es bei den unkonventionellen Schreibungen in deutschen Chatkanälen der Fall ist. Dies ist z.B. beim <x> als graphematischer Repräsentation des palatalen Frikativs [tʃ] der Fall, welche im Normkastilischen gegen die Phonem-Graphem-Korrelatio-

12 Für weiterführende Informationen zur Neografie des Spanischen siehe Kallweit (2010).

nen verstößt, da ein <x> hier normalerweise den Lautwert [ks] oder [gs] – vor Konsonanten normalerweise nur [s] – hat. Die Graphemsequenz <exo> als Repräsentation von ['etʃo] ist demnach weder eine phonetische noch eine phonetisierende Schreibweise, sondern muss auf andere Prozesse und (Text- oder Diskurs-)Traditionen zurückgehen, die es noch zu erforschen gilt.

Auch der hochfrequente Gebrauch des Graphems <k> in spanischsprachigen Chatkanälen entspricht nicht der Norm des Kastilischen, wo der Lautwert [k] entweder durch <c> (vor <a>, <o>, <u>) oder durch das Doppelgraphem <qu> (vor <e> und <i>) dargestellt wird. Im Graphemverbund, d.h. in ein Wort eingebettet – wie bei *kedao* und *kon* der Fall – könnte man von einer nicht normgerechten phonetischen Schreibweise sprechen, deren Ziel die Vereinfachung des eigentlich ohnehin schon flachen Schriftsystems der spanischen Sprache sein könnte.[13] Als einzelnes Graphem lässt es sich aber keinesfalls auf diese Weise, d.h. als phonetische Schreibweise des polysemen Wortes *que* deuten, woran man abermals den Unterschied zur deutschen „geschriebenen Umgangssprache“ erkennen kann.

Dass es eine spanische Neografie gibt, dürfte mithilfe dieser Ausführungen deutlich geworden sein; dass ein vergleichbares Phänomen für die deutsche Sprache nicht festzustellen ist, sollte nun ebenso deutlich sein. Im Folgenden sollen nun die Fragen behandelt werden, ob eine deutsche Neografie überhaupt denkbar bzw. möglich wäre und, wenn dies der Fall ist, warum sie dann nicht existiert.

4 Ist eine deutsche Neografie möglich?

Charakteristikum der spanischen Neografie ist das relativ hohe Verkürzungspotenzial, welches der Ökonomisierung des Schreib- bzw. Tippprozesses dienen soll. Deutsche Chatter machen nun offensichtlich von den ihnen zur Verfügung stehenden Verkürzungsmöglichkeiten kaum bis gar nicht Gebrauch. Einige wenige Gegenbeispiele ließen sich jedoch im Korpus finden:

---

13 An dieser Stelle sei nur kurz an die Bemühungen um den ausnahmslosen Gebrauch des <k> von Gonzalo Correas im 17. Jh. und die daran geknüpften Diskussionen um dieses Graphem erinnert; vgl. hierzu ausführlicher de Bruyne (1989) sowie Salvador/Lodares (2001, 157ff.).

<chatter10> [nickname] mit 30 **is** noch ni**x** vorbei da kommt man **nochmal** in den **2ten** frühling *lach*

<chatter11> **n8i**

<chatter12> **n8** (#freunde, 14.07.2010. 17:52-23:49)

Neben den Verkürzungen *ist* > *is*, *nichts* > *nix* und *noch einmal* > *nochmal*, welche allesamt als verschriftete Umgangssprache zu bezeichnen sind, finden sich die Rebusschreibungen <2ten> (zweiten), <n8i> (Nachti) und <n8> (Nacht), bei denen die Ziffern jeweils syllabografische Funktion haben, d.h. eine Silbe bzw. einen Silbenteil durch ihren Lautwert ersetzen. Diese Buchstaben-Zahlen-Kombinationen stellen jedoch eher die Ausnahme dar und sind, was deutsche Wörter angeht, offensichtlich auf eine geringe Zahl bestimmter Lexien beschränkt, wie auch schon an obigen Beispielen erkennbar. Die meisten im Chat gebrauchten Abkürzungen lassen sich jedoch auch im Standardschriftdeutschen finden und müssen somit als konventionalisiert gelten (vgl. hierzu auch Santillán 2009, 198):

<chatter14> [nickname]: es geht nicht um das live system sondern das livemedium **z.B.** der fat32 teil des usb sticks (#ubuntu-de, 27.07.2010, 10:51-12:33)

Bemerkenswert an diesem Beispiel ist, dass *chatter14* bei der Abkürzung von *zum Beispiel* auf korrekte Groß- und Kleinschreibung und Interpunktion achtet, was beim Rest des Satzes nicht der Fall ist.

Was man hingegen in deutschen Chatkanälen finden kann, sind Akronyme, die meist aus der englischen Sprache übernommen wurden; genuin deutsche Akronyme sind indes eher selten bzw. so gut wie inexistent:

<chatter1 > ha, die wehrpflicht bleibt **looooool** [= laugh(ing) out loud(ly)] das war sooo klar **roflmao** [= rolling on floor, laughing my ass off] (#ubuntu-de-offtopic, 27.07.2010, 10:54-12:33)

<chatter8> so **afk** [= away from keyboard] bin duschen (#freunde, 14.07.2010, 17:30-23:49)

<chatter13> [...] **afaik** [= as far as I kow] geht das nicht, weil casper auf squashfs aufsetzt, was nunmal **ro** [= read only] ist (#ubuntu-de, 27.07.2010, 10:51-12:33)

Diese Akronyme treten eher vereinzelt auf und werden meistens in technischen „Fachgesprächen“ oder von offenbar sehr erfahrenen Nutzern gebraucht, wie in den gerade gegebenen Beispielen erkennbar ist. Man könnte hier von einer diaphasischen Variation innerhalb des Registers des Chat-Sprachgebrauchs sprechen, die es aber noch weiter zu erforschen gilt.

Prinzipiell scheint die Möglichkeit einer deutschen Neografie aber gegeben zu sein, sodass sich nun die Frage stellt, weswegen man so wenig neue, d.h. innovative Schreibweisen in deutschen Chatkanälen finden kann.

5 Mögliche Gründe für das Fehlen einer deutschen Neografie

Ein naheliegender Ansatz ist sicherlich ein Vergleich des deutschen und des spanischen Schriftsystems unter Berücksichtigung des Parameters der jeweiligen Tiefe.[14] Die deutsche Sprache verfügt über ein relativ tiefes Schriftsystem, „d.h. ein System, in dem die Graphem-Phonem-Beziehungen nicht nur von silbenstrukturellen, sondern auch von morphologischen Regularitäten überlagert werden" (Dürscheid 2006, 139). Das spanische Schriftsystem ist im Gegensatz dazu als flach zu bezeichnen:

> Bezugsebene für die Schreibung ist in erster Linie die lautliche Oberflächenstruktur, auf deren Phoneme mithilfe großenteils eindeutiger und regelmäßiger Graphem-Phonem-Korrespondenz referiert wird. Bezüge zur morphosemantischen Ebene spielen nur eine untergeordnete Rolle [...] (Meisenburg 1996, 263).

Zwar liegt hier ein Unterschied bezüglich der Tiefe der beiden Schriftsysteme vor, doch lässt sich dieser nicht als Erklärung für das Auftreten bzw. Ausbleiben von neografischen Schreibungen heranziehen. Schließlich ist es im Sinne der Sprachökonomie logischer bzw. sinnvoller, wenn tiefe Schriftsysteme durch Neografie vereinfacht werden, was für eine deutsche Neografie und gegen die spanischen neografischen Formen sprechen würde, die das ohnehin schon flache Schriftsystem höchstens minimal vereinfachen können. Außerdem lässt sich der Parameter der Tiefe nicht als Erklärung handhaben, da sowohl das französische als auch das englische Schriftsystem als tiefer als das deutsche zu bezeichnen sind (vgl. Günther 2004, 1919ff.) und sich in diesen beiden System Neografien bzw. *textisms*, wie die unkonventionellen Schreibweisen im Englischen genannt werden, feststellen lassen, was die eben geäußerte These zur Vereinfachung eigentlich tiefer Schriftsysteme durch neografische Schreibungen unterstützt. Es ist also zu vermuten, dass das spanische – als flaches Schriftsystem – evtl. eine Ausnahme hinsichtlich der Neografie darstellt.

Offenbar existieren sprachabhängige Unterschiede bezüglich des Einsatzpotenzials von neografischen Schreibungen. In einer vergleichenden Studie zu Verkürzungsstrategien in englischen und deutschen Kurzmitteilungen konstatiert Bieswanger (2007) ebendiese unterschiedliche Verfügbarkeit: „[...] the German language does not provide the same potential in this category [= letter-/number-

14 Zum Parameter der Tiefe vgl. Günther (2004, 1917ff.).

homophones] as English" (ebd., o.P.). Gerade das Nutzen der Homophonie von Buchstaben und Ziffern spielt in der spanischen Neografie – wenn nicht in der Neografie allgemein – eine wichtige Rolle, wie man an vielzitierten Beispielen wie *salu2 @ to2* (*saludos a todos*) erkennen kann. Buchstaben und Ziffern, die deutschen Silben oder Wörtern entsprechen, sind aber nicht wirklich zahlreich. Hinzukommt die höhere Zahl an Konsonantenclustern im Deutschen, die neografische Formen erschwert, da schließlich viele bzw. die meisten Neografien phonetisch motiviert sind. In diesem Zusammenhang ist auch zu beachten, dass das Deutsche als Wortsprache zu klassifizieren ist, während das Spanische eine Silbensprache ist (vgl. Nübling 2006, 17). Sprachspezifische Faktoren wie Sprachstruktur und die Verfügbarkeit allgemeingebräuchlicher Verkürzungsstrategien scheinen also – neben außersprachlichen Motivationen, wie z.B. dem Wunsch, durch den spielerischen Umgang mit der geschriebenen Sprache besonders geistreich und witzig zu wirken – eine wichtige Rolle für das Auftreten neografischer Schreibungen zu spielen (vgl. Bieswanger 2007, o.P.).

6 Fazit und Ausblick

Wie in diesem Artikel zu erkennen war, führen die technologischen Beschränkungen in der CMC zu unterschiedlichen und offenbar sprachabhängigen Kompensations- und Verkürzungsstrategien bzw. -methoden. Während das Spanische eine teilweise fast schon kryptische Neografie hervorgebracht hat,[15] findet man in deutschen Chatkanälen vornehmlich verschriftete Umgangssprache, d.h. eine viel geringere Zahl an wirklich innovativen und unkonventionellen Schreibungen.

Der im Untertitel in neografischer Schreibweise gestellten Frage, ob es eine deutsche Neografie geben kann, folgend, muss man nun zu dem Schluss kommen, dass eine solche prinzipiell möglich und in Ansätzen auch vorhanden ist (vgl. *N8i* oder *2ten*). Hinsichtlich ihrer Ressourcen wäre sie jedoch aufgrund der geringen Verfügbarkeit von Buchstaben-Ziffern-Homophonen weniger umfang-

---

15 Der Gebrauch des Perfekts an dieser Stelle soll keinesfalls bedeuten, dass es sich bei der spanischen Neografie um ein vollkommen entwickeltes System handelt. Das Gegenteil ist vielmehr der Fall: Da praktisch jeder Nutzer zu seiner eigenen Lösung des in der Einleitung angesprochenen Konflikts zwischen den technologischen Rahmenbedingungen und der subjektiven Wahrnehmung der Kommunikation gelangt, stellt die Neografie keinen Standard dar, sondern kann lediglich als teilkonventionalisiertes Strategienset bezeichnet werden (vgl. Anis 2007, 88), welches sich darüber hinaus im stetigen Wandel befindet.

reich und daher wahrscheinlich auch weniger innovativ, als es die spanischen Neografien oder aber auch die englischsprachigen *textisms* sind.

Warum eine deutsche Neografie jedoch praktisch inexistent ist, kann im Rahmen dieses Artikels nicht ausreichend geklärt werden. Neben den hier angestellten Überlegungen braucht es daher weitere Studien, in denen das Deutsche mit anderen Sprachen, die eine hohe Zahl an unkonventionellen Schreibungen aufweisen, verglichen wird. Aber auch Untersuchungen zu den im Deutschen verfügbaren Verkürzungsstragien stehen meines Wissens noch aus. Darüber hinaus wären ggf. Faktoren wie intersprachliche Einflussnahme zu untersuchen, wobei dann auch das Prestige einer jeweiligen Sprache relevant wäre. In diesem Zusammenhang müsste auch untersucht werden, woher die einzelnen (Verkürzungs-)Strategien stammen, welche Sprachgemeinschaft mit welcher anderen Sprachgemeinschaft im direkten und regen Austausch steht, wer bzw. welche (Teil-)Gruppe innerhalb einer Sprachgemeinschaft die jeweilige neografische Form zuerst gebraucht hat und auf welchem Wege diese dann Verbreitung fand.

Neben den rein linguistischen Aspekten wären sicherlich auch sozialwissenschaftliche und -psychologische Faktoren von Interesse, die die Einstellung der entsprechenden Nutzer offenlegen und somit analysieren könnten, ob das Fehlen einer deutschen Neografie evtl. auf den Unwillen bzw. eine tatsächliche Abneigung deutscher Chatter Verkürzungen gegenüber zurückzuführen ist. Eine möglichst breite und interdisziplinäre Betrachtung der CMC im Allgemeinen und der unkonventionellen Schreibweisen im Speziellen zeigt sich also heute immer noch als interessant und erkenntnisversprechend.

7 Bibliographie

Anis, Jacques (2007): „Neography. Unconventional Spelling in French SMS Text Messages“, in: Danet, Brenda/Herring, Susan C. (Hrsg.): *The multilingual internet. Language, culture, and communication online*, New York: Oxford University Press, pp. 87-116.

Bader, Jennifer (2002): „Schriftlichkeit und Mündlichkeit in der Chat-Kommunikation“, in: *Networx* 29, online: http://www.mediensprache.net/networx/networx-29.pdf (29.07.2011).

Beißwenger, Michael (2007): *Sprachhandlungskoordination in der Chat-Kommunikation*, Berlin/New York: de Gruyter (Linguistik. Impulse & Tendenzen, 26).

Bieswanger, Markus (2007): „2 abbrevi8 or not 2 abbrevi8: A Contrastive Analysis of Different Space- and Time-Saving Strategies in English and German Text Messages“, in: *Texas Linguistic Forum* 50 (ohne Paginierung), online: http://studentorgs.utexas.edu/salsa/proceedings/2006/Bieswanger.pdf (29.07.2011).

Cabedo Nebot, Adrián (2009): „Consideraciones gráficas y lingüísticas del lenguaje cibernético. El chat y el messenger“, in: *Tonos. Revista electrónica de estudios filológicos* 18 (ohne Paginierung), online: http://www.tonosdigital.com/ojs/index.php/tonos/article/viewFile/341/240 (29.07.2011).

de Bruyne, Jacques (1989): „La *K*: ¿hija natural o ‚enfant terrible' del alfabeto español?", in: *Revista de filología española* 69/1, pp. 97-117.

Dürscheid, Christa (2003): „Medienkommunikation im Kontinuum von Mündlichkeit und Schriftlichkeit. Theoretische und empirische Probleme“, in: *Zeitschrift für Angewandte Linguistik* 38, pp. 37-56.

Dürscheid, Christa (^{3}2006): *Einführung in die Schriftlinguistik*, Göttingen: Vandenhoeck & Ruprecht (Studienbücher zur Linguistik, 8).

Eres Fernández, Isabel Gretel María/Almeida Seemann, Paulo Augusto (2009): „Un estudio sobre los cambios lingüísticos del español escrito en las charlas informales por Internet“., in: *Trabalhos em Linguística Aplicada* 48/1, pp. 153-170.

Günther, Hartmut (2004): „Schriftsysteme“, in: Booij, Geert et al. (Hrsg.): *Morphologie. Ein internationales Handbuch zur Flexion und Wortbildung*, Berlin/New York: de Gruyter (Handbücher zur Sprach- und Kommunikationswissenschaft, 17/2), pp. 1915-1923.

Kallweit, Daniel (2010): „Neografía en la comunicación mediada por ordenador del español“, in: Bahíllo Sphonix-Rust, Emma/Burgos Cuadrillero, Beatriz/Iglesias Botrán, Ana María (Hrsg.): *Interlingüística XXI. Actuales líneas de investigación en el panorama internacional de los jóvenes lingüistas*, Valladolid: Universidad de Valladolid, pp. 738-747.

Kilian, Jörg (2001): „T@stentöne. Geschriebene Umgangssprache in computervermittelter Kommunikation. Historisch-kritische Ergänzungen zu einem neuen Feld der linguistischen Forschung“, in: Beißwenger, Michael (Hrsg.): *Chat-Kommunikation. Sprache, Interaktion, Sozialität & Identität in synchroner computervermittelter Kommunikation; Perspektiven auf ein interdisziplinäres Forschungsfeld*, Stuttgart: Ibidem, pp. 56-78.

Koch, Peter/Oesterreicher, Wulf (1985): „Sprache der Nähe – Sprache der Distanz. Mündlichkeit und Schriftlichkeit im Spannungsfeld von Sprachtheorie und Sprachgeschichte“, in: Deutschmann, Olaf et al. (Hrsg.): *Romanistisches Jahrbuch*, 36, Berlin/New York: de Gruyter, pp. 15-43.

Koch, Peter/Oesterreicher, Wulf (1994): „Schriftlichkeit und Sprache“, in: Günther, Hartmut/Ludwig, Otto (Hrsg.): *Schrift und Schriftlichkeit. Ein interdisziplinäres Handbuch internationaler Forschung*, Berlin/New York: de Gruyter (Handbücher zur Sprach- und Kommunikationswissenschaft, 10/1), pp. 587-604.

Koch, Peter/Oesterreicher, Wulf (2007): *Lengua hablada en la Romania: Español, Francés, Italiano*, Madrid: Gredos (Biblioteca Románica Hispánica, II, Estudios y Ensayos).

Mayans i Planells, Joan (2000a): „El lenguaje de los chats. Entre la diversión y la subversión“, in: *Revista iWorld* 29, pp. 42-50., online: http://www.cibersociedad.net/archivo/articulo.php?art=27 (29.07.2011).

Mayans i Planells, Joan (2000b): „Coses dites, coses fetes. Distincions i matisos per al bastiment de sociabilitats online“, online: http://www.ub.edu/lincat/cmo-cat/mayans.htm (29.07.2011).

Meisenburg, Trudel (1996): *Romanische Schriftsysteme im Vergleich. Eine diachrone Studie*, Tübingen: Narr (ScriptOralia, 82).

Morala, José R. (2001): „Entre arrobas, eñes y emoticones“, online: http://congresosdelalengua.es/valladolid/ponencias/nuevas_fronteras_del_espanol/4_lengua_y_escritura/morala_j.htm (29.07.2011).

Nübling, Damaris (2006): *Historische Sprachwissenschaft des Deutschen. Eine Einführung in die Prinzipien des Sprachwandels*, Tübingen: Narr.

Pano, Ana (2008): *Dialogar en la Red. La lengua española en chats, e-mails, foros y blogs*, Bern u.a.: Peter Lang.

Salvador, Greogorio/Lodares, Juan R. (2001): *Historia de las letras*, Madrid: Espasa Calpe.

Santillán, Elena (2009): *Digitale Jugendkommunikation in der Informationsgesellschaft*, Wien: Praesens (Beihefte zu „Quo vadis, Romania?“, 38).

Sarmiento, Ramón/Vilches, Fernando (Hrsg.) (2009): *La calidad del español en la Red. Nuevos usos de la lengua en los medios digitales*, Madrid/Barcelona: Fundación Telefónica/Editorial Ariel.

Schlobinski, Peter (2001): „*knuddel - zurueckknuddel - dich ganzdollknuddel*. Inflektive und Inflektivkonstruktionen im Deutschen“, in: *Zeitschrift für Germanistische Linguistik* 29/2, pp. 192-218.

Shirai, Hiromi (2006): „Kawaicons: Emoticons im japanischen Chat (?_?)“, online: http://www.mediensprache.net/de/websprache/chat/emoticons/kawaicons.aspx (29.07.2011).

Storrer, Angelika (2001a): „Sprachliche Besonderheiten getippter Gespräche. Sprecherwechsel und sprachliches Zeigen in der Chat-Kommunikation“, in: Beißwenger, Michael (Hrsg.): *Chat-Kommunikation. Sprache, Interaktion, Sozialität & Identität in synchroner computervermittelter Kommunikation; Perspektiven auf ein interdisziplinäres Forschungsfeld*, Stuttgart: Ibidem, pp. 3-24.

Storrer, Angelika (2001b): „Getippte Gespräche oder dialogische Texte? Zur kommunikationstheoretischen Einordnung der Chat-Kommunikation“, in: Lehr, Andrea/Kammerer, Matthias et al. (Hrsg): *Sprache im Alltag. Beiträge zu neuen Perspektiven in der Linguistik*, Berlin/New York: de Gruyter, pp. 439-465.

Thaler, Verena (2003): *Chat-Kommunikation im Spannungsfeld zwischen Oralität und Literalität*, Berlin: Verlag für Wissenschaft und Forschung.

Diskursmarker und Interjektionen in spanischen SMS

Nadine Rentel (Zwickau)

Regarding the linguistic analysis of SMS messages, we still state a lack of empirical studies, concerning to a special extent Romance languages. Furthermore, linguistic studies have mostly been focused on the description of formal and structural characteristics of SMS and not on the pragmatic dimension of this form of communication. This paper tries to close this gap by taking into account communicative and pragmatic issues of Spanish SMS communication. The central question is to know how frequently selected discourse markers and interjections are used in order to achieve certain communicative aims. Our research interest is motivated by the fact that often characteristics of oral communication manifest themselves in SMS, especially in private and informal messages that show a high degree of emotional involvement. The study is based on a large, multilingual corpus of SMS, comprising more than 800 000 messages that have been composed at the computer and then transferred via a server to the addressees' mobile phones.

1 Einleitung

Der Versand von Kurznachrichten von Mobiltelefonen (SMS = *Short Message Service*) erfreut sich europaweit einer ständig wachsenden Beliebtheit und hat, insbesondere bei der jungen Generation, die Sprachtelefonie als primäres Nutzungsmotiv des Handys abgelöst (vgl. Hillebrand 2010a, 13).[1] Aktuelle Prognosen gehen davon aus, dass SMS mindestens bis zum Jahr 2013 weltweit der dominierende mobile Dienst bleiben werden, noch vor MMS, dem Instant Messaging und dem mobilen Internet. Seit ungefähr einem Jahrzehnt widmen sich

---

1 Ursprünglich haben die Mobilfunkunternehmen Kurznachrichten versandt, um die Kunden über einen entgangenen Anruf oder eine Sprachnachricht auf der Mailbox zu informieren. Der Erfolg als interpersonelle Kommunikationsform war weder geplant noch vorhersehbar (vgl. Anis 2007, 87; Hillebrand 2010b, 18; Hillebrand 2010c, 126; Höflich/Gebhardt 2005, 11; Pistolesi 2004, 188). Aufgrund der begrenzten Zeichenanzahl und der unbequemen Eingabemodalität über die Handytastatur gingen die Anbieter nicht davon aus, dass die Kunden den Versand einer SMS einem Telefonat vorziehen würden. Die Einrichtung des SMS-Versands als primärer Dienst erfolgte in 1992 (vgl. Hillebrand 2010c, 126). Aus einem „technischen Abfallprodukt wurde so unvermutet eine neue Form der Kommunikation und eine lukrative Einnahmequelle für die Netzbetreiber." (Baku 2004, 16).

unterschiedliche Wissenschaftsdisziplinen der Erforschung der SMS-Kommunikation; unterscheiden lassen sich in diesem Zusammenhang soziologische, technische und sprachwissenschaftlich ausgerichtete Perspektiven (für einen Forschungsüberblick vgl. Thurlow/Poff 2011, 2ff.). Den frühen sprachwissenschaftlichen Analysen gemein ist jedoch das Fehlen einer empirischen Grundlage. Insbesondere die romanischen Sprachen (vgl. für das Italienische die Arbeiten von Pistolesi 2004; Ursini 2005; Spagnolli/Gamberini 2007; für das Spanische vgl. z.B. Betti 2006) sind empirisch bislang noch nicht hinreichend erforscht (für das Französische vgl. Anis 2007 sowie Fairon u.a. 2006). Weiterhin stehen Untersuchungen, die den Sprachgebrauch in SMS in verschiedenen Sprachen systematisch miteinander vergleichen, noch aus (vgl. Rivière/Licoppe 2005 für das Französische und Japanische; vgl. Desjeux 2005 für das Französische, Polnische und Chinesische).

Bislang ist es in der sprachwissenschaftlichen Forschung, die sich primär der Analyse sprachlich-struktureller Charakteristika von Kurznachrichten gewidmet hat, ein Desiderat, die pragmatische Dimension von SMS empirisch zu beschreiben. Der vorliegende Beitrag widmet sich daher der Frage, mit welcher Häufigkeit und zum Erreichen welcher kommunikativen Ziele Diskursmarker und Interjektionen in spanischen SMS verwendet werden. Motiviert ist die Fragestellung durch die empirisch nachzuweisende Tatsache, dass SMS Merkmale konzeptioneller Mündlichkeit aufweisen, insbesondere privat-informelle SMS, die sich durch einen hohen Grad an Emotionalität auszeichnen. Zugleich ist die Kommunikationsform aufgrund technischer Restriktionen jedoch einer gewissen Kürze verpflichtet, so dass den Interaktionspartnern enge Grenzen hinsichtlich der kreativen und rezipientenorientierten Gestaltung ihrer Botschaften gesetzt sind. Das Spannungsfeld von Reduktion und Kreativität auf der pragmatischen Ebene von SMS näher zu betrachten ist somit Ziel dieses Beitrags. Zugunsten einer detaillierten Diskussion der spanischen Beispiele wird auf eine dezidiert kontrastiv ausgerichtete Präsentation von Daten der weiteren romanischen Teilkorpora verzichtet. An relevanten Stellen im Text wird jedoch auf quantitative Ergebnisse für das Italienische und das Französische verwiesen.

Der Studie liegt ein mehrsprachiges Korpus von insgesamt über 800.000 Kurznachrichten zugrunde, die von den Nutzern am Computer geschrieben und über einen Server an Mobiltelefone weiter geleitet wurden. Neben dem Spanischen enthält das Korpus weitere europäische Sprachen (Deutsch, Italienisch, Spanisch, Niederländisch, Polnisch, Rumänisch, etc.). Der Gesamtumfang sowie die Sprachenzusammensetzung des Korpus stellen eine bislang einmalige Datensammlung im Kontext der SMS-Forschung dar, auf deren Basis systematische, vergleichende Studien möglich sind.

Einleitend erfolgt eine kurze Diskussion der kommunikativen Rahmenbedingungen der SMS-Interaktion, bevor das Korpus und die verwendete Abfragemethodik präsentiert werden. An diese theoretischen Überlegungen schließt sich die Darstellung zentraler Ergebnisse der empirischen Analyse an, die anhand von Beispielen aus dem Korpus illustriert wird.

2 Kommunikative Parameter von SMS

SMS lassen sich der computervermittelten Interaktion bzw. Kommunikation (*CMC = computer mediated communication*) zuordnen, da ein technisches Medium, in diesem Fall das Mobiltelefon, in den Prozess der Kommunikation zwischengeschaltet wird.

Nicht ganz unproblematisch ist die Klärung der Frage, ob SMS als *Textsorte* oder als *Kommunikationsform* bezeichnet werden müssen. Zwar beziehen sich beide Bezeichnungen auf Teilmengen von Texten, die man hinsichtlich der Ähnlichkeit ausgewählter kommunikativer Parameter klassifizieren kann. Der Unterschied besteht jedoch darin, dass Kommunikationsformen polyfunktional sind (vgl. z.B. privat-informelle versus geschäftliche versus massenmedial-öffentliche Werbe-SMS), während der (textexternen) Klassifizierung von Textsorten in der Regel eine dominierende kommunikative Funktion zugrunde liegt (Ziegler 2007, 21). Unter Kommunikationsformen werden also virtuelle Konstellationen von strukturellen bzw. semiotischen Merkmalen verstanden, die in der Textlinguistik zur externen bzw. situativen Dimension einer Textsorte gerechnet werden (vgl. hierzu im Detail Dürscheid 2005, 7ff.). Kriterien der Abgrenzung sind der Zeichentyp, die Kommunikationsrichtung, die Kapazität des Mediums,[2] die Zeitlichkeit (synchrone versus asynchrone Kommunikation) und die Anzahl der Kommunikationspartner:

> Das Medium Mobiltelefon ermöglicht die Kommunikationsformen Telefonat (medial mündlich) und Short Message Service (medial schriftlich). Die Kommunikationsform SMS ist dialogisch, asynchron und individuell (1:1), findet also zwischen einzelnen Kommunikationspartnern statt (Androutsopoulos/Schmidt 2002, 51).

2 Zur theoretischen Abgrenzung von Medium (hier: das Mobiltelefon bzw. der Computer) und Kommunikationsform (hier: die SMS) vgl. u.a. Dittmann/Siebert/Staiger-Anlauf 2007, 7ff. und Ziegler 2007, 21.

Zentrale kommunikative Parameter, die die Kommunikationsform SMS kennzeichnen (und diese als technisch vermittelte Kommunikation von der *face-to-face*-Kommunikation abgrenzen[3]), sind die folgenden:

- Zeichentyp: Medial schriftliche Realisierung (Einschränkungen nonverbaler und paraverbaler Ausdrucksmöglichkeiten)
- Kommunikationsmedium: Mobiltelefon (komplizierte Eingabe über die Handytastatur) bzw. für das untersuchte Korpus der Computer; Begrenzung auf 160 Zeichen für eine einzelne Nachricht
- Zeitliche Dimension: Asynchronizität[4]
- Räumliche Dimension: Distanz
- Kommunikationsrichtung: Dialogizität
- Anzahl der Kommunikationspartner: *One-to-one*-Kommunikation bzw. Individualität;[5] Informalität und Vertrautheit (die Kommunikationspartner teilen einen gemeinsamen Wissenskontext; vgl. Anis 2007, 94); daraus resultieren Manifestationen konzeptioneller Mündlichkeit (nach Koch/Oesterreicher 1990)

Private SMS werden zwischen einzelnen Kommunikationspartnern ausgetauscht, die einander kennen (Hård af Segerstad 2005, 38). Während des Produktions- bzw. Rezeptionsprozesses ist, anders als im Chat, aufgrund der Asynchronizität und der fehlenden räumlichen Ko-Präsenz der Kommunikationspartner, keine direkte Interaktion möglich (vgl. Anis 2007, 91): „[...] the asynchronicity allows the writers time to compose and edit messages before sending

3 Die Abgrenzung der SMS-Kommunikation zum Telefongespräch erfolgt über die Kriterien des Zeichentyps (medial schriftlich versus mündlich) und der Zeitlichkeit (asynchron versus synchron).

4 Der Aspekt der Synchronizität kann kontrovers diskutiert werden, da in der Realität unterschiedlich ausgeprägte Konstellationen vorliegen können. Die SMS-Kommunikation erreicht aufgrund der technischen Beschränkungen niemals den völligen Grad der Synchronizität wie die face-to-face-Kommunikation oder das Stadium der Quasi-Synchronizität wie die Chat-Kommunikation, bei der der Kommunikationspartner die (medial schriftliche) Sprachproduktion auf dem Bildschirm verfolgen kann. Jedoch kann das zeitliche Intervall zwischen einer SMS und der darauf folgenden Antwort sehr kurz sein und den Charakter eines SMS-„Gesprächs“ bzw. eines synchronen Dialogs haben. Andererseits ist es möglich, dass aufgrund technischer Verzögerungen oder Zeitmangel des Rezipienten der asynchrone Charakter verstärkt wird.

5 Dies schließt nicht aus, dass eine SMS an mehrere Kommunikationsteilnehmer adressiert bzw. von mehreren Personen rezipiert wird. Umfragen ergeben jedoch, dass sich die private SMS-Kommunikation in den meisten Fällen auf zwei Kommunikationspartner beschränkt.

them, and the communication does not require immediate response like spoken interaction.“ (Hård af Segerstad 2005, 34). Direkte Nachfragen seitens des Empfängers sind nicht möglich, das Feedback hinsichtlich Form und Inhalt der SMS erfolgt zeitlich verzögert und bezieht sich auf die fertige Nachricht (vgl. Pistolesi 2004, 16). Diese kommunikativen Rahmenbedingungen sind für den Gebrauch von Diskursmarkern und Interjektionen grundlegend, wie im Folgenden anhand quantitativer und qualitativer Ergebnisse gezeigt wird.

Für das untersuchte Korpus von SMS, die vom Computer aus verschickt wurden, unterscheiden sich hinsichtlich der kommunikativen Parameter lediglich das Medium und damit verbunden die Eingabemodalitäten vom Versand einer SMS vom Mobiltelefon aus. Die spezifischen medialen Rahmenbedingungen können dabei zu Unterschieden in der sprachlichen Gestaltung der Nachrichten führen.[6]

3 Kommunikative Funktionen von SMS

Einschlägige Studien zu unterschiedlichen Einzelsprachen kommen aufgrund von Umfragen zu dem Ergebnis, dass privat-informelle SMS in erster Linie emotional-affektive, phatische oder handlungsorientierte Funktionen (Organisation des Alltags, Treffen und Bestätigen von Verabredungen, sich melden in Momenten der Langeweile, etc.) erfüllen. In den meisten Fällen werden SMS also versendet, um Alltagsaktivitäten zu koordinieren und um soziale Beziehungen aufrecht zu erhalten (vgl. Hård af Segerstad 2005, 38):

> Text messaging is typically dedicated to satisfying immediate or short-term communicative aims – maintaining a link with friends and loved ones and coordinating physical interaction, such as making an appointment or planning a meeting or a shared activity. In contrast with vocal mobile communication, the discretion and noninvasiveness of an asynchronous written medium allows for quite intimate content (Anis 2007, 94).

Döring legt die primäre Funktion der Kommunikationsform SMS ebenfalls auf den Bereich der Beziehungspflege fest:

> [...] dass die private Kontakt-Pflege durch Grüße, Glückwünsche und Verabredungen eine besonders wichtige Funktion der SMS-Kommunikation darstellt. Insbesondere Flirt und Liebesgrüße werden in den Umfragen hervorgehoben. [...] Der infor-

---

6 [...] SMS/MMS via mobile phones [...] [and] Internet-SMS/MMS underlie different conditions which inevitably influence the composition of the messages. The computer keyboard, for instance, makes typing much more comfortable than a mobile phone keypad and thus reduces the necessity to shorten words.” (Frehner 2008, 28).

> melle Austausch mit emotional/expressiv/emphatisch positiver Tönung scheint insgesamt zu dominieren (Döring 2002, 119).

Ein entscheidender Vorteil von SMS gegenüber der Sprachtelefonie liegt dabei in der größeren Diskretion des Versands von Kurznachrichten (vgl. Rivière/Licoppe 2005, 104). Insbesondere, wenn Gefühle ausgedrückt werden sollen, erlaubt die Kommunikationsform SMS, das Gesicht zu wahren, da der Sender nicht unmittelbar mit der Reaktion seines Gesprächspartners konfrontiert wird:

> Compared to a phone conversation that implies direct contact and a confrontation with the reactions of the other person, mobile message writing is perceived [...] as a medium that can free the author from many inhibitions and modesties, [...]. Most forms of writing facilitate the expression of emotions because there is no direct trial of such expression as there is in dialogic interaction through the immediate response of the interlocutor (Rivière/Licoppe 2005, 120).

Zudem müssen bei der SMS-Kommunikation, anders als beim Telefonat, die Konventionen zur Beitragseröffnung und Gesprächsbeendigung in geringerem Maße beachtet werden (vgl. Fairon/Klein/Paumier 2006, 5).

4 Das Korpus

Im Dezember 2005 wurden von einem Internetanbieter während eines Zeitraums von 24 Stunden sämtliche SMS von Nutzern aufgezeichnet, die am Computer verfasst und anschließend gratis über das Internet an Mobiltelefone weitergeleitet wurden. Das Korpus ist mehrsprachig und enthält insgesamt 800.313 SMS in unterschiedlichen Einzelsprachen. Davon entfällt mit 658.640 (82,3%) der Großteil auf das Deutsche, am zweithäufigsten (29.484; 3,7%) sind auf Englisch verfasste SMS nachzuweisen. Auf Italienisch wird in 11.105 Fällen (1,4%), auf Französisch 1.780 Mal (0,22%) und auf Spanisch 1.229 Mal (0,15%) kommuniziert.

Aufgrund der großen Datenmenge und der Vielzahl der im Korpus enthaltenen Einzelsprachen handelt es sich um eine bislang einzigartige Datensammlung authentischer SMS, die unter identischen und damit uneingeschränkt vergleichbaren kommunikativen Rahmenbedingungen verfasst wurden. Nicht nur sind somit erstmals systematische Analysen zum Sprachgebrauch in SMS auf der Basis großer, mehrsprachiger Datenmengen möglich, sondern das Korpus erlaubt es, die sprachlichen Phänomene in vom Computer versandten SMS gezielt unter kontrastiver Perspektive zu analysieren. Dies war bisher ein Desiderat in der Forschung (vgl. Thurlow/Poff 2011, 4).

Im Rahmen des internationalen Forschungsprojekts *SMS for Science,* das seit 2004 vom Zentrum für maschinelle Sprachverarbeitung der Katholischen Universität Louvain koordiniert wird (vgl. dazu Fairon u.a. 2006), werden der linguistischen Analyse erstmals größere Mengen an vom Mobiltelefon versandten SMS zugrunde gelegt. Jedoch bestehen einige methodische Probleme hinsichtlich des Forschungsdesigns. So kann z.B. die Tatsache, dass die Probanden ihre SMS an eine eigens zu diesem Zweck eingerichtete Gratisnummer weiterleiten sollen und somit über die wissenschaftliche Zielsetzung der Datensammlung in Kenntnis gesetzt sind, die Spontaneität bei der Textproduktion beeinflussen.

Da die Verfasser der SMS im untersuchten Korpus nicht über die wissenschaftliche Auswertung ihrer Sprachproduktion informiert waren, kann ein hoher Grad an Spontaneität bei der Sprachproduktion und somit an Repräsentativität der Daten vorausgesetzt werden. Dies lässt die kommunikative Abhandlung eines breiten Themenspektrums und den Gebrauch vielfältiger sprachlicher Strategien erwarten. Ein Nachteil besteht darin, dass keine demographischen Daten der Nutzer vorliegen.

Eine weitere Besonderheit des Analysekorpus betrifft den Redaktionsprozess der untersuchten SMS: da diese vom Computer (und somit mit Hilfe der Computertastatur) aus versandt wurden, unterscheiden sich die Eingabemodalitäten (und daraus resultierend die sprachliche Form) von Nachrichten, die am Mobilgerät verfasst werden.

5 Die Analysemethode

Bevor eine gezielte Abfrage des Korpus nach ausgewählten Fragestellungen, hinsichtlich der behandelten Kommunikationsinhalte oder des Sprachgebrauchs, möglich war, mussten die im Korpus enthaltenen Einzelsprachen identifiziert werden. Zu diesem Zweck wurden unterschiedliche lexikalische Ressourcen genutzt, z.B. Wörterbücher aus Open Office, SWADESH-Wortlisten, Frequenzwörterbücher und Korpora der gesprochenen Sprachen. Im Rahmen des *Tokenizing* wurden die SMS eingelesen und in die einzelnen Wörter (*tokens*) zerlegt; im Anschluss wurden mit Hilfe des Analyseskripts, auf der Basis der enthaltenen Wörterbuchressourcen, diese einzelnen *Tokens* abgefragt und zu einer Einzelsprache zugeordnet, sofern das Wort in der Wortliste vorhanden war. Die Wortlisten wurden nach mehreren Testläufen für das Analysekorpus optimiert, wobei nach manueller Durchsicht einzelner Auszüge und Trefferlisten Ergänzungen vorgenommen wurden. Die größte methodische Schwierigkeit bestand in der Tatsache, dass zentrale lexikalische Einheiten in mehreren Sprachen vorkommen können (dies betrifft insbesondere die Abgrenzung der romanischen Sprachen zueinander), wie z.B. Präpositionen, Artikel, Pronomina, etc. Um dieses Problem zu lösen und um die Zuordnung zu einer Sprache vornehmen zu können, wurde ein kritischer Wert von mindestens 40% der in einer SMS enthaltenen Wörter festgelegt. Zusätzlich musste der Prozentsatz von *Tokens*, die einer Sprache zugeordnet wurden, höher sein als jegliche Anteile anderer Sprachen, die in einer SMS auftreten.

In einem zweiten Schritt wurden mit Hilfe der Python-Bibliothek *National Language Toolkit* (NLTK) Analyseskripte erstellt, deren Ziel die Quantifizierung ausgewählter sprachlicher Phänomene war. Persönliche Informationen (Adressen, Telefonnummern, Bankdaten, etc.) wurden mit einer speziellen Analysesoftware im Vorfeld der Abfragen gelöscht, um die Anonymität der Daten sicherzustellen.

6 Funktionen von Diskursmarkern und Interjektionen in spanischen SMS

In der gesprochenen Kommunikation verleihen Sprecher mit Hilfe von Diskursmarkern und Interjektionen ihrer Position hinsichtlich der behandelten Inhalte bzw. bezüglich ihres Kommunikationspartners sprachlich Ausdruck. Aufgrund des hohen Grads an Dialogizität in SMS und der starken emotionalen Involviertheit sowie der Vertrautheit der Interaktionspartner lassen sich diese Ausdrucksressourcen auch in dieser medial schriftlich, jedoch konzeptionell mündlich geprägten Kommunikationsform nachweisen: In 14% der untersuchten spanischen SMS verwenden die Sprecher Diskursmarker und Interjektionen. Dieses quantitative Ergebnis deutet auf einen sprachenübergreifend (im Vergleich zum Italienischen und zum Französischen) ähnlich häufigen Gebrauch von Gesprächswörtern in SMS hin. Im gesamten romanischsprachigen Korpus treten im Italienischen in 15% aller SMS Diskursmarker und Interjektionen auf, während sich im französischen Teilkorpus 19% aller Nachrichten durch deren Verwendung auszeichnen. In den folgenden Abschnitten soll der Frage nachgegangen werden, welche Gesprächswörter im Spanischen besonders häufig verwendet werden und anhand ausgewählter Beispiele aus dem Korpus erläutert werden, welche kommunikativen Funktionen sie erfüllen.

6.1 Die Diskursmarker ahora, pero und bueno

Die am häufigsten verwendeten Diskursmarker im Spanischen sind *pero* (29%), *bueno* (17%) und *ahora* (15%). Der Diskursmarker *ahora* öffnet, wenn er zu

Beginn der Nachricht auftritt, in der Regel den Kommunikationskanal und leitet die nachfolgende Äußerung ein (Beispiel (1)). Dies gilt vor allem bei Fragen nach dem allgemeinen Befinden und nach aktuellen Aktivitäten des Kommunikationspartners. *Ahora* fungiert aber auch als Beendigungssignal im Rahmen eines SMS-Dialogs (Beispiel (2)), häufig in Kombination mit expliziten Formeln der Verabschiedung.

1) Churri **ahora** te escribo un mail, vale?. No te emborraches con ese vino caliente, eh?.SBs.Patricia

2) Hola Hermer.Como estas,me puedes hacer un favor.Mandar me tu E-mail.Tengo tambien una. XXX **Ahora** chao Petra

Durch die Diskurspartikel *pero* schließt der Sender häufig an einen vorhergegangenen Redebeitrag an (Beispiel (3)) oder leitet einen Themenwechsel ein (Beispiele (4) und (5)). *Pero* kann auch einen emotional stark aufgeladenen Redebeitrag einleiten; in Beispiel (6) drückt der Interaktionspartner, nach der Interjektion *ay,* seine Zuneigung gegenüber der Empfängerin der SMS aus. Ebenso kann *pero*, in Kombination mit dem Adverb *bien,* einen Gesprächsbeitrag abschließen (Beispiel (7)).

3) **pero** por si no nos vemos te deseo uns felices navidades y prospero a~no nuevo.

4) Hola!Esta tarde estoy liadisima con el trabajo! **Pero** quizas mañana me pase por ahi!Te lo confirmo.Un besote y si ves a Rocio por ahi,se lodices.Elen

5) Si, todo va bien. Estoy todavía en Nerventure, porque hay que acabar un proyecto. **Pero** entonces manyana no voy a venir. Nos vemos a las 22:30

6) Ay!**pero** q gracioso eres!Mira q caerte de una silla estando sentado...;-).Ahora t escribo un mail.Mientras t mando un besote:Muac.Patri

7) Hola mi REicito lindo,te extranio y tu no me paras bolas,cuando nos vemos,me tienen jodida y aparte enyesada de una mano y enferma.**pero** bien.:)Liz

Ähnlich wie die bereits besprochenen Diskursmarker kann das Gesprächswort *bueno*, abhängig vom Kontext, mehrere Funktionen innehaben. Zumeist gegen Ende einer Nachricht, aber auch zu deren Beginn (in den Fällen, in denen die SMS ausschließlich dem kommunikativen Aushandeln der Beendigung der Interaktion dient), kann der Diskursmarker *bueno* sprachlich signalisieren, dass der SMS-Dialog in seine Endphase eingetreten ist (Beispiele (8) bis (11)). Dies wird in einigen Belegen durch weitere sprachliche Strategien explizit markiert, z.B. durch die Affirmation *eso es todo* in Beispiel (11) oder durch das performative *te dejaré* in Beleg (10):

8) hola juanqui , no te olvides manana , yo te mando un mensaje , **bueno** FELIZ NAVIDAD a todos Oki [PIBE]

9) Ciao Rubio! Gracias por tu sms!! :) No sé que haré por la noche vieja! Mi novia tiene que trabajar y yo?!**bueno**, veremos! He pensado bajar a Roma...

10) **Bueno** te dejaré por hoy - quizas podemos hablar sobre esto! Si no, no pasa nada porque estoy tambien feliz de hacer nada especial! Saludos Heiko :)

11) ... y lo mejor sería que quedaré en casa - sin hacer nada (solo encontrarme). Katja tiene que trabajar!! **Bueno** eso es todo-escribeme pronto-Heiko:)

Der Diskursmarker *bueno* öffnet, ebenso wie *ahora,* den Komunikationskanal (Beispiele (12) und (13)), entweder in Initialstellung oder nach der Begrüßung des Kommunikationspartners, und hat in diesen Fällen primär phatischen Wert:

12) **Bueno** normalmente te queria comprar una cosita pero al ver mi Contoauszug me asuste asi que tendre que esperar hasta que me llegue el dinero

13) Hola chileno! **Bueno** espero q hayas llegado bien. Y mira bien tu equipaje antes de meterlo entero en la lavadora sin mirar! No te enfades! Besote

In den Belegen (14) und (15) hingegen signalisiert der Sender durch den Gebrauch von *bueno,* dass ein im Verlauf der Interaktion behandeltes Thema abgeschlossen ist und eine neue Thematik eingeführt wird:

14) apuntate mi n. de tel. XXX para la proxima! **Bueno**, y q tal va la messe? interesante? ya me contareis SUERTE Cova

15) hola mi amor, no me querias escribir? **bueno** estoy esperando que me llames. me encantaria de volver a hablar con tigo. Agustin

6.2 Der Diskursmarker okay

Der Diskursmarker *okay* bzw. *ok* fungiert im untersuchten spanischen Korpus häufig als Sprechersignal und wird mit der Intention eingesetzt, ein Feedback seitens des Empfängers der SMS hervorzurufen. In den Beispielen (16) bis (18) soll der Interaktionspartner durch den Gebrauch von *ok* zu einer Reaktion bezüglich des Fortführens der Interaktion (z.B. per SMS (*mandame un mensaje al telefono para saberlo, ok?*)) bewegt werden. In Beispiel (16) macht der Sender durch die Frage nach dem Aufenthaltsort der Interaktionspartner (*donde estais????*) deutlich, dass er unter der kommunikativen Absenz leidet und diese durch den Austausch von SMS zu beheben sucht (*mandadme un mensaje y voy ahora, OK???*). Entsprechend emotional aufgeladen ist seine Bitte um den Versand einer Nachricht, was sich auf typographischer Ebene durch die Großschreibung und den Gebrauch mehrerer Fragezeichen manifestiert:

16) Donde estais????Mandadme un mensaje y voy ahora,**OK???**AMAIA

17) Hola churri!ya estoy de nuevo en el trabajo!!Mi garganta está fatal, no puedo ni hablar!Hoy t mando postal de Salamanca,**ok?**.SBs.Patricia

18) Chico,salió todo bien con el carnet del coche?Mandame un mensaje al telefono para saberlo,**ok?**o dime a que hora te examinas,SUERTE,Jose Carlos.

In den meisten Fällen, in denen durch den Gebrauch von *ok* das Einholen eines Hörer-Feedbacks intendiert wird, wird dieses am Ende der SMS, vor der Eigenidentifizierung des Senders und einer eventuell erfolgenden Verabschiedung, platziert. Der Diskursmarker kann jedoch auch in der Mitte der Nachricht auftreten, wenn, wie in Beispiel (18), ein Alternativvorschlag angeschlossen wird: der Interaktionspartner wird zunächst gebeten, eine Information per Kurznachricht zu übermitteln (*mandame un mensaje al telefono para saberlo, ok?*), bevor der Sender ihn im Anschluss auffordert: *o dime a que hora te examinas.*

Neben der Bitte um eine Reaktion seitens des Interaktionspartners mit dem übergeordneten Ziel, die kommunikative Distanz durch den Versand einer SMS zu überwinden, wird der Diskursmarker *ok* im spanischen Korpus eingesetzt, um Vorschläge des Senders hinsichtlich eines Treffens zu ratifizieren (*nos vemos el lunes, ok?* in Beispiel (19)):

19) Hola Diego, soy Pilar.Q tal Atenas?Espero q lo pases de muerte.Ya te borre de la lista.Nos vemos el lunes, **ok?** Muchos besos, Pilar

Der Empfänger kann, zumeist zu Beginn der Nachricht, seine Einstellung bezüglich der Inhalte der vorhergegangenen SMS kommunizieren und verwendet *ok* als Hörersignal, wenn er den Vorschlägen seines Interaktionspartners gegenüber positiv eingestellt ist (Beispiele (20) und (21)):

20) **ok**, de acuerdo. A las 17:45 en la tienda de vinos, de ahi me voy inmediatamente donde Bille.

21) **ok!** Cuando llegas justo? Creo que cogeremos el autobus de las 23:11, si no estas te mando un mensaje con el numero de la casa. Un beso, LAdis

In Beleg (20) wird das Einverständnis des Senders durch den Zusatz *ok, de acuerdo* sprachlich doppelt kodiert.

Aufgrund seiner Polyfunktionalität kann der Diskursmarker *ok* ebenfalls eine Gesprächsbeendigung signalisieren.

22) hola soy chito como estas y saludos para todos **ok** chao

In Beleg (22) folgt dem Diskursmarker die explizite Verabschiedung *chao.*

6.3 Der Diskursmarker oye

Eine explizite Empfängerorientierung liegt weiterhin dem Gebrauch des Diskursmarkers *oye* zugrunde, der in den meisten Belegstellen dazu dient, zu Beginn der SMS (in Initialstellung oder nach der Anrede des Interaktionspartners) die Aufmerksamkeit des Kommunikationspartners auf den nachfolgenden Kommunikationsinhalt zu lenken. Im Unterschied zur *face-to-face*-Kommunikation, wo der Diskursmarker *oye* bei parallelem Sprechen die Funktion des *Turn*-Übernahme-Signals haben kann, fällt dies in der SMS-Kommunikation aufgrund der Asynchronizität des Austauschs weg:

23) **oye**, cuidateme mucho, **eh**? pofabo! hoy vino J, hubo bungabunga y si t he visto no macuerdo. Es precioso, mu romantico, da asco.

24) **Oye**,que no vamos a ver la peli.Tenemos que cenar todavia,y llevamos en la uni desde las 12:00.Ya se que me vas a echar de menos:has de ser dura!

25) **oye**,estamos en casa de los padres de Micha pero para las 9,estamos ya en casa asi que,ya sabeis,os esperamos, besitos a los 2, Tania

26) Hola Angel! **oye** no voy a poder ir porque estoy cansadaso y tengo que estudiar un huevo. Diviertanse nomas y ya sera para la porxima. Chau. Carlos

In Beispiel (26), in dem *oye* nicht in absoluter Initialstellung, sondern nach der namentlichen Anrede des Empfängers steht, wird ein unangenehmer Sachverhalt eingeleitet: Der Sender teilt mit, dass er entgegen einer früher erfolgten Verabredung nicht am vereinbarten Treffen teilnehmen kann (*oye no voy a poder ir porque estoy cansadaso [...]*).

6.4 Interjektionen

Beim Gebrauch von Interjektionen steht der Ausdruck von Emotionen des Sprechers hinsichtlich seines Kommunikationspartners (Affektivität) oder hinsichtlich des Gesprächsgegenstandes (Expressivität) im Zentrum. Interjektionen können eine Bandbreite von Funktionen übernehmen, so z.B. Aufforderung und Frage, Zustimmung und Ablehnung, positive und negative Bewertungen, Gefühle wie Schmerz, Trauer, Empörung, Überraschung, Freude etc. ausdrücken. Dadurch fördern sie die Dialogizität der Kommunikation, sind jedoch nur bei Vertrautheit der Partner und starker Situationseinbindung (diese kommunikativen Parameter können in der privat-informellen SMS-Interaktion als gegeben vorausgesetzt werden) kommunikativ akzeptabel. Anders als in der *face-to-face*-Kommunikation, wo Interjektionen in der Regel zusammen mit intonatorischen sowie gestisch-mimischen Ausdrucksmitteln auftreten, fallen non- und parasprachliche Ausdrucksressourcen aufgrund der Asynchronizität in der SMS-Kommunikation weg.

Die im untersuchten spanischen Korpus am häufigsten verwendete Interjektion ist *ah,* durch deren Gebrauch die Interaktionspartner, abhängig vom sprachlichen Kontext, vielfältige Einstellungen und Befindlichkeiten sprachlich deutlich machen können. Während der Sender in Beispiel (27) seine Freude bzw. Zufriedenheit bezüglich eines in der unmittelbaren Vergangenheit liegenden Ereignisses (*ah, es q me encanta haber hecho este concierto*) äußert, wird in Beleg (28) Überraschung ausgedrückt (zusätzlich verstärkt anhand der Interpunktion). Dem Sender war entfallen, dass für freitags ein Trainingstermin angesetzt ist (*ah, el viernes hay entrenamiento!?*):

27) DIGO Q SE LO DEBO TODO A SARETA, Q CONFIA EN MI. **AH**, ES Q ME ENCANTA HABER HECHO ESTE CONCIERTO: ME HA DESPERTADO. EL VIDEO HA SALIDO MUY BIEN!

28) ...es de un amigo q vive con su novia y lo veo siempre asiq cualquier recado ahi me llega altiro,**ah**,el viernes hay entrenamiento!? a q hora!? Tobi

29) **Ah!**,sabes que?Pues hoy voy a ver las fotitos!!.T mandaré alguna copia,vale?(bueno depende d como salga yo,claro;-).Muac.Patricia

Die starke, positive emotionale Involviertheit der Senderin, die die Vorzüge ihres neuen Kollegen beschreibt, wird in Beleg (30) durch den zweifachen Gebrauch der Interjektion *ay* deutlich:

30) **ay**.... acaba de llegar un sudamericano a la ofi..que mono, super mono..super simpatico..**ay** lurgo te cuento, me ha dicho q me vaya a MIAMI.mola Peg

31) Bueoo, esto si que es un bombardeo de mensajes **eh**¡¡ que tengas buena noche y buen dia mañana. Muchos besos. Manolo

In Beispiel (32) schließlich wird der Erschöpfungszustand des Senders anhand der Interjektion *uf* anschaulich kommuniziert:

32) **uf**, pues no se, que me tengo que ir rapido. Lo intento otra vez y si no hay suerte maniana lo leo. einverstanden, Willy? pues eso. Maya

6.5 Resümee

Die empirische Analyse zeigt, dass in SMS eine im Vergleich zur *face-to-face*-Kommunikation spezifische Verwendung von Diskursmarkern und Interjektionen vorliegt. Dies resultiert in erster Linie aus den kommunikativen Parametern (insbesondere aus der Asynchronizität und der medial schriftlichen Realisierung), hinsichtlich derer sich die SMS-Kommunikation vom mündlich realisierten Gespräch unterscheidet. Entgegen der spontanen, gesprochensprachlichen Kommunikation ist es in der asynchronen SMS-Kommunikation beispielsweise nicht nötig, einen Redebeitrag (*turn*) zu erkämpfen und dies sprachlich zu signalisieren. Somit kommt es, anders als in der *face-to-face*-Interaktion, nicht zu Überlappungen und Unterbrechungen (vgl. Günthner 2011, 16). Ebenso ist ein redebegleitendes Hörer-Feedback, mittels dessen der Rezipient seine Aufmerksamkeit signalisiert, aufgrund der räumlichen und zeitlichen Distanz obsolet (vgl. Pistolesi 2004, 239). Diskursmarker, die der Reformulierung oder Selbstkorrektur dienen, treten ebenfalls nur in Ausnahmefällen auf, da die SMS erst abgeschickt wird, wenn sie fertig ist – der Produktionsprozess ist für den Rezipienten nicht sichtbar, da Korrekturen in der Regel vor dem Versand vorgenommen werden.

Drei Faktoren beeinflussen den Gebrauch von Diskursmarkern und Interjektionen in SMS hauptsächlich: der hohe Dialogizitätsgrad, die emotionale Involviertheit der Kommunikationspartner und der informelle Charakter der Kommunikationsform (vgl. Ursini 2008, 303). Beide Kategorien von Gesprächswörtern fungieren in SMS häufig als Substitute für non- und paraverbale Signale (vgl. Pistolesi 2004, 239). Sie werden zudem mit kreativ-ludischer Intention verwendet, um die Dialogizität und Spontaneität der *face-to-face*-Kommunikation nachzubilden (vgl. Pistolesi 2004, 244). Trotz der medialen und technischen Restriktionen, denen die SMS-Interaktion unterliegt, überwiegt das Ausdrucksbedürfnis der Sprecher bzw. deren Bestreben, im Kontext einer stark emotional geprägten Interaktionsform Aussagen nuanciert zu kommunizieren, gegenüber dem Postulat des sparsamen Einsatzes von Zeichen. Indem die kommunikative Intention der in der Regel kurzen Botschaften mit Hilfe von Diskursmarkern und Interjektionen ausgedrückt wird, können Missverständnisse und Konflikte, die aus dem Wegfall non- und parasprachlicher Ausdrucksressourcen im Rahmen einer asynchronen Kommunikationsform resultieren, vermieden bzw. repariert werden.

7 Zusammenfassung und Ausblick

Anhand eines großen, mehrsprachigen Korpus konnte der Sprachgebrauch in spanischen SMS, die vom Computer versandt wurden, empirisch untersucht werden. Im Beitrag lag der Schwerpunkt auf der Frequenz von Diskursmarkern und Interjektionen im Spanischen und auf den kommunikativen Funktionen, die ihrem Gebrauch zugrunde liegen.

Es hat sich gezeigt, dass deren Verwendung aufgrund der kommunikativen Parameter der SMS-Kommunikation spezifischen Bedingungen unterliegt. Während einige Funktionen von Diskursmarkern, die aus mündlich realisierten Gesprächen bekannt sind und die primär die Organisation synchron ablaufender

Interaktionen bezwecken (z.B. das Erkämpfen eines Redebeitrags, Reparaturmechanismen bei gleichzeitigem Sprechen) nicht realisiert werden, sind stärker inhaltlich, sozio-koordinativ und auf den Rezipienten hin orientierte Aufgaben (Öffnen des Kommunikationskanals, Signalisieren eines Themenwechsels, Einfordern eines Hörer-Feedbacks, Stellungnahme hinsichtlich der Kommunikationsinhalte, Initiieren der Gesprächsbeendigung) charakteristisch für die SMS-Kommunikation. In den meisten Fällen fungieren Diskursmarker in SMS als Substitut für non- und paraverbale Signale (und stellen so den reibungslosen Ablauf der Interaktion und das Vermeiden von Missverständnissen sicher) oder spiegeln das Bestreben der Sprecher wieder, Spontaneität nachzubilden. Der Gebrauch von Interjektionen deutet in besonderer Weise auf einen expressiven und kreativen Sprachgebrauch hin und zeigt ebenso deutlich, dass die sprachliche Gestaltung der Kurznachrichten nicht allein dem Prinzip der Sprachökonomie unterliegt. Die Kommunikationspartner sehen die sprachlich kreative Gestaltung der stark emotional-affektiv gefärbten SMS bei limitierter Zeichenanzahl im Gegenteil als besondere Herausforderung an:

> The pleasure of inventing an original and creative language seems to overcome the more functional or utilitarian uses of communication in general and SMS in particular. The reduced size of SMS then becomes a positive constraint, that forces one to exert linguistic creativity, to the point that the form overwhelms the message (Rivière/Licoppe 2005, 111).

Die technischen Restriktionen des Mediums wecken das Bedürfnis, besonders kreativ mit den wenigen vorhandenen Mitteln umzugehen. Eine Überbewertung des Prinzips der Sprachökonomie trägt somit der Tatsache nicht ausreichend Rechnung, dass viele SMS-Schreiber ihre Nachrichten unter Nutzung sämtlicher ihnen zur Verfügung stehenden Ausdrucksressourcen individuell gestalten.

Es ist geplant, weitere sprachliche Phänomene der im Korpus enthaltenen spanischen SMS zu analysieren und anschließend mit dem Deutschen und anderen romanischen Sprachen zu vergleichen. Da der Bereich der Morpho-Syntax empirisch vergleichsweise gut beschrieben ist, soll der Fokus auf der Ebene der pragmatischen Dimension liegen. Auch ein systematischer Vergleich des Sprachgebrauchs spanischer SMS, die am Computer verfasst wurden mit Kurznachrichten, die über das Mobiltelefon vermittelt werden, lässt interessante Ergebnisse erwarten.

8 Bibliographie

Androutsopoulos, Jannis/Schmidt, Gurly (2002): „SMS-Kommunikation: Ethnografische Gattungsanalyse am Beispiel einer Kleingruppe", in: *Zeitschrift für Angewandte Linguistik.* 36, pp. 49-80.

Anis, Jacques (2007): „Neography. Unconventional Spelling in French SMS Text Messages", in: Danet, Brenda/Herring, Susan (Hrsg.): *The Multilingual Internet. Language, Culture and Communication Online*, Oxford: Oxford University Press, pp. 87-115.

Baku, Elisabeth (2004): *SMS als neue Kommunikationsform. Unter besonderer Berücksichtigung der Nutzungsmotive, Inhalte und verwendeten Sprache von Jugendlichen und jungen Erwachsenen (14-25jährigen) und der Gruppe der ab 40jährigen*, Wien: Diplomarbeit Sozialwissenschaften, Universität Wien.

Betti, Silvia (2006): „La jerga juvenil de los SMS ;-)", in: *Cuadernos del Lazarillo* 31, pp. 68-76.

Desjeux, Dominique (2005): „Usages et enjeux du SMS en Chine, en France et en Pologne." *Consommation & Sociétés*, online: http://www.argonautes.fr/sections.php?op=viewarticle&artid=353 (29.04.2011).

Dittmann, Jürgen et al. (2007): „Medium & Kommunikationsform", in: *Networx* 50, online: http://www.mediensprache.net/networx/networx-50.pdf (29.04.2011).

Döring, Nicola (2002): „1x Brot, Wurst, 5Sack Äpfel I.L.D. – Kommunikative Funktionen von Kurzmitteilungen (SMS)", in: *Zeitschrift für Medienpsychologie* 3, pp. 118-128.

Dürscheid, Christa (2002): „SMS-Schreiben als Gegenstand der Sprachreflexion", in: *Networx* 28, online: http://www.mediensprache.net/networx/networx-28.pdf (29.04.2011).

Dürscheid, Christa (2005): „Medien, Kommunikationsformen, kommunikative Gattungen", in: *Linguistik Online* 22,1, pp. 3-16.

Fairon, Christian/Paumier, Sébastien (2006): „A Translated Corpus of 30,000 French SMS", in: *Proceedings of LREC 2006, Genova,* online: http://www.sms4science.org/userfiles/A%20translated%20corpus.pdf (29.04.2011).

Fairon, Christian et al. (2006): *Le langage SMS. Etude d'un corpus informatisé à partir de l'enquête 'Faites don de vos SMS à la science',* Louvain-la-Neuve: Presses Universitaires de Louvain.

Frehner, Carmen (2008): *Email – SMS – MMS. The Linguistic Creativity of Asynchronous Discourse in the New Media Age.* Linguistic Insights. Studies in Language and Communication, Band 58. Herausgegeben von M. Gotti. Bern u.a.: Peter Lang.

Günthner, Susanne (2011): „Zur Dialogizität von SMS-Nachrichten – eine interaktionale Perspektive auf die SMS-Kommunikation", in: *Networx* 60, online: http://www.mediensprache.net/networx/networx-60.pdf (29.04.2011).

Hård af Segerstad, Ylva (2005): „Language in SMS – A Socio-Linguistic View", in: Harper, Richard et al. (Hrsg.): *The Inside Text. Social, Cultural and Design Perspectives*, Dordrecht: Springer, pp. 33-51.

Hillebrand, Friedhelm (2010a): „Communication Networks in the Early 1980s and the Portfolio of GSM Services", in: Hillebrand, Friedhelm et al. (Hrsg.): *Short Message Service (SMS). The Creation of Personal Global Text Messaging*, Chichester: Wiley, pp. 3-13.

Hillebrand, Friedhelm (2010b): „Who Invented SMS?", in: Hillebrand, Friedhelm et al. (Hrsg.): *Short Message Service (SMS). The Creation of Personal Global Text Messaging*, Chichester: Wiley, pp. 15-22.

Hillebrand, Friedhelm (2010c): „Global Market Development", in: Hillebrand, Friedhelm et al. (Hrsg.): *Short Message Service (SMS). The Creation of Personal Global Text Messaging,* Chichester: Wiley, pp. 125-130.

Höflich, Joachim/Gebhardt, Julian (2005): „Changing Cultures of Written Communication: Letter – E-Mail – SMS", in: Harper, Richard et al. (Hrsg.): *The Inside Text. Social, Cultural and Design Perspectives*, Dordrecht: Springer, pp. 9-31.

Koch, Peter/Oesterreicher, Wulf (1990): *Gesprochene Sprache in der Romania: Französisch, Italienisch, Spanisch*, Tübingen: Niemeyer.

Laursen, Ditte (2005): „Please reply! The Replying Norm in Adolescent SMS Communication", in: Harper, Richard et al. (Hrsg.): *The Inside Text. Social, Cultural and Design Perspectives*, Dordrecht: Springer, pp. 53-73.

Pistolesi, Elena (2004): *Il parlar spedito. L'italiano di chat, e-mail e SMS*, Padova: Esedra.

Rivière, Carole-Anne/Licoppe, Christian (2005): „From Voice to Text: Continuity and Change in the Use of Mobile Phones in France and Japan", in: Harper, Richard et al. (Hrsg.): *The Inside Text. Social, Cultural and Design Perspectives*, Dordrecht: Springer, pp. 104-126.

Spagnolli, Anna/Gamberini, Luciano (2007): „Interacting via SMS. Practices of Social Closeness and Reciprocation", in: *British Journal of Social Psychology* 46, pp. 343-364.

Thurlow, Crispin/Poff, Michele (2011): „Text Messaging", in: Herring, Susan et al. (Hrsg.): *Handbook of the Pragmatics of CMC*, Berlin/New York: de Gruyter, pp. 1-24.

Ursini, Flavia (2008): „La lingua dei giovani e i nuovi media: gli SMS", in: Fusco, Fabiano/ Marcato, Carla (Hrsg.): *Forme della comunicazione giovanile,* Rom: Il Calamo, pp. 321-336.

Ziegler, Arne (2007): „E-Mail – Textsorte oder Kommunikationsform? Eine textlinguistische Annnäherung", in: Ziegler, Arne/Dürscheid, Christa (Hrsg.): *Kommunikationsform E-Mail,* Textsorten, Band 7. Herausgegeben von K. Adamzik u.a. Tübingen: Stauffenburg, pp. 9-33.

Kommunikative Handlungsmuster in Wikis und sozialen Netzwerken

Minderheitensprachen auf Wikipedia. Zwischen Information und interessengeleiteter Färbung

Kristina Bedijs (Hildesheim) / Karoline Heyder (Göttingen)

Minority languages can benefit from the Web 2.0 evolution since content in these languages can be made available for a large audience at a very low cost. At the same time, communities of speakers can use Web 2.0 services to spread information about their languages. In this paper we investigate two articles about the Catalan language from the social dictionary project Wikipedia. We use a Critical Discourse Analysis approach to compare the Catalan and the Spanish version of the article. Our leading question is whether the authors use Wikipedia to communicate ideological information in order to create a positive attitude towards the Catalan language. Our findings are that there are indeed some controversial aspects which are not exposed in detail and that the articles hardly meet with encyclopedic requirements as to the use of credible and scientific sources, which makes it impossible for laypersons to judge the objectivity of the information.

1 Problematisierung

Zu Crystals viel zitierten sechs Postulaten zur Rettung gefährdeter Sprachen zählt als fünfter Punkt: „An endangered language will progress if its speakers can make use of electronic technology" (Crystal 2000, 141). Bis vor wenigen Jahren konnten Sprecher von Minderheiten- und Regionalsprachen die Entwicklung moderner Informationstechnik jedoch nur begrenzt nutzen: Zu hoch waren die Kosten, Radio- und Fernsehsender in „kleinen" Sprachen zu betreiben; es lohnte sich ökonomisch nicht, Software in diese Sprachen übersetzen zu lassen (vgl. Weber 2001, 163ff.). Eine Zeitlang schien es, als würde auch die Kommunikation im Internet vollständig auf Englisch stattfinden. Seit der Entwicklung neuer, leicht bedienbarer und interaktiver Online-Anwendungen – dem so genannten Web 2.0 – ist es jedoch möglich, auch ohne umfassende technische Vorkenntnisse und nahezu kostenfrei Inhalte bereitzustellen. Für Sprecher von kleinen Sprachen, die in einer Region mit guter Online-Infrastruktur leben, bietet sich im Web 2.0 die Chance zur „Vergemeinschaftung" (Weber 2001, 166 ff.). Ein bekanntes Beispiel für ein Portal, das aus der interaktiven Kooperation zahlreicher Nutzer wächst, ist die Online-Enzyklopädie Wikipedia.

Im vorliegenden Beitrag werden zwei parallele Artikel über die katalanische Sprache aus der spanischen und der katalanischen Wikipedia untersucht. Die

Leitfrage ist dabei, ob Sprecher des Katalanischen die Offenheit von Wikipedia nutzen, um ihre Sprache zu stärken und positive Stimmung darüber zu verbreiten. Zunächst wird in den Abschnitten 2 und 3 kurz die Auswahl von Wikipedia-Artikeln als Forschungskorpus begründet und der aktuelle Status des Katalanischen skizziert. Anschließend werden die beiden Artikel mit Hilfe einer diskursanalytischen Untersuchung nach Fairclough analysiert, wobei der Schwerpunkt auf einem Vergleich der zentralen Themen, der Argumentationsstruktur sowie der Präsentationsstrategien beider Artikel liegt. Den Schluss des Beitrags bilden ein Fazit und ein Forschungsausblick.

2 Wikipedia und Minderheitensprachen

Mit der Entwicklung der Online-Enzyklopädie Wikipedia ist der Anspruch verbunden, eine „Universalenzyklopädie durch freiwillige und ehrenamtliche Autoren“ (Wikipedia 2011) aufzubauen. Wikipedia entsteht in gemeinschaftlicher Arbeit der aktiven Nutzer, die Mitarbeit steht grundsätzlich jedem offen. Diese kollektive Erstellung der Wikipedia wird einerseits gelobt, da durch „Schwarmintelligenz“ (Surowiecki 2005) mehr Wissen bereitgestellt werden kann als von kleinen Redaktionen. Zudem sorgt die ständig durch die Teilnehmer vorgenommene Qualitätskontrolle dafür, dass Fehler und tendenziöse Inhalte schnell wieder verschwinden. Andererseits steht diese Entstehungsweise auch in der Kritik: „Es wird kritisiert, dass Laien wie Fachwissenschaftler Beiträge einstellen könnten. […] Ein weiterer Hauptkritikpunkt an Wikipedia ist die Zuverlässigkeit der Inhalte. Zur Inhaltskritik gehören Fragen der Richtigkeit, Ausgewogenheit, Relevanz und Unverzerrtheit“ (Cloes/Hector, 15f.). Gerade bei Themen, zu denen kein breiter Konsens besteht, wird in Wikipedia oft die persönliche Meinung der Autoren als Tatsache dargestellt, was für Personen außerhalb des Diskurses nicht immer transparent ist. Status und Wert von Minderheiten- und Regionalsprachen gehören zu diesen kontroversen Themen.

Gleichzeitig bietet Wikipedia den Sprechern von Minderheiten- und Regionalsprachen die Möglichkeit, andere über das jeweilige Idiom zu informieren, und zwar vor allem Personen, die der Sprechergemeinschaft nicht angehören. Andere Web 2.0-Angebote, in denen sich sprachliche Minderheiten vergemeinschaften, sind Portale, Blogs und Foren, die hauptsächlich die Minderheiten- bzw. Regionalsprache als Kommunikationssprache verwenden. Auch hier finden sich oft einige Informationen für Außenstehende über Sprache und Kultur, meist sind diese Portale jedoch eher für die Sprechergemeinschaft als Zielgruppe geschaffen. Als Beispiel mag das Portal *Racó Català* (*www.racocatala.cat*) dienen, auf dem ausschließlich auf Katalanisch diskutiert wird. Ohne Leseverständnis im Katalanischen kann man sich hier nicht informieren, ohne Schreibfertigkeit nicht aktiv beteiligen. Wikipedia als Medium, das in erster Linie zur Bereitstellung von Informationen dient, steht in mehreren Sprachen zur Verfügung, sodass es den Sprechern von Minderheiten- bzw. Regionalsprachen hier möglich ist, sowohl in der Minderheitensprache als auch in anderen Sprachen über ihr Idiom zu informieren.

Diese Möglichkeit können sie jedoch auch dazu nutzen, subjektive Spracheinstellungen zu vermitteln und die Meinungsbildung der Leser zu lenken. Inwiefern dies auf Wikipedia geschieht, ist bislang noch kaum untersucht (zum Frankoprovenzalischen: Bedijs/Heyder 2012); Studien zu Minderheitensprachen im Web 2.0 behandeln die technische Situation (z.B. Dunliffe/Herring 2005) oder andere Plattformen wie Facebook (z.B. Lenihan 2011). In diesem Beitrag soll deshalb der Frage nachgegangen werden, ob katalanische Sprecher auf Wikipedia die Online-Enzyklopädie für Leserlenkung und Meinungsbildung nutzen.

3 Das Katalanische

Die katalanische Sprache wird hauptsächlich mit der heutigen *Comunidad Autónoma* Katalonien in Verbindung gebracht. Tatsächlich erstreckt sich der Sprachraum auch auf die Balearen, das *País Valencià*, auf ein kleines Gebiet in Aragón, Andorra, das französische Département *Pyrénées-Orientales* sowie Alghero auf Sardinien (vgl. Rogge/Beinke 1991, 196). Nur in Andorra ist Katalanisch die einzige offizielle Sprache; in allen Gebieten wird mindestens eine weitere Sprache von den meisten Bewohnern gesprochen. Offizielle Sprache ist Katalanisch in Katalonien, auf den Balearen und im *País Valencià* (vgl. Lüdtke 1991, 241), wo die Sprachbezeichnung laut Autonomiestatuten *valencià* lautet (vgl. Corts Valencianes 2006, 15). Der offizielle Status der Sprache in drei Regionen Spaniens erlaubt eine gezielte Sprachpolitik mit Fördermaßnahmen zur Verbreitung der Sprache.

Ein Argument für sprachpolitische Maßnahmen ist häufig die glanzvolle kulturelle Vergangenheit der katalanischsprachigen Gebiete. Bereits im Mittelalter erlebte die katalanische Literatur eine erste Blütezeit, einigen Jahrhunderten politischer und kultureller *decadència* während kastilischer Herrschaft folgte im 19. Jahrhundert eine Wiederbesinnung auf die katalanische Sprache und Kultur (*renaixença,* vgl. Casanova 1991, 221). Nach dem Ende des Bürgerkriegs 1939 wurde alles Katalanische aus dem öffentlichen Leben verbannt (vgl. Lüdtke 1991, 241). Stufenweise Lockerungen der Verbote setzten nach und nach ein, doch erst mit Verabschiedung der Verfassung 1978 erhielten die Regional- und Minderheitensprachen wieder umfassenden offiziellen Status in ihren Gebieten, woraufhin langsam auch im kulturellen Bereich die Produktion in katalanischer Sprache stieg (vgl. Lüdtke 1991, 241).

Die aktuellen Sprecherzahlen des Katalanischen zu bestimmen ist aufgrund der weit verbreiteten Diglossiesituation kein einfaches Unterfangen (vgl. Berkenbusch 2000, 275; Rogge/Beinke 1991, 196). Das Amt für Statistik der Region Katalonien veröffentlicht in regelmäßigen Abständen Untersuchungsergebnisse, denen verschiedene Daten entnommen werden können: die Erstsprache der Bewohner (Katalonien 2007: Katalanisch 32,2%, Spanisch 50,2%, Katalanisch und Spanisch 7,4%, Andere 9,3%, vgl. Idescat 2007b), die Kenntnis des Katalanischen in mehreren Stufen (Katalonien 2007: keine Kenntnisse 6,2%, Hörverstehen 93,8%, Sprechen 75,6%, Leseverstehen 73%, Schreiben 56,3%, vgl. Idescat 2007a); die übliche Umgangssprache (*lengua habitual*) der Bewohner in verschiedenen Kommunikationssituationen etc. (Katalonien zu Hause 2002: Katalanisch 37,8%, Spanisch 46,9%, vgl. Castells/Tubella 2002, 57). Zahlen über die anderen katalanischsprachigen Gebiete sind wesentlich schwieriger zu finden. Die *Generalitat de Catalunya* gibt in einem Dokument über die katalanische Sprache eine Gesamtsprecherzahl von 13.529.127 an (vgl. Generalitat 2007, 4), wobei allerdings sämtliche Bewohner der Gebiete zusammengerechnet werden, ohne deren tatsächliche Sprachkenntnis (die von *Idescat* ebenfalls untersucht wird) zu berücksichtigen.

4 Forschungshypothesen

Das Katalanische genießt in mehreren Regionen Spaniens offiziellen Status, hat einen umfassenden Normalisierungsprozess durchlaufen, wird sprachpolitisch gefördert und ist zum aktuellen Zeitpunkt nicht vom Aussterben bedroht (vgl. Langenbacher-Liebgott 2002, 41). Mit Blick auf die wechselhafte Geschichte der katalanischen Sprache ist dies aber keine verlässliche Situation, in der sprachpolitische Maßnahmen überflüssig wären. Zum Erhalt einer kleinen Sprache, die sich noch dazu in einer weitgehenden Diglossiesituation neben größeren Sprachen behaupten muss, ist einerseits die Spracheinstellung der Sprecher entscheidend (vgl. Kabatek 1991, 20f.): Sie müssen der kleinen Sprache ausreichend Prestige beimessen, um sie in unterschiedlichen Kommunikationssituationen zu verwenden oder sie aktiv schützen zu wollen. Andererseits ist für das empfundene Prestige eine institutionelle Unterstützung wichtig, die im Fall des Katalanischen beispielsweise durch das *Consorci per a la Normalització Lingüística* (1988 gegründete öffentliche Körperschaft mit dem Ziel, „de facilitar el coneixement, l'ús i la divulgació de la llengua pròpia de Catalunya en tots els àmbits", vgl. CPNL o.J.) und verschiedene Sprachförderungsverbände unterschiedlicher Trägerschaft erfolgt (z.B. *Òmnium Cultural* oder *Plataforma per la Llengua*). Kaplan/Baldauf (1997, 196ff.) bezeichnen diese institutionalisierte Sprachplanung als *top-down planning*, betonen aber, dass es für erfolgreiche Maßnahmen in der Regel auch auf das Engagement der Sprecher selbst ankommt (*bottom-up*). Im Internetzeitalter gilt dies umso mehr:

> [...] the information age has produced settings where small languages, their conditions, and status, are determined much less by territorial borders and the policies of individual states than they were as recently as a decade ago" (Haarmann 2002, 33f.).

Die Möglichkeiten des Internet, insbesondere des Web 2.0, nahezu kostenfrei und ohne großen technischen Aufwand Informationen bereitzustellen, bieten neue Chancen für Sprecher von Minderheitensprachen. Portale wie diejenigen von *Omnium Cultural* und *Plataforma per la Llengua*, die eine klare Richtung der Sprachförderung vorgeben, werden allerdings hauptsächlich von Personen genutzt, die sich ohnehin schon für den Erhalt der katalanischen Sprache interessieren und gezielt nach Informationen suchen – weniger interessierte Menschen werden von diesen Angeboten höchstens zufällig angesprochen. Dagegen bietet die Online-Enzyklopädie Wikipedia eine Möglichkeit, alle Nutzer zu erreichen und über die katalanische Sprache zu informieren. Es ist zu vermuten, dass Sprecher des Katalanischen Wikipedia nutzen, um ihre Spracheinstellungen zum Ausdruck zu bringen und eine positive Wirkung bei den Lesern zu erzielen.

Auch hier gilt: Die Wikipedia in katalanischer Sprache wird vermutlich nur von Personen genutzt, die selbst gute Kenntnisse des Katalanischen haben und der Sprache positiv entgegentreten. Dagegen nutzen die spanischen Seiten Personen, die Spanisch lesen können. Dies können neben L1- auch L2-Sprecher sein, und auch Sprecher des Katalanischen beherrschen größtenteils Spanisch. Wenn diese sich über ein Thema bei Wikipedia informieren wollen, können sie aus den zur Verfügung stehenden Sprachen den aus ihrer Sicht informativeren Artikel wählen. Im Interesse der katalanischen Wikipedia-Aktivisten wäre es deshalb, den spanischsprachigen Artikel über die katalanische Sprache ebenso informativ zu gestalten wie den katalanischen. Zu vermuten ist außerdem, dass im spanischsprachigen Artikel in höherem Maße versucht wird, die Leser positiv für das Katalanische zu beeinflussen, da hier Personen nach Informationen suchen, die sich mit dem Thema noch nicht auskennen und zweifelhafte Passagen deshalb nicht bemerken. Im Folgenden wird untersucht, ob dies zutrifft und mit welchen Mitteln in den beiden Artikeln für die katalanische Sprache geworben wird. Im Fokus stehen dabei verschiedene Strategien, die auf den Ebenen der Lexik, der Argumentation und des Qualitätsanspruchs eingesetzt werden. Zum letzten Punkt zählen z.B. Verweise auf mehr oder weniger wissenschaftliche Quellen, Präzision der Information und Allgemeinverständlichkeit des Artikels.

5 Methodik

Die folgende Untersuchung geht nach dem Ansatz der Kritischen Diskursanalyse (*Critical Discourse Analysis*, kurz CDA) nach Norman Fairclough vor. Zu den Prinzipien der CDA gehört die Annahme, dass Diskurse die Gesellschaft und die Kultur konstituieren (vgl. Fairclough/Wodak 1997, 271ff.), also auch die Sicht des Einzelnen auf die umgebende Welt, und Ideologien reproduzieren. Kommunikate werden in drei Schritten untersucht (vgl. Fairclough 2001, 21f.): Zunächst werden die formalen Texteigenschaften beschrieben (*description*). Dies ermöglicht, dahinterliegende Einstellungen der Kommunizierenden zu erkennen, deren diskursive Bedeutung im nächsten Schritt interpretiert (*interpretation*) wird. Im dritten Schritt geht es darum, zu erklären (*explanation*), wie gesellschaftliche Kontextbedingungen die Diskurse steuern und strukturieren.

Den oben formulierten Vermutungen folgend, werden im vorliegenden Beitrag die Wikipedia-Artikel zur katalanischen Sprache aus der spanischen und der katalanischen Wikipedia analysiert und ermittelt, ob und mit welchen Mitteln in den beiden Artikeln versucht wird, den Leser in seiner Meinungsbildung zu beeinflussen. Im Folgenden präsentieren wir exemplarisch ausgewählte Ergebnisse. Die folgenden Beispiele und Zitate sind jeweils dem Stand der Artikel *Idioma catalán* und *Català* vom 03.03.2011 entnommen. Der Wortlaut und die Orthographie wurden ohne Korrektur aus dem Original übernommen.

6 Ausgewählte Ergebnisse und deren Diskussion

6.1 Aufbau und Struktur der Artikel im Vergleich

Der formale Aufbau des spanischen und des katalanischen Wikipedia-Eintrags zum Katalanischen stimmt weitgehend überein. Zwar finden sich einzelne Abschnitte an unterschiedlichen Positionen – in der katalanischen Version steht die Beschreibung der soziolinguistischen Situation des Idioms an späterer Stelle als in der spanischen Version; die Eigenschaften des Katalanischen werden im katalanischen Artikel früher aufgeführt als im spanischen – insgesamt jedoch werden in beiden Einträgen fast identische Kapitelüberschriften verwendet. So korrespondieren etwa die Überschrift zu dem Kapitel über die Sprecherzahlen des Katalanischen sowie die dazugehörigen ersten drei Überschriften für die folgenden Teilkapitel fast wortwörtlich. Inhaltliche Details werden in beiden Versionen zum Teil an verschiedenen Positionen aufgeführt. So werden die Angaben zu Besonderheiten in der Graphie für Nutzer der katalanischen Version vermutlich als bekannt vorausgesetzt und deshalb erst an vorletzter Stelle des Kapitels *Característiques del català* präsentiert, in der spanischen Version hingegen schon an zweiter Position. Nur einzelne Abschnitte – wie derjenige zum juristischen Status der katalanischen Sprache in Spanien in der katalanischen Version – finden sich nur in einem der beiden Einträge.

Auch die Länge der beiden Artikel differiert nur leicht. Der katalanische Artikel war zum Zeitpunkt der Analyse ca. 400 Wörter länger als der spanische Eintrag. Aufgrund der übereinstimmenden Überschriften gewinnt der Leser zunächst den Eindruck, einer der beiden Artikel sei eine Übersetzung des anderen. Dies trifft bei näherer Betrachtung zumindest für einige Abschnitte zu, zumal mehrere der beteiligten Autoren zu beiden Versionen beigetragen und etwa zur gleichen Zeit in beiden Artikeln Änderungen vorgenommen haben (detailliert in der Versionsgeschichte nachzuvollziehen).

Ein bedeutender Unterschied zwischen den Artikeln ist, dass die am Ende beider Artikel stehenden externen Links im katalanischen Artikel wesentlich zahlreicher sind. So wird dort insbesondere auf sechs verschiedene Wörterbücher und ein Kulturportal (*Culturcat – Portal de la Generalitat de Cultura Catalana*) verwiesen. Möglicherweise zeigt sich hierin eine subtile Meinungslenkung, da den Lesern in der katalanischen Version viele Möglichkeiten, sich weiter mit der katalanischen Sprache auseinanderzusetzen und diese zu lernen, gegeben werden. In der spanischen Version sind diesbezügliche Informationen eher knapp gehalten.

6.2 Grunddaten zur Verbreitung, zur Sprachtypologie und zu den linguistischen Charakteristika des Katalanischen

Auch die Abschnitte zur Verbreitung, zur Sprachtypologie und zu den sprachlichen Charakteristika des Katalanischen weisen auffällig viele Übereinstimmungen zwischen der spanischen und der katalanischen Version auf. Der Abschnitt zu den sprachlichen Standards ist in den beiden Versionen fast deckungsgleich. Der spanische Artikel unterscheidet zwei Gruppen von Dialekten des Katalanischen, den *Bloque dialectal occidental* und den *Bloque dialectal oriental*, und zwei Standards, festgelegt vom *Institut d'Estudis Catalans* und von der *Acadèmia Valenciana de la Llengua*. Die linguistische Distanz zwischen den beiden großen Dialektgebieten des Katalanischen (Ost- und Westkatalanisch) ist nicht so groß, dass die Interkomprehension gefährdet wäre, allerdings ist außerhalb der Linguistik immer noch ein Streitpunkt, ob der westkatalanische Dialekt, der im *País Valencià* gesprochen wird, ebenfalls als eigene Sprache anzusehen sei. So wird an anderer Stelle im spanischen Artikel das *valenciano* nicht als Standard, sondern als *variedad dialectal* bezeichnet. Diese Unstimmigkeiten innerhalb des Artikels gehen vermutlich darauf zurück, dass verschiedene Autoren mit differierenden Auffassungen an dem Eintrag mitgewirkt haben. Das *valenciano* als Dialekt zu bezeichnen bedeutet in jedem Fall, dass der Autor mit der Trennung in zwei Einzelsprachen nicht einverstanden ist. Zugleich gibt es in Wikipedia einen eigenen Artikel zum *valenciano*. Einigkeit, wie der Status der verschiedenen Varietäten aufzufassen ist, besteht also nicht, obwohl Linguisten hier klare Standpunkte vertreten: „El valenciano es un dialecto catalán […]" (Casanova 1985, 25), „Aus linguistischer Sicht ist die unkritische Annahme eines klar vom Katalanischen getrennten und in sich homogenen Valencianischen […] völlig unhaltbar" (Radatz 1993, 115). Der Grund hierfür ist vermutlich in der Politik zu suchen:

> Ein großes Problem stellt in València die Bezeichnung der Regionalsprache dar, und sie ist heute noch immer ein Politikum, denn seit ca. 30 Jahren wird die Sprachbezeichnung (*valencià* vs. *català*) von der Politik instrumentalisiert (Doppelbauer 2008, 282).

Solche von Autoritäten und offiziellen Behörden betriebene Verwirrung dürfte auch die Autoren der Wikipedia beeinflussen. Der katalanische Artikel unterscheidet wie die spanische Version zwischen zwei „Dialektblöcken" und nimmt dieselbe Unterscheidung zwischen den beiden Standards vor wie der spanische Artikel. Diese werden an späterer Stelle ein zweites Mal thematisiert – ein Beispiel für mangelnde Textkohärenz und möglicherweise ein Zeichen dafür, dass mehrere Autoren an dem Artikel gearbeitet haben, ohne sich abzustimmen. Andererseits könnte die Wiederholung dieser Thematik auch eine beabsichtigte besondere Betonung sein, da die Frage nach dem Status des *valenciano* ein bis heute umstrittenes Thema ist (s.o.).

Die unkommentierte Verwendung der ideologisch aufgeladenen Wendung *Països Catalans* (Katalanische Länder) in der katalanischen Version des Eintrags deutet darauf hin, dass die Autoren die Bedeutung des Katalanischen als eigenständige Sprache propagieren und die Zusammengehörigkeit des Sprachgebiets unterstreichen wollen. Der spanische Artikel geht kurz auf den Hintergrund der Bezeichnung ein, führt aber auch nicht weiter aus, warum sie umstritten ist.

Ein weiteres Beispiel für divergierende Angaben in den beiden Artikeln sind die Sprecherzahlen. Die spanische Version nennt an vier verschiedenen Stellen

Sprecherzahlen: zunächst im Infokasten unter *Hablantes* die Zahl *7,7 millones*,[1] dann nach Fertigkeiten differenziert im Einleitungsabschnitt: *Es la lengua habitual de unos 4,4 millones de personas; además, son capaces de hablarlo unos 7,7 millones y es comprendido por cerca de 10,5 millones de personas.* Quellenangaben für diese Zahlen gibt es nicht, wodurch die Darstellungsweise weder einem wissenschaftlichen Anspruch genügt, noch dem Leser die Überprüfung der genannten Fakten ermöglicht. An der dritten Stelle, nämlich im Abschnitt Soziolinguistik, geht es um die Frage nach Gebrauchs-, Mutter- oder Identifikationssprache; die hier genannten Zahlen von *Idescat* sind schwer mit dem dazugehörigen Text in Übereinstimmung zu bringen. Unter *Número de hablantes en el mundo* schließlich werden zahlreiche Quellen genannt, allerdings sind diese Angaben unvollständig und widersprüchlich. So fehlen z.T. etwa Angaben zum Herausgeber bzw. Autor oder zum Erscheinungsjahr, oder die Angaben über passive Sprecher für *Europa – 10.361.184*, *Resto del mundo – Sin datos* werden zu 10.407.931 addiert, ohne die Differenz zu erklären.

In der katalanischen Version des Artikels wird die Zahl von *11,5 milions* Sprechern genannt, auch hier gibt es jedoch nur eine unvollständige Quellenangabe. Es fehlt der Herausgeber der zitierten Daten. An späterer Stelle heißt es, *7,7 milions* davon sprächen das Katalanische als Muttersprache. Auch dieser Artikel thematisiert die Sprecherzahlen mehrmals und macht z.T. nur unvollständige Angaben zu den Quellen. Die bereits erwähnte Schwierigkeit, zuverlässige Sprecherzahlen des Katalanischen zu bestimmen, rechtfertigt jedoch nicht das Weglassen von Quellen. Auffällig ist zudem, dass in der katalanischen Version deutlich mehr Sprecher genannt werden als in dem spanischen Artikel. Möglicherweise liegt hier eine subtile Lenkung des Lesers vor, dem die Bedeutung der katalanischen Sprache aufgezeigt werden soll. Die Mehrfachnennung der Zahlen könnte zudem bewusst erfolgt sein, um die Bedeutung der Sprache zu unterstreichen.

In beiden Versionen des Artikels fällt auf, dass viele Informationen in einer für Nicht-Linguisten irreführenden oder unverständlichen Weise dargestellt werden. Zwei Beispiele: Der folgende Satz aus dem katalanischen Artikel ist für Laien sicherlich schon dadurch schwer verständlich, weil der Fachterminus „vocals àtones“ nicht erläutert wird:

> Caiguda de les vocals àtones finals excepte -A (MURU-, FLORE- → *mur*, *flor*) que l'oposen al grup iberoromànic que conserva la vocal final excepte -E (*muro* però *flor/chor*) o italoromànic que ho conserva tot (*muro*, *fiore*).

---

1 Am 17.06.2011 wurde unter Verweis auf *Ethnologue 2009* die Zahl der Sprecher im Infokasten auf 11,5 Millionen erhöht und die Information *puesto 75* hinzugefügt.

Beide Einträge verwenden fachspezifische Symbole, ohne diese zu erläutern, wie z.B. in dem folgenden Auszug aus der spanischen Version des Artikels:

> Las oclusivas devienen en sordas en posisción final. [...] /d/ d dental, pero es [ð] fricativa entre vocales o líquidas; [t] en posición final. [...]

Einem nicht vorgebildeten, aber in die Echtheit der gelieferten Informationen vertrauenden Leser wird durch die Fülle derartiger Detailinformationen suggeriert, es handele sich um eine fundierte Darstellung. Dieser für Laien nicht überprüfbare wissenschaftliche Anschein der Artikel wird durch die Verwendung einer Vielzahl von Quellen verstärkt:

> Posicions minoritàries sostenen que […] el català i l'occità […] s'haurien de considerar com a dialectes d'un mateix idioma.**[6] [7] [8] [9] [10] [11]**

Häufig jedoch genügen die Quellen bzw. die in den Artikeln gemachten Quellenangaben keineswegs wissenschaftlichen Ansprüchen. Oft sind die Angaben unvollständig, so wird u.a. in der katalanischen Ausgabe des Artikels als Quelle ein Link genannt (*http://www.youtube.com/watch?v=RJuRoSw5isU*), ohne dass deutlich gemacht wird, dass sich dahinter eine Ausgabe einer katalanischen TV-Nachrichtensendung verbirgt. Sehr häufig fehlen sowohl im spanischen als auch im katalanischen Artikel Angaben zum Autor der Quelle und zum Datum ihres Erscheinens. Viele Quellen sind von zweifelhafter Qualität und werden dennoch unkommentiert verwendet, wie etwa diese in dem spanischen Artikel genannte Internetquelle: *http://www.davidpbrown.co.uk/help/top-100-languages-by-population.html.*

6.3 Die Sprachgeschichte

In beiden Artikeln sind die Ausführungen zur Phonetik verhältnismäßig umfangreich, die Informationen zur Sprachgeschichte dagegen sehr knapp gehalten. Während der katalanische Artikel einen Verweis zum ausführlicheren Artikel *Història de la llengua catalana* enthält, wird im spanischen Artikel ein Verweis zum Artikel *Historia del idioma castellano en Cataluña* gesetzt. Der Parallelartikel *Idioma español* enthält einen längeren Abschnitt zur spanischen Sprachgeschichte und es gibt einen ausführlichen Artikel *Historia del idioma castellano.* Dass die spanische Version die katalanische Sprachgeschichte nahezu ausspart und stattdessen den Artikel zur spanischen Sprache in Katalonien verlinkt, steht im Widerspruch zu der Vermutung, es würde hier eine Leserlenkung zugunsten des Katalanischen stattfinden.

Allerdings ist der Eindruck, in der spanischen Version solle das Katalanische eher als unwichtig dargestellt werden, auch nicht homogen. Zwar sind die

Informationen zur Sprachgeschichte spärlich, und über prekäre Phasen der katalanischen Sprache wie die *Decadència* vom 16. bis 18. Jahrhundert und die Franco-Diktatur im 20. Jahrhundert wird überhaupt nichts gesagt. Dagegen überrascht, dass der Nachname des Linguisten Joan Coromines (Autor des *Diccionari etimològic i complementari de la llengua catalana*) in katalanischer Schreibweise und nicht in der ebenso geläufigen spanischen Version Corominas genannt wird.

Der katalanische Artikel bezieht in diesem Abschnitt deutlich Position gegen die spanische Sprache:

> Aquesta oficialitat però és compartida amb el castellà, tot i no ésser la llengua pròpia. A més, el castellà continua essent la llengua promoguda per l'estat espanyol mitjançant els mitjans de comunicació, lleis, etc.

Ein solcher Standpunkt, der Emotionen gegen das Spanische aktiviert, wäre eher im spanischen Artikel als Lenkungsstrategie zu erwarten gewesen. Insgesamt stellt sich die Leserlenkung im Abschnitt zur Sprachgeschichte sehr uneinheitlich dar, von einer klaren Strategie in einem der beiden Artikel ist nicht zu sprechen.

6.4 Kultureller Wert und Sprachpolitik

Die katalanischen Kulturinstitute betonen stets die große kulturelle Bedeutung der katalanischen Sprache in der Literaturgeschichte. Das Institut Ramon Llull zitiert zahlreiche Autoren für das Mittelalter, die *Renaixença*, den *Modernisme*, den *Noucentisme*, die Phase des Bürgerkriegs und der Diktatur sowie aktuelle Strömungen (vgl. Institut Ramon Llull o.J.). Von diesem literarischen Reichtum liest man im katalanischen Wikipedia-Artikel lediglich fragmentarisch:

> Fins als segles XVI i XVII, quan comença el retrocés de la llengua front al castellà, el català s'estén i la seva literatura es desenvolupa amb autors com ara Ramon Llull (s. XIII - s. XIV), Ausiàs March i Joanot Martorell (s. XV).

Der spanische Artikel erwähnt die Literatur in katalanischer Sprache überhaupt nicht, bietet aber immerhin weiterführende Links zu den Artikeln *Literatura en catalán* und *Literatura en valenciano*. An der Oberfläche findet hier keine gezielte Leserlenkung statt, obgleich die Möglichkeit bestanden hätte, durch Hervorhebung des kulturellen Werts des Katalanischen den Leser positiv zu beeinflussen. Allerdings vollziehen die Autoren der beiden verlinkten Artikel eine Trennung zwischen *catalán* und *valenciano*, sodass allein die Existenz von zwei getrennten Artikeln auch die Existenz zweier Literatursprachen suggeriert und damit wieder an die Statusdebatte anschließt.

Im Abschnitt zur Soziolinguistik findet man in beiden Artikeln Zahlen über die Entwicklung der Sprecherzahlen und Hinweise zur Sprachpolitik in den einzelnen katalanischsprachigen Gebieten. Der katalanische Artikel hebt hervor, dass die Sprachpolitik in Katalonien erfolgreich sei, da die Sprecherzahlen trotz Immigration aus anderen Teilen Spaniens stiegen:

> [...] destaca el fet que mentre la població en aquests 11 anys havia crescut en 1.193.467 habitants, la població que havia adquirit les distintes habilitats lingüístiques ho havia fet de manera superior: 1.304.446 persones més entenien el català, hi havia 1.570.034 nous parlants, 1.588.658 eren nous lectors i 2.116.533 persones més sabien escriure en català, factor que és atribuïble a una actitud social favorable i a polítiques públiques eficaces.[30]

Die Zahlen werden allerdings nicht weiter erläutert – so ist nicht klar, warum mehr Personen über Fertigkeiten im Bereich des Schreibens als in den Bereichen des Lesens und des Hörverstehens verfügen sollten. Ob es sich hier um schlecht definierte Erhebungskategorien handelt oder hierfür handfeste Gründe vorliegen – ob das Katalanische beispielsweise für Nichtmuttersprachler aus phonologischen Gründen schwer zu verstehen ist, die Orthographieregeln dagegen einfach zu erlernen sind oder Ähnliches – wird nicht diskutiert. Stattdessen nennt der Artikel eine Reihe hoher und genauer Zahlen, die auf den Leser den Eindruck von Präzision und Korrektheit machen und in der Konklusion münden, dass die Sprachpolitik tatsächlich effizient sei.

Der spanische Artikel führt eine Tabelle mit absoluten und relativen Zahlen an, wobei die relative Auswertung einen leichten Rückgang in den Bereichen *lengua habitual* und *lengua materna* verzeichnet. Dennoch hebt der Text den Anstieg in absoluten Zahlen hervor:

> Se observa que el catalán se mantiene como lengua habitual en términos absolutos entre 1980 y 2008 [...]. El retroceso en términos relativos que se ha producido en el periodo 2003-2008 se debe a la importante llegada de inmigrantes a Cataluña [...].[18]

Mit dem letzten Satz nimmt der Autor eine subtile Schuldzuweisung an die nicht katalanischsprachigen Immigranten vor, die für den sinkenden relativen Anteil des Katalanischen verantwortlich seien. Dies geschieht auch in den folgenden Abschnitten zur Situation im *País Valencià*:

> Además ha habido una importante inmigración desde otras partes de España, lo que ha contribuido al predominio estadístico del castellano en la comunidad.[cita requerida]

und auf den Balearen:

> El caso balear es parecido al de Cataluña, ya que aquí el factor principal en la expansión del castellano ha sido la inmigración, en mucha mayor medida que la sustitución linguïstica.[25]

Hier wird nicht klar, inwiefern die Expansion des Spanischen durch Immigration etwas anderes sein soll als ein Sprachwechsel. Die einzige linguistisch haltbare Erklärung wäre, dass man es beim Sprachwechsel (*language shift*) mit zunächst bilingualen Sprechern zu tun hat, die im Laufe der Zeit eine ihrer Sprachen in immer weniger Kontexten verwenden (vgl. Weinreich 2011, 6), während spanische Immigranten auf den Balearen oft gar nicht erst Katalanisch lernen und durch ihre bloße Anzahl den relativen Anteil an Spanischsprechern auf den Inseln beträchtlich erhöhen. Es ist zu vermuten, dass der Autor hier die Expansion des Spanischen als negativ zu bewertenden, unfreiwillig stattfindenden Vorgang darstellen will, der von einem natürlichen, selbstbestimmten Prozess zu unterscheiden wäre.

7 Fazit und Ausblick

Die Vermutung, Katalanischsprecher würden Wikipedia nutzen, um positive Stimmung für ihre Sprache zu erzeugen, findet sich bei näherer Untersuchung nicht in jeder Hinsicht bestätigt. Vielmehr verbreiten sowohl der katalanische als auch der spanische Artikel über die katalanische Sprache sehr heterogene Informationen, in denen weniger eine Aufwertung des Katalanischen durchscheint als eine negative Beurteilung des Spanischen als dominierender Sprache. Versuche, das Katalanische positiv darzustellen, scheitern – zumindest aus der Sicht kritischer Leser – zum Teil an intransparenten, verwirrenden Darstellungen, insbesondere wenn es um Statistiken geht. Zum Teil wird die Chance einer positiven Beeinflussung überraschenderweise gar nicht wahrgenommen, wie im Bereich des kulturellen Werts, wo beispielsweise eine Würdigung der katalanischsprachigen Literatur den Leser erfolgreich positiv lenken könnte.

Ein Motiv, das sich in beiden Versionen durch den gesamten Artikel zieht, ist die Unklarheit über den Status des *valenciano*. Die politische Implikation dieser Bezeichnung und die damit zusammenhängende Diskussion von Begriffen wie *Països Catalans* wird zwar nicht angesprochen, scheint aber immer durch, da die verschiedenen Autoren der Artikel sich offenbar nicht darüber einig sind, ob es sich bei diesem Idiom um eine eigenständige Sprache oder einen Dialekt handelt. In diesem Bereich wird Wikipedia seinem Anspruch, objektiv zu informieren, tatsächlich nicht gerecht und bietet eine Plattform für das Fortführen einer politischen Diskussion, die uninformierten Lesern als linguistische erscheinen muss.

Die vorliegende Untersuchung hat zum einen gezeigt, dass Wikipedia keineswegs fortwährend seinem Anspruch, ein neutrales, enzyklopädisches Werk zu sein, genügt und dass zumindest bei den untersuchten Artikeln Stegbauers kritischer Einschätzung zuzustimmen ist: „In Wikipedia scheinen Ideologien auf" (Stegbauer 2009, 53). Die ausgewählten Aspekte konnten nur einen ersten Einblick geben, inwiefern Sprecher von Minderheiten- und Regionalsprachen Wikipedia zur Vergemeinschaftung und zur Meinungslenkung verwenden. Im Folgenden wird es zum einen nötig sein, die Untersuchung auf andere Minderheiten- und Regionalsprachen auszuweiten. Hilfreich wäre es zudem – so auch im Falle des Katalanischen – eine Analyse der Diskussionsseiten zu den Wikipedia-Artikeln vorzunehmen.

Nicht zuletzt jedoch sollten auch die didaktischen Implikationen, welche sich aus den hier gewonnenen Untersuchungsergebnissen bezüglich des Informierens und Lenkens auf Wikipedia ergeben, reflektiert werden. Aufgrund der zunehmenden Bedeutung von Wikipedia als Informationsmedium ist es notwendig, die Nutzer zum reflektierten Umgang mit der Onlineenzyklopädie anzuregen und aufzuzeigen, welche Strategien in manchen Artikeln verwendet werden, um subjektive Meinungen als objektive Information zu präsentieren und dadurch Stimmungen zu erzeugen.

8 Literatur- und Quellenverzeichnis

Untersuchte Webseiten:

http://ca.wikipedia.org/wiki/Català (03.03.2011)

http://es.wikipedia.org/wiki/Idioma_catalán (03.03.2011 und 17.06.2011)

Zitierte Literatur:

Bedijs, Kristina/Heyder, Karoline (2012): „Informieren und Lenken – Frankoprovenzalisch auf Wikipedia", in: Reutner, Ursula (Hrsg.): *Von der digitalen zur interkulturellen Revolution,* Baden-Baden: Nomos, pp. 453-466.

Berkenbusch, Gabriele (2000): „Katalanisch", in: Wirrer, Jan (Hrsg.): *Minderheiten- und Regionalsprachen in Europa*, Wiesbaden: Westdeutscher Verlag, pp. 269-283.

Casanova, Emili (1985): „El valenciano dentro del diasistema lingüístico catalán", in: *Revista de Filología Románica* 3, pp. 25-34.

Castells, Manuel/Tubella, Imma (2002) (Hrsg.): *La transición a la sociedad red en Cataluña. Informe final de investigación (vol. I),* online: http://www.uoc.edu/in3/pic/esp/pdf/pic1 _volum1.pdf (27.12.2011).

Cloes, Roger/Hector, Tim Moritz (2011): *Entwicklung und Bedeutung der ehrenamtlich im Internet eingestellten Wissensangebote insbesondere im Hinblick auf die Wiki-Initiativen,* online: http://www.bundestag.de/dokumente/analysen/2011/Wiki.pdf (27.12.2011).

Consorci per a la Normalització Lingüística (CPNL) (o.J.): *Què és el CPNL,* online: http://www.cpnl.cat/qui-som (27.12.2011).

Corts Valencianes (2006): *Estatut d'Autonomia de la Comunitat Valenciana,* online: http://aelpa.org/documentos/estatutos_autonomia/estatutoValencia_val.pdf (27.12.2011).

Cunliffe, Daniel/Herring, Susan C. (2005): „Introduction to Minority Languages, Multimedia and the Web", in: *New Review of Hypermedia and Multimedia* 11/2, pp. 131-137.

Doppelbauer, Max (2008): „Wie aus dem *valencià* eine eigene Sprache wurde. Kritische Analyse des *Dictamen* und des *Nou Estatut*", in: *Zeitschrift für Katalanistik* 21, pp. 281-296.

Fairclough, Norman (2001 [1989]): *Language and Power,* Harlow u.a.: Longman/Pearson.

Fairclough, Norman/Wodak, Ruth (1997): „Critical discourse analysis", in: van Dijk, Teun A. (Hrsg.): *Discourse Studies: a multidisciplinary introduction. II: Discourse as social interaction,* London u.a.: Sage, pp. 258-284.

Generalitat de Catalunya (2007): *El catalán, lengua de Europa,* online: http://www20.gencat.cat/docs/Llengcat/Documents/Publicacions/Catala%20llengua%20Europa/Arxius/cat_europa_castella_08.pdf (27.12.2011).

Haarmann, Harald (2002): „Small languages in the information age: Strategies of survival", in: *Sociolinguistica* 16, pp. 32-39.

IDESCAT (2007a): *Població de 2 anys i més segons coneixement del català,* online: http://www.idescat.cat/territ/BasicTerr?TC=5&V0=3&V1=3&V3=2468&V4=2525&ALLINFO=TRUE&PARENT=1&CTX=B (27.12.2011).

IDESCAT (2007b): *Població de 2 anys i més segons la primera llengua que va parlar,* online: http://www.idescat.cat/territ/BasicTerr?TC=5&V0=3&V1=3&V3=2490&V4=2533&ALLINFO=TRUE&PARENT=1&CTX=B (27.12.2011).

Institut Ramon Llull (o.J.): *Literatura catalana,* online: http://www.llull.cat/_esp/_cultura/cultura_catalana_litera.shtml?seccio=cultura&subseccio=literatura#.Tvcvzpi9bSg (27.12.2011).

Kabatek, Johannes (1991): *Gemeinsprache und Standard im Galicischen,* Magisterarbeit: Universität Tübingen.

Kaplan, Robert B./Baldauf, Richard B. (1997): *Language planning from practice to theory,* Clevedon u.a.: Multilingual Matters.

Langenbacher-Liebgott, Jutta (2002): „La promotion du plurilinguisme et des langues modiques", in: *Sociolinguistica* 16, pp. 40-48.

Lenihan, Aoife (2011): „*Join Our Community Of Translators:* Language Ideologies and/in Facebook“, in: Thurlow, Crispin/Mroczek, Kristine (Hrsg.): *Digital Discourse. Language in the New Media,* Oxford: Oxford University Press, pp. 48-64.

Lüdtke, Jens (1991): „Katalanisch: Externe Sprachgeschichte“, in: Holtus, Günter/Metzeltin, Michael/Schmitt, Christian (Hrsg.): *Lexikon der Romanistischen Linguistik V.2,* Tübingen: Niemeyer, pp. 232-242.

Radatz, Hans-Ingo (1993): „*Katalanisch* oder *Valencianisch*?: zum sprachlichen Sezessionismus im Land València“, in: *Zeitschrift für Katalanistik* 6, pp. 97-120.

Stegbauer, Christian (2009): *Wikipedia. Das Rätsel der Kooperation,* Wiesbaden: VS Verlag für Sozialwissenschaften.

Surowiecki, James (2005): *Die Weisheit der Vielen,* München: Bertelsmann.

Rogge, Waltraud/Beinke, Christiane (1991): „Katalanisch: Sprachnormierung und Standardsprache“, in: Holtus, Günter/Metzeltin, Michael/Schmitt, Christian (Hrsg.): *Lexikon der Romanistischen Linguistik V.2,* Tübingen: Niemeyer, pp. 192-218.

Weber, Peter J. (2001): „Das Internet – Gefahr oder Chance für regionale Sprachgruppen wie die der Katalanen?“, in: *Zeitschrift für Katalanistik* 14, pp. 162-172.

Weinreich, Uriel (2011 [1951]): *Languages in Contact: French, German and Romansch in Twentieth-century Switzerland,* hrsg. und mit einem Vorwort von William Labov und Ronald I. Kim, Amsterdam/Philadelphia: Benjamins.

Wikipedia (2011): *Über Wikipedia,* online:
http://de.wikipedia.org/wiki/Wikipedia:%C3%9Cber_Wikipedia (27.12.2011).

A new contrastive research project in German-Spanish media linguistics: Comments 2.0[1]

Raúl Sánchez Prieto (Salamanca)

In this paper linguistic a multilingual contrastive approach to the linguistic exploration of customer online interaction and conversations will be presented. This approach should be understood as a multidisciplinary attempt to intertwine marketing studies and web linguistics, two fields of research that do not often come into contact.

1 Economics and social media linguistics: presenting a new research project

The purpose of *Comments 2.0* (2012-2014), a new research project presented here, is to provide internationally operating Spanish and European companies (particularly those active in the tourist industry) with a linguistic working tool for evaluating product and service comments of German customers (and customers of other languages and nationalities) and to determine the linguistic and argumentative structure and language use in Spanish and German customer comments on hotel accommodation in all relevant applications of the Social Web.

Understanding consumer behaviour has always been a popular topic in marketing research and analysing the mechanisms of online buying making decisions is still a key issue in modern economics (Schiffman et al 2008, 4ff.). Enterprises rapidly discovered the business potential of the World Wide Web for trading and selling products and services. Nowadays most companies carry out at least part of their transactions using one or more electronic trading platforms. An increasing number of them have incorporated or are incorporating satisfaction surveys and a customer comments page. Economists speak of marketing strategies for retaining old clients and attracting new ones by evaluating those comments as being part of the so called Electronic Customer Relationship Management (Fritz 2004, 175ff.). Purchaser's comments are provided not only by

1 This research project (FFI2011-23428, "Understanding consumer behaviour on the Social Web from a linguistic point of view", COMMENTS 2.0) has been founded by the Spanish Ministry of Economy and Competitiveness.

those trading platforms interested in customer's feedback (for example online travel agencies or hotel reservations agencies) but also by users of some of the most popular Social Web applications like social network services (Facebook, Twitter or LinkedIn), video sharing platforms (like Youtube) and blogs. These customer-to-customer interactions (usually comments) will prove a valuable tool for understanding how consumers make decisions by discussing the quality of a given product or service, recommending its acquisition, putting in a good word for the producer/company or its employees or – not unusually – advising potential customers not to purchase the discussed goods or services. Since they are written linguistic utterances, a linguistic analysis may shed some light on the argumentative mechanisms used by clients to evaluate products and services. But in today's globalized world it is not enough for a company to obtain information about the linguistic behaviour of their domestic customers commenting its products. Foreign customers are often the main target of internationally operating enterprises (especially of Spanish tourism operators) and understanding their linguistic and cultural online consumer behaviour should be essential.

As linguistic patterns of customer online interaction and conversations vary greatly from one economic culture to another and from one language to the other, a contrastive approach will be the ideal method for detecting differences in language use between domestic and foreign customers. Therefore this research project has to be understood as an interface between two fields of research that do not often come into contact, linguistics and marketing. It is intended to be a contribution to the studies in marketing communication and to provide an efficient framework for analysing the linguistic implications of online customer comments. Inside the language sciences it would be best described as belonging to the scope of contrastive linguistics and the new-established fields of web linguistics (Schlobinski 2005, 10f.; Bergh/Zanchetta 2008, 309) and advertising speech (Janich 2005, 16).

2 Aims of the project, methodology and corpus

The completion of the research project outlined above will imply the fully achievement of the two primary aims already mentioned. In the first place it will be necessary to develop a practice relevant theoretical framework which will enable linguists and internationally operating Spanish and European companies to evaluate product and service comments of foreign customers written in their mother tongue and intended for their fellow nationals. The theoretical framework will focus on the comparison of language structures and language argumentation mechanisms and should be applicable to any language combination.

In this way, researchers will be empowered to detect interlingual differences regarding the verbalization of domestic and foreign consumer behaviour on the Social Web. Since the framework is not bound to a particular pair of languages, the results arising from this first aim will be exposed to the scientific community in English.

Secondly, we will undertake a large-scale empirical corpus-based study building on the theoretical premises outlined above with the aim of determining the linguistic and argumentative structure and language use in Spanish and German customer comments on hotel accommodation in all relevant applications of the Social Web, including the feedback function on the webs of travel agencies and hotel reservations agencies and comments on social network services, video sharing platforms and blogs. German tourists account for a great deal of overnight stays in Spanish hotels (slightly more than seven million in 2008) and together with Austrians and Swiss Germans they outnumber the Britons as the largest foreign group of hotel clients (INE 2010, 473). The findings of this second primary aim of the research project will be particularly interesting for Spanish (and German) companies and will therefore be mainly presented in Spanish (and/or in German).

The first aim will be accomplished by establishing a contrastive approach that rests on five pillars. They can be regarded as being part of the intended comparative description of customer comments and will be applied to the corpus to be explored:

1) Text structures and communicative text functions. The contrastive description of the text structures and functions displayed in multilingual customer comments will focus on revealing purpose and text features of the informational, appellative and argumentative text functions established by Brinker (1983, 139 and 1985, 59). Special attention will be devoted to the language use for persuasive purposes, because precisely herein may lay the main differences between languages (and cultures) on this level of analysis. We will consider at least the following informative settings: name of company and product/service, product or service description, pricing, purchasing methods, customer service. Among the appellative and argumentative speech acts the following ones will be closely examined: product or service properties and features, quality certification, price comparison and price-performance ratio and efficiency, helpfulness and politeness of employees.

2) Text-grammatical structures. Among the text-grammatical structures relevant for a bi- or multilingual contrastive analysis we will study the linguistic elements that create grammatical (and lexical) cohesion and coherence in online customer conversations. Concerning the way in which the textual components of a comment and the comments

that are part of a discussion thread are mutually connected, we will explore the pertinence of the inclusion of Beaugrande's and Dressler's cohesive devices of recurrence, deixis and textual connection (1981, 3) in the contrastive approach, as it has already been suggested for the linguistic analysis of the web 1.0 (Schütte 2004, 103)

3) Stylistic structures. Stylistic structures such as figures of speech and other stylistic and rhetorical devices constitute "le deuxième grand volet de l'élocution" (Gardes-Tamine 1996, 124) and will also be taken into consideration due to their importance in the language of advertising and argumentation. The persuasive dimension of stylistic structures has always shaped the human discourse. The collaborative online discourse on the user-centred Social Web has also incorporated stylistic means but at least some of them are used differently than in traditional non-electronic channels of communication (Warnick 2007, 26), so that it will be worthwhile to study and categorize them.

4) Lexical structures. As for the lexical structures, linguistic differences regarding the use of technical terms, loanwords, neologisms and clipping can be expected (as Bittner 2003, 122 has cautiously pointed out), so that it will be necessary to establish a working tool for the lexical contrastive analysis. This tool should permit a categorical and semantic segmentation of the lexical items and help researchers to determine the lexical patterns of expression in online product and service comments.

5) Morphosyntactic structures. In order to investigate the differences concerning the morphosyntactic skeleton of the online consumer messages, a systematic scheme for its analysis will be worked out. It will include all pertinent verbal categories (tense, mood, voice, person) and syntactic functions, clause types as well as the thematic and information structure of the comments.

For the completion of the second aim it will be necessary to build a bilingual Spanish-German corpus of consumer reactions to products and services they have acquired or would like to purchase. Online customer-to-customer interactions on the web are immediately accessible, but since web pages and comments can easily be modified and even disappear, we will need to store them in their original format before proceeding to tag the parts of speech.

The researchers involved in the research project will follow methodologically a double path. On the one hand, we will elaborate an own eclectic theoretical framework that would allow a precise contrastive linguistic analysis of online consumer comments and will build upon the methods and insights developed by text linguistics (Beaugrande/Dressler 1981; Brinker 1985) and already applied to the linguistic analysis of static webs (Schütte 2004), stylistics (Jeffries/McIntyre 2010, for Internet stylistics Storrer 2010), lexicology (Schippan 1992; Porto Dapena 2002, for contrastive lexicology Van Roey 1990) and morphosyntax (Booj 2007; Dürscheid 2007). Our contrastive approach will rest on five pillars

and was already described above: text structures and communicative text functions, text-grammatical structures, stylistic structures, lexical structures and morphosyntactic structures.

On the other hand, a methodological approach commonly used in contrastive linguistics and translation studies will be used for data collection and will underlie the intended theoretical framework: the so called "parallel text analysis" (van der Eijk 1994, for its linguistic uses see Adamzik 2001, 14 and Lüger/Lenk 2008, 19). This research method was developed by the contrastive textology and has proved a valuable methodological tool for comparing text types in different languages and showing intercultural linguistic contrasts.

The parallel text analysis has been successfully adopted as a methodological tool in an important number of contrastive studies like Drewnowska (2006) or Kohn (2009). The procedure is especially interesting for "communication in international trade" (Spillner 2002, 144) and aimed at "finding out about target text conventions" (Kußmaul 1995, 151) and disparities in speech acts in different languages. It consists in comparing texts with a similar topic uttered or written in the same medium and seeking the same illocutionary or perlocutionary goal (Spillner 1981, 241 or Göpferich 1998). Two parallel textual corpora will be built, a Spanish and a German one, with a similar number of threads (about 500) and comments (about 5000) discussing identical topics in the same applications of the Social Web: comments' pages of online travel and hotel reservations agencies (e.g. Booking.com, Hotel.info or Expedia.com), social network services (Facebook, Twitter, LinkedIn), video sharing platforms (Youtube, Google videos), wiki discussion pages (Wikipedia) and blogs.

By intertwining both methodological approaches, the first one referring to the linguistic description of the corpus data extracted by the application of the second one, we will be able to locate and categorize the differences in Spanish and German consumer comments on the Social Web. Therefore, quantitative (generation of statistics through the analysis of our corpus) and qualitative (exploring linguistic behaviour on the Web 2.0) research will be combined.

3 State of the art

Although a large body of literature has already been published on what we shall call following Harasim (1986) and other theoreticians "computer mediated communication" (CMC), most articles, book chapters and monographies deal with the linguistic implications of this new channel of communication only indirectly. Scholars working on CMC belong typically to the information and communications technology research field or to the academic field of the communication studies. Relatively few linguists have engaged so far with CMC and have shown interest in understanding the linguistic mechanisms present in computer mediated marketing communication. The number of studies dealing with the issue from a contrastive point of view is even more limited and there are virtually no studies of which we are aware that examine Spanish and German language use on the Social Web or offer a theoretical approach for analysing the linguistic and argumentative structure of customer comments. As CMC and web linguistics should be in our opinion a broad, interdisciplinary field including different theoretical and practical approaches from the information sciences, marketing, media and linguistic studies, we will outline some of the most relevant contributions from those four scientific branches. The informatics and the information science are responsible for coining and defining the term "hypertext" (Nelson 1965; Kuhlen 1991) as well as for the practical implementation of different CMC technologies like emailing, chats, bulletin boards, list-servs, learning management systems, blogs, wikis or video sharing platforms. As it is imposible to quote all relevants contributions from the information science to CMC in a an executive summary, we will only refer to three of the most important dissemination channels for new research papers, the *Journal of Computer-Mediated Communication*, the *Journal of the American Society for Information Science and Technology* and the *Annual Review of Information Science and Technology*, as well as to one of the last technical monographs on Social Web information architectures, Governor et al. (2010), and Jonathan Furner's editorial on the newest advances in information science (Furner 2010). As part of the so called Integrated Marketing Communications or IMC (Boone/Kurtz 2007, 488) or "Electronic Customer Relationship Management" (Uebel et al. 2002, 24), research on Social Media Marketing includes all consumer-generated media content and "real-time feedback" on products and services (Gay et al. 2007, 123). Mangold/Faulds (2009, 358) propose that social media "be considered a hybrid component of the promotional mix and therefore be incorporated as an integral part of the organization's IMC strategy". The *International Journal of Internet Marketing and Advertising* and the *Journal of Marketing Communications* have established themselves as references in IMC. The communication and media studies have tackled the new phenomenon of CMC from a cultural, sociological, psycological and semiotic point of view, analising different issues such as the historical and sociological implications of the media change (Johnson 1999; Sutter at al. 2010), identity construction on the web or online social networking. Two of the most relevant contributions are Burnett's and Marschall's theoretical monograph on web theory (2003) and Becks's (2005) manual on online communication (and research) practices. *Communication Theory*, *Journal of Applied*

Communication Research, and *Media, Culture & Society* are among the most prestigious journals publishing research papers on online media and communication studies.

Web linguistics can be regarded as being part of media linguistics (Bergh/Zanchetta 2008). In Eckkrammer (2000), Schlobinski et al. (2005), Burger (2005), Perrin (2006) and Crystal (2006) the scopus of this new linguistic subfield has been sufficiently defined. In other relevant studies its relation with the economic (and cultural) studies has been aknowledged (i.e. Giménez 2009), but only a few authors have proposed a theoretical model for analyzing (static) webs from a linguistic point of view (among them Huber 2003; Posteguillo 2003; Sánchez Prieto 2011). However, empiric studies on web language, particularly contrastive ones, are becoming increasingly common, especially in international German language studies: Wrobel (2003) analyses American and German websites, Schütte (2004) works with a German-Russian corpus, Kohrs (2007) with a German-Lithuanian and Giessen (2008) with a German-French one. The number of studies dealing with Spanish language webs from a linguistic point of view is far more restricted. The main contribution is Yus (2003) on cyberpragmatics. Among the very rare German-Spanish contrastive studies on web linguistics are Almahano (2008) and Calvet (2012). The monographs and articles quoted above focus on static webs (Web 1.0). Linguistic studies on the Social Web or Web 2.0 (like Schlobinski/Siever 2005; Pano 2008; Baron 2010) are also on the increase but so far no one offers a theoretical approach for analysing the linguistic structure of customer comments or deals with German and Spanish language use from a contrastive point of view. Most relevant national and international groups are working in the same or related topics. As it can be inferred from the quoted references below, several linguists are working throughout Europe on web linguistics. We will only refer to well established research groups and scholars conducting language-driven studies at this moment in Europe and in Spain. One of the most experienced research groups is *sprache@web*, whose members have been working under the leadership of Peter Schlobinski (Hanover) since 1998 on various research projects. Some of the conducted research studies are contrastive (mainly English-German) and available online on the bilingual science portal *http://www.mediensprache.net*, the official website of the project. They also publish one of the very rare periodical publications on web linguistics, *Networx*. In the field of Romance linguistics one of the most important research projects is *Kontrastive Textologie*, lead by Eva-Martha Eckkrammer (Mannheim). Her research group has been working since 1998 in Salzburg and Mannheim on contrastive hypertext linguistics and digital text types, producing part of the most relevant scientific literature on contrastive web linguistics. Other research groups concentrate on a single language. *Private and public communication on the New Media* (*http://www.research-projects.uzh.ch/ p10623.htm*) is lead by Christa Dürscheid (Zürich). The project's main aim is to clarify how private and public communication does occur on the Internet. Another project developed in Zürich, *Dialogs in New Media* (*http://www.research-projects.uzh.ch/p12571.htm*), analyses the linguistic features of German dialogic communication on some applications of the Social Web like chats, instant messaging and social network sites. The project is lead by Ulla Kleinberger. Michael Beißwenger (Dortmund) coordinates a new research project that examines communicative interaction on the German-speaking Social Web, *Empirische Erforschung internetbasierter Kommunikation* (*http://www.empirikom.net/*). Outside the German speaking research landscape, it is worth mentioning a project financed by the French Research Agency ANR and focused on French (*LOCI - Locativité et Interaction en Logique, Linguistique et Informatique*, lead by Alain Lecomte, Paris 8), the Human Communication Research Centre of the University of Edinburgh and the Hypermedia Research Unit of the University of Glamorgan (*http://hypermedia.research.glam.ac.uk/*). Inside Spain we will refer to two research groups working specifically on web linguistics. The first one is called *Internet, lingüística y discursos de especialidad* (*http://www.uji.es/CA/departaments/ang/3c/grups/general/&id_grupo=161*) and lead by Santiago Posteguillo (University Jaume I). The group is working on English web linguistics and translation (also from a contrastive point of view). The other research group (*Spanish and German texts on the net*, *http://campus.usal.es/~aleman/textosenred.html*, Raúl Sánchez, Salamanca) seeks to determine the linguistic needs of websites and emails of Spanish small and medium-sized business seeking to do business with German-speaking clients.

4 Conclusion and summary

The outlined research project will be a contribution to marketing studies from a linguistic point of view. Therefore, the project should be understood as a multidisciplinary attempt to intertwine these two fields of research that do not often come into contact. Following scientific contributions can be expected from the project:

1) A practice relevant theoretical framework which will enable linguists and experts in international marketing to evaluate and compare product and service customer comments on the Social Web written in two or more languages.

2) A new empirical approach in building a bi- or multilingual corpus for a contrastive linguistic analysis of the Social Web.

3) The linguistic and economic definition of a new argumentative digital text type: online consumer comments.

4) The determination of the linguistic patterns and argumentative structures in Spanish and German customer comments on hotel accommodation.

5) The empirical deduction of the cultural and linguistic differences in Spanish and German consumer comments.

The results expected from the project could be inmediately applied. Spanish (and German) hotels will be given recommendations how to interpret the linguistic and cultural behaviour of their German (or Spanish) speaking clients and how to understand the comments. Moreover, they will be given a reliable empical method how to analyse periodically the comments of their guests on the Social Web. By applying the expected results and taking into consideration the differences between Spanish and German hotel guests, Spanish hotels will be able to improve their business-to-customer relationship with their German clients and understand how they argue and complain on the Web 2.0 and about which issues they complain.

5 References

Adamzik, Kirsten (2001): *Kontrastive Textologie*, Tübingen: Stauffenburg.

Almahano Güeto, Inmaculada (2008): "Estudio contrastivo de una clase de tipo textual especializada para la contratación turística electrónica en España y Alemania", in: Tabares Plasencia, Encarna (ed.): *Análisis lingüístico contrastivo en español y alemán*, Berlin: F&T, pp. 11-30.

Baron, Naomi S. (2010): *Always on. Language in an Online and Mobile World*, New York: OUP.

Beaugrande, Robert/Dressler, Wolfgang (1981): *Introduction to Text Linguistics*, London: Longman.

Beck, Klaus (2005): *Computervermittelte Kommunikation im Internet*, München: Oldenbourg.

Bergh, Gunnar/Zanchetta, Eros (2008): "Web linguistics", in: Lüdeling, Anke et al. (eds.): *Corpus Linguistics*, Berlin/New York: de Gruyter, pp. 309-327.

Bittner, Jürgen (2003): *Digitalität, Sprache, Kommunikation*, Berlin: ESV.

Booj, Geert (2007): *The grammar of words*, Oxford: OUP.

Boone, Louis E./Kurtz, David L. (2007): *Contemporary marketing*, Mason: Thomson/South-Western.

Brinker, Klaus (1983): "Textfunktionen. Ansätze zu ihrer Beschreibung", in: *Zeitschrift für Germanistische Linguistik* 11/83, pp. 127-148.

Brinker, Klaus (1985): *Linguistische Textanalyse. Eine Einführung in Grundbegriffe und Methoden*, Berlin: ESV.

Burger, Harald (2005): *Mediensprache*, Berlin/New York: de Gruyter.

Burnett, Robert/Marshall, David (2003): *Web theory*, Oxon: Routledge.

Calvet, Mireia (2012): "Nomination durch Wortbildung in mehrsprachigen online-Schuhverkaufsseiten", in: Sánchez, Raul Prieto (ed.): *Aktuelle Forschungen zur kontrastiven Linguistik Spanisch-Deutsch*, Stuttgart: Ibidem, pp. 23-44.

Crystal, David (2006): *Language and the Internet*, Cambridge: CUP.

Drewsnowska, Eva (2006): "Metaphern in Reformulierungsausdrücken. Ein interlingualer Vergleich ausgewählter Presse-Interviews", in: Breindl, Eva at al. (eds.): *Grammatische Untersuchungen. Analysen und Reflexionen*, Tübingen: Narr, pp. 451-472.

Dürscheid, Christa (2007): *Syntax. Grundlagen und Theorien*, Göttingen: Vandenhoeck & Ruprecht.

Eckkrammer, Eva Martha (2000): *(Cyber)Diskurs zwischen Konvention und Revolution*, Frankfurt am Main u.a.: Peter Lang.

Fritz, Wolfgang (2004): *Internet-Marketing und Electronic Commerce*, Wiesbaden: Gabler.

Furner, Jonathan (2010): "Advances in Information Science", in: *Journal of the American Society for Information Science and Technology*, 62, pp. 995-1004.

Gardes-Tamine, Joëlle (1996): *La rhétorique*, Paris: Armand Colin.

Gay, Richard et al. (2007): *Online Marketing: A Customer-Led Approach*, New York: OUP.

Giessen, Hans (2008): "Kulturfaktoren und neue Medien. Zur Untersuchung von Medienwirkungen", in: Lüger, Heinz-Helmut et al. (eds.): *Kontrastive Medienlinguistik*, Landau: Verlag Empirische Pädagogik, pp. 157-172.

Giménez, Julio (2009): "Mediated communication", in: Bargiela-Chiappini, Francesca (ed.): *Handbook of Business Discourse*, Edinburg: Edinburgh University Press, pp. 132-141

Göpferich, Susanne (1998): "Paralleltexte", in: Hönig, Hans G. et al. (eds.): *Handbuch Translation*, Tübingen: Stauffenburg, pp. 184-186.

Governor, James et al. (2010): *Web 2.0 Architectures*, Sebastopol: O'Reilly.

Harasim, Linda (1986): "Computer learning networks: educational applications of computer conferencing", in: *Journal of distance education* 1, pp. 59-70.

Huber, Oliver (2003): *Hyper-Text-Linguistik TAH: Ein textlinguistisches Analysemodell für Hypertexte*. München: Utz.

INE (2010): *Anuario Estadístico de España*, Instituto Nacional de Estadística: Madrid.

Janich, Nina (2005): *Werbesprache. Ein Arbeitsbuch*, Tübingen: Narr.

Jeffries, Lesley/McIntyre, Dan (2010): *Stylistics*, Cambridge: Cambridge University Press.

Johnson, Steven (1999): *Interface Culture: How New Technology Transforms the Way We Create and Communicate*, New York: Basic Books.

Kohrs, Jurgita (2007): "Kulturspezifik und ihre Relevanz für die Übersetzungspraxis", in: *Lebende Sprachen* 52, pp. 155-163.

Kohn, Janos (2009): "Computergestützte Untersuchung von Paralleltexten im Übersetzungsunterricht", in: *Lebende Sprachen* 44/1, pp. 6-14.

Kuhlen, Rainer (1991): *Hypertext Ein nichtlineares Medium zwischen Buch und Wissensbank*, Berlin: Springer.

Kußmaul, Paul (1995): *Training the Translator*, Amsterdam/Philadelphia: Benjamins.

Lüger, Heinz-Helmut/Lenk, Hartmut (2008): "Kontrastive Medienlinguistik. Ansätze, Ziele, Analysen", in: Lüger, Heinz-Helmut/Lenk, Hartmut (eds.): *Kontrastive Medienlinguistik*, Landau: Verlag Empirische Pädagogik, pp. 11-28.

Mangold, W. Glynn/Faulds, David J. (2009): "Social media: The new hybrid element of the promotion mix", in: *Business Horizons* 52/4, pp. 357-365.

Nelson, Ted (1965): "The Hypertext", in: *Proceedings of the World Documentation Federation*. Microfilm.

Pano, Ana (2008): *Dialogar en la red. La lengua española en chats, emails, foros y blogs*, Frankfurt am Main u.a.: Peter Lang.

Perrin, Daniel (2006): *Medienlinguistik*, Konstanz: UVK.

Porto Dapena, José Álvaro (2002): *Manual de técnica lexicográfica*, Madrid: Arco Libros.

Posteguillo, Santiago (2003): *Netlinguistics*, Castelló: Jaume I.

Sánchez Prieto, Raúl (2011): *Unternehmenswebseiten kontrastiv*, Tübingen: Narr.

Schiffman, Leon G. et al. (2008): *Consumer behaviour. A European outlook*, Edinburgh: Prentice Hall.

Schippan, Thea (1992): *Lexikologie der deutschen Gegenwartssprache*, Tübingen: Niemeyer.

Schlobinski, Peter (2005): "Sprache und internetbasierte Kommunikation. Voraussetzungen und Perspektiven", in: Schlobinski, Peter et al. (eds.): *Websprache.net. Sprache und Kommunikation im Internet*, Berlin/New York: de Gruyter, pp. 1-14.

Schütte, Daniela (2004): *Homepages im World Wide Web. Eine interlinguale Untersuchung zur Textualität in einem globalen Medium*, Frankfurt am Main u.a.: Peter Lang.

Schlobinski, Peter/Siever, Torsten (eds.) (2005): "Sprachliche und textuelle Merkmale in Weblogs. Ein internationales Projekt", in: *Networx* 46, online: http://www.mediensprache.net/networx/networx-46.pdf.

Spillner, Bernd (1981): "Textsorten im Sprachvergleich. Ansätze zu einer Kontrastiven Textologie", in: Kühlwein, Wolfgang et al. (eds.): *Kontrastive Linguistik und Übersetzungswissenschaft*, München: Fink, pp. 239-250.

Spillner, Bernd (2002): „Fachtexte im interkulturellen Vergleich. Kontrastive Pragmatik deutscher, finnischer und französischer Wirtschaftstexte", in: Nuopponen, Anita et al. (eds.): *Interkulturelle Wirtschaftskommunikation. Forschungsobjekte und Methoden*, Vaasa: VUP, pp. 144-164.

Storrer, Angelika (2010): „Rhetorisch-stilistische Eigenschaften der Sprache des Internet", in: Fix, Ulla et al. (eds.): *Rhetorik und Stilistik*, Berlin/New York: de Gruyter, pp. 2211-2226.

Sutter, Tilmann et al. (2010): *Medienwandel als Wandel von Interaktionsformen*, Wiesbaden: VS Verlag.

Uebel Matthias et al. (2002): *Effektives Customer Relationship Management*, Wiesbaden: Gabler.

Van der Eijk, Pirn (1994): *Comparative discourse analysis of parallel texts. Technical report cmp-lg/9707022*, Digital Equipment Corporation.

Van Roey, Jan (1990): *French-English contrastive lexicology*, Leuven: Peeters.

Warnick, Barbara (2007): *Rhetoric online: persuasion and politics on the world wide web*, New York: Peter Lang.

Wrobel, Ursula (2003): *Andere Länder – andere Sites*, Frankfurt am Main u.a.: Peter Lang.

Yus, Ramos (2001): *Ciberpragmática. El uso del lenguaje en Internet*, Madrid: Ariel.

Nin spanhol nin pertués, weder Düütsch noch Franzeesch: el mirandés y el alsaciano como lenguas regionales o dialectos exteriores en la web social

Raúl Sánchez Prieto (Salamanca)

This paper explores the visibility of two Spanish and German outer dialects, Mirandese and Alsatian, in the Social Web. An empirical corpus will allow us to analyse if dialect speakers do use the Internet as a platform for written communication.

1 Dos dialectos exteriores o "lenguas regionales" de similares características sociolingüísticas: el mirandés y el alsaciano

Las lenguas minoritarias y aquellos dialectos que intentan convertirse en *Ausbausprachen* han sido objeto de estudio lingüístico preferente en los últimos veinte a treinta años y aún continúan siéndolo. No obstante este interés, en raras ocasiones se realizan estudios comparativos que no se refieran a política lingüística y aún más ocasionales son los trabajos de base empírica que investigan la presencia de dos o varios dialectos de lenguas diferentes en los nuevos medios de comunicación. El presente estudio tiene como objetivo analizar la presencia en la cada vez más importante web social de dos variedades diatópicas pertenecientes a dos troncos lingüísticos diferentes, el mirandés y el alsaciano, que comparten ciertas características en el plano sociolingüístico. En primer lugar es necesario resaltar que en ambos casos se trata de lo que podríamos denominar siguiendo a varios autores de *dachlose Außendialekte* o "dialectos exteriores". Se trata de variantes lingüísticas de dos lenguas, el castellano o español por un lado, y el altoalemán, por otro, que se hablan en dos territorios colindantes con el areal lingüístico cerrado de cada una de sus lenguas, pero que pertenecen a otro estado distinto de aquel en el que el español y el alemán son oficiales. Están en una clara situación de diglosia frente a la lengua estatal (respectivamente el portugués y el francés), que influye notablemente en todos los ámbitos de uso del dialecto. El término *Außendialekt* o *Außenmundart* procede de la germanística alemana y es el utilizado regularmente para definir el dialecto alsaciano, por ejemplo en Kloss (1978, 60), Ammon (1991, 93), Werlen (1996, 33) o Dittmar (1997, 188). Los escasos trabajos sobre el mirandés no utilizan el término, aunque el mirandés cumple todos los requisitos de un dialecto exterior que se manifiestan en el caso del alsaciano. En segundo lugar, a pesar de que históricamente estemos ante formas claramente dialectales y que algún investigador se oponga al término (Merlan 2009, 91), para el estado al que pertenecen sus hablantes las hablas en cuestión son "lenguas regionales": se trata de variantes lingüísticas tradicionales habladas en un territorio determinado (Miranda do Douro, Alsacia) que no son dialectos de la lengua oficial del estado, si no, históricamente, dialectos de las lenguas vecinas.

En el caso del mirandés, mientras que los filólogos parecen ser reticentes a otorgar al mirandés la categoría de lengua, la política y la opinión pública mirandesa y portuguesa ya decidió hace más de diez años conceder al idioma propio de la parte más oriental del distrito de Braganza la consideración de *língua*. Mediante el Decreto Lley 7/99 de *Reconhecimento Oficial de Direitos Linguísticos da Comunidade Mirandesa* de 29 de enero de 1999 el gobierno portugués reconoció al mirandés oficialmente como lengua minoritaria de Portugal. Pese a este reconocimiento como lengua, los hispanistas españoles y gran parte de los lusistas portugueses hacen referencia al mirandés como variedad dialectal del leonés (desde Menéndez Pidal 1901, 13 a Azevedo 2004, 197 pasando por Ceolin 2002, 63). En el manual de referencia de dialectología hispánica, Azevedo Maia (2009, 159) habla de "dialectos de factura leonesa en territorio portugués". De este modo, el dominio dialectal leonés incluiría, además del mirandés y de las hablas leonesas propiamente dichas (es decir, las habladas en el antiguo Reino de León), también los numerosos dialectos leoneses que aún se conservan en Asturias y Cantabria. La variedad leonesa denominada por sus creadores *llingua asturiana* es un neolecto y, en palabras de Kabatek (2006, 156), "no se trata, como se suele decir, de la conservacion de la riqueza linguística tradicional asturiana". El mirandés es, en definitiva, una "variedad lingüística rural" (Merlan 2009, 57) leonesa hablada en Portugal que actualmente goza del estatus político de lengua minoritaria y que se ha dotado de una convención ortográfica aceptada por sus hablantes. Por leonés se entiende aquí un dialecto histórico del latín de evolución distinta (pero paralela) al castellano en el sentido lapesiano del término (Lapesa 1981, 184).

En lo que concierne al alsaciano, la lingüística germánica contempla los dialectos alemánicos y renanofranconios hablados en gran parte de la región administrativa francesa de Alsacia como parte del contínuum lingüístico altoalemán y habla de una situación de diglosia con respecto al francés: "Die mündliche Diglossie Französisch/elsässische Dialekte befindet sich in einem Stadium fortschreitender Erosion" (Helfrich 1999, 57). La política y la opinión pública habla conscientemente de *langue regionale*. De hecho, éste es el término utilizado en al artículo 75/1 de la Constitución Francesa para referirse a todos las variantes lingüísticas no francesas habladas en la república. Quizá, como intuye Lauffenburger (2002, 339) sea el rechazo a la lengua alemana estándar como consecuencia de la ocupación nazi de Alsacia el que determine que los propios alsacianos hablen de *unseri Sproch* y no de *unser Dialekt*. Por esta razón, y de forma paralela al mirandés, está justificado calificar al alsaciano como dialecto (desde un punto de vista estrictamente filológico) y como lengua regional (desde un punto de vista político-social). O en palabras de Guespin/Marcellesi (1993, 459): "Man könnte sagen, dass das Elsässische eine Regionalsprache ist, die in ihrer schriftlichen Form der deutschen Literatursprache folgt".

2 Las aplicaciones de la web social como plataforma de expresión en dialectos exteriores

En buena medida la discusión acerca del estatus de los dialectos exteriores (y de los demás dialectos y lenguas minoritarias) se lleva a cabo en Internet, poderoso medio a través del cual las comunidades lingüísticas en posición de minorización se expresan preferentemente en la actualidad. A este respecto, Internet está siendo utilizado, por un lado, como una plataforma de información abierta que posibilita a estos grupos el dar a conocer su situación, en especial las restricciones a las que se ven sometidos en el uso de su lengua o variedad en determinadas situaciones comunicativas. Por otro lado, los hablantes tanto de comunidades lingüísticas minoritarias como dialectales están descubriendo las ventajas que les brinda este nuevo medio digital: pueden interactuar en su variedad lingüística materna cuando quieran y donde quiera que vivan. La era digital favorece una red multilingüe, y algunas lenguas y dialectos ya tienen más contenidos en línea que impresos (caso, por ejemplo, del leonés moderno o de las hablas extremeñas). La lingüística, y en especial la dialectología, aún no han trabajado lo suficiente sobre estas nuevas situaciones comunicativas. Las comunidades dialectales, que se encuentran en una posición diglósica con respecto a la lengua dominante, tienen a su disposición un medio libre y de fácil acceso y manipulación que les posibilita la comunicación más allá de las fronteras espaciales de su comunidad. Junto a esto, el interesado puede acceder a golpe de ratón a gran cantidad de información (contrastada y no contrastada) sobre una lengua o dialecto determinado hablado en su comarca o a miles de kilómetros de distancia de su lugar de residencia. Incluso la mayor y más leída enciclopedia del mundo, Wikipedia, ha abierto versiones en numerosos dialectos (como el mirandés, el aragonés o el alemánico). Muchas de estas lenguas minoritarias y sobre todo la gran mayoría de los dialectos se sirven casi exclusivamente de la Web 2.0 o "red social". Todo usuario de Internet con unos conocimientos técnicos mínimos está ahora en posición de expresarse en Internet mediante una aplicación de la web de segunda generación. Esto conlleva la apertura de la red a contenidos dialectales anteriormente muy difíciles de publicar. De la investigación humanística de la web, y en especial de la web social, se han ocupado hasta ahora sobre todo las ciencias sociales y las ciencias de la comunicación. Las ciencias sociales se han interesado en primer lugar por las implicaciones sociales que conlleva el uso de las aplicaciones de la web 2.0, conocidas como "user generated content" (Gerhards/Klinger/Trump 2008, 130) y que están enmarcadas en un contexto social determinado que fomenta "den Informationsaustausch, den Beziehungsaufbau und deren Pflege, die Kommunikation und die kollaborative Zusammenarbeit" (Ebersbach/Glaser/Heigl 2008, 31). Los aún no excesivamente numerosos estudios lingüísticos sobre la red social se emplean en analizar los comportamientos lingüísticos e identitarios de los usuarios en la red, en especial los nuevos hábitos de escritura (p.e. Rehm 2002 o Schlobinski 2005b). De igual forma se ha estudiado el uso de la lengua en aplicaciones concretas como los chats (Beißwenger 2000; Dorta 2005, etc.), los foros (Androutsopoulos 2007; Ehrhardt 2009, entre otros), los blogs (Herring 2004; Schlobinski 2005a, etc.), las wikis (Mehler/Sutter 2008) o las redes sociales o "Social Networking Communities" (Renz 2007). Pero, aunque ya hace algunos años que se comprobó que "the Internet also fosters written communication in dialects and languages that previously were used principally for oral communication" (Wahrschauer et al. 2007, 304), apenas se han publicado trabajos sobre las características de las webs escritas en dialecto. Uno de los pocos trabajos de envergadura es el de Carroll (2008) sobre el español puertorriqueño. Los investigadores se suelen centrar en determinar la vitalidad de las lenguas (no dialectos) minoritarias en la red. A ese respecto son destacables los trabajos de Cunliffe (2005, 2008) sobre el galés, el de Flemming/Debski (2007) sobre el gaélico irlandés, el artículo de Fernández (2001) sobre el vasco, el de Sánchez Prieto (2010) en relación al luxemburgués y el de Micó/Masip (2009) sobre el catalán. Desde hace tiempo es conocido el hecho de que los dialectos pueden cumplir funciones lingüísticas y sociales divergentes en diferentes áreas lingüísticas (Berruto 2004, 191).

El nuevo campo de investigación que es necesario desarrollar dentro de los estudios dialectológicos tendrá como objetivo determinar el uso del dialecto en la web 2.0 en una lengua determinada y, desde una perspectiva sociolingüística supranacional, analizar y comparar la presencia en la red de los dialectos de las comunidades lingüísticas europeas. De esta forma sería posible comenzar a cerrar un vacío abierto en la investigación lingüística no solo del español, sino también de las demás lenguas europeas. Desde una perspectiva dialectológica comparada que pertenecería a lo que se viene denominando "eurolingüística" el análisis de los usos dialectales de la web social permitiría poner en relación los comportamientos de hablantes dialectales y de la lengua estándar en diferentes países. Más relevante es, aún si cabe, la obtención de resultados en aquellos casos en los que el dialecto de una lengua determinada es exterior en los términos anteriormente definidos o se ha constituido, desde su calidad de habla exterior, en una lengua regional. Éste es el caso del mirandés y del alsaciano.

3 Corpus y método descriptivo

De la elección del corpus dependen, en gran medida, los resultados que se obtendrán posteriormente. Por esta razón es vital recoger un corpus que refleje, en la medida de lo posible, la realidad lingüística de la red. Por ello, para determinar hasta qué punto está presente en la red el dialecto o lengua regional en cuestión, es este estudio se partirán de los buscadores de referencia en Internet. En el caso de los blogs nos serviremos de la herramienta de búsqueda Blog Search (*http://blogsearch.google.com*). Para medir el grado de visibilidad de un dialecto en wikis se recurrirá a la respectiva versión de la enciclopedia colaborativa de referencia, Wikipedia: el mirandés cuenta desde hace poco con una *Biquipédia propia* (*http://mwl.wikipedia.org*), las entradas en alsaciano están integradas dentro de la Wikipedia en alemánico (*http://als.wikipedia.org/wiki/Kategorie:Artikel_uf_Els%C3%A4ssisch*). El buscador utilizado para analizar la presencia del dialecto en las redes sociales es el general de Facebook (*http://www.facebook.com*). El corpus contempla una cuarta aplicación de la web social, las plataformas de *video-sharing*. En este caso el buscador es Youtube (*http://www.youtube.com*). Para cada uno de los dos dialectos analizados se introducirán cuatro parámetros de búsqueda o metadatos: tres glotónimos y un topónimo. Los tres glotónimos recogen el nombre del dialecto o lengua regional más usual entre la comunidad dialectal que tienen esa variante como propia (endoglotónimo), la comunidad lingüística a la que pertenece históricamente el dialecto (exoglotónimo) y entre los hablantes de la lengua oficial del territorio en el que se habla el dialecto exterior y que actúa como lengua de cultura y prestigio. Como endoglotónimo mirandés se propone *lhéngua mirandesa*, el recogido en la *Cumbençon Ourtográfica de la Lhéngua Mirandesa* (1999) y prácticamente el único utilizado en Portugal. Los exoglotónimos españoles y portugueses recogen este uso y son, respectivamente, *lengua mirandesa* y *língua mirandesa*. Como endoglotónimo alsaciano se toma *Elsassisch* y no *elsassische Sproch*. Este segundo término no parece gozar de gran uso entre los hablantes del dialecto, al menos no en la red. *Elsassisch* designa en la mayor parte de los casos el dialecto alsaciano. No es el caso de *Elsässisch* y *alsacien* en alemán y francés, que pueden referirse tanto a la variedad lingüística como al gentilicio.

Por esta razón el exoglotónimo alemán que se utilizará como parámetro de búsqueda es *Elsässerdeutsch* (que implica que el alsaciano es un dialecto altoalemán) y el francés *langue alsacienne* (que recoge el término galo *langue regionale*). El cuarto metadato es el endotopónimo: *Miranda de l Douro* en el caso del mirandés y *´s Elsass* en el del alsaciano. Para cada buscador mencionado anteriormente se ha utilizado la versión lingüística y situacional propia de cada territorio, p.e. Blog Search de Google o el buscador de Youtube en portugués y desde Portugal para el endoglotónimo y endotopónimo mirandeses y el exoglotónimo portugués, y los respectivos buscadores en lengua castellana y desde España para el exoglotónimo español. Para ello fue necesario contratar tres VPNs: una portuguesa, otra francesa y otra alemana. El corpus estará formado por los treinta primeros resultados obtenidos para cada uno de los cuatro parámetros de búsqueda utilizando los tres buscadores anteriormente mencionados. Por lo tanto, el número total de *threads* de blogs, Facebook y Youtube analizado por dialecto exterior es de 360. A estos habría que sumarles los datos numéricos descriptivos de las respectivas Wikipedias.

Aplicación	Buscador	Tags/metadatos	Muestra
Blogs	BlogSearch	Endoglotómino Exoglotónimos Endotopónimo	120 resultados (30 primeros resultados por glotónimo/topónimo)
Wikis	Wikipedia	versiones existentes	Artículos totales escritos en dialecto
Facebook	Facebook all results	Endoglotómino Exoglotónimos Endotopónimo	120 resultados (30 primeros resultados por glotónimo/topónimo)
Youtube	buscador Youtube	Endoglotómino Exoglotónimos Endotopónimo	120 resultados (30 primeros resultados por glotónimo/topónimo)

Tabla 1: corpus

El corpus es representativo en lo que concierne a la visibilidad del dialecto en la red social, pues tiene en cuenta el número total de resultados obtenidos por cada aplicación. Así por ejemplo, el endoglotónimo *lhéngua mirandesa* aparece en 1430 entradas de blogs listadas en Blog Search. La muestra, integrada por las primeras treinta entradas del buscador, es de igual modo representativa, ya que recoge los blogs, los grupos o páginas de Facebook y los videos más vistos y leídos que han sido etiquetados con los metadatos analizados. Tan interesante como la realización de un estudio de visibilidad de los dialectos exteriores en la red es el análisis de los temas tratados en los *threads* incluidos en el corpus: ¿sobre qué temas versan los contenidos dialectales en la web social? A este respecto se establece una clasificación básica y no exhaustiva que incluye los siguientes temas:

1) Temas de la vida diaria
2) Temas de reflexión sobre el dialecto (reflexiones metalingüísticas)
3) Temas folklorísticos (folklore)
4) Temas de de política regionalista/nacionalista.

Esta clasificación nos permitirá comparar los ámbitos temáticos reservados al dialecto en la era digital.

4 Presencia del mirandés y del alsaciano en la red social: blogs, wikis, Facebook, Youtube

4.1 Blogs

La blogosfera mirandesa registrada en el buscador de blogs de Google arroja una visibilidad de 1430 resultados para el endoglotónimo mirandés y de aproximadamente otros tantos para el exoglotónimo portugués. El endotopónimo *Miranda de l Douro* presenta aún más resultados. El mirandés es la lengua en la que están escritos el 70% de los *threads* analizados que contienen el tag *lhéngua mirandesa* y el 57% de los referidos al endotopónimo. El resto de los *threads* están escritos en portugués. La presencia del español está limitada al exoglotónimo castellano y es, en todo caso, muy escasa (solo 15 resultados).

	Visibilidad	Español	Mirandés	Portugués	Otros
Endoglotónimo	1430		70%	26,7%	3,3%
Exoglotónimo español	15	93,4%	6,6%		
Exoglotónimo portugués	1400		3,3%	96,7%	
Endotopónimo	2120		56,7%	43,3%	

Tabla 2: el mirandés en la blogosfera

En lo que se refiere a los temas sobre los que versan las entradas, aquellas redactados en mirandés suelen ser reflexiones o noticias relativas al propio dialecto (1). Solamente los pertenecientes al endotopónimo hacen presentan un índice porcentual mayor perteneciente a la temática de la vida cotidiana (2):

(1) Apresentação do Livro "Lhiendas i cuontas de casa". Hoije ye l die de la lhéngua materna. I cumo mirandés que sou, deixai que bos diga algo. Ls alunos i ls porsores de l Purmeiro Ciclo de las Scuolas de Miranda i Sendin fazírun l salimiento de un lhibro an lhéngua mirandesa (*http://mirandaeb1.blogs.sapo.pt/3316.html*, 22.03.2011).

(2) Recordaçones. Nun cantico de la mie casa, tengo ua caixica! Alhi stán todas las cousas que me fazírun tan cuntenta! Guardo las sunrisas, ls suonhos, las ambiçones! Anton, la caixica stá chena de cousas buonas, de que tengo sauidade, de momentos que nun torno a vivir (...) (*http://braganzonya.blogspot.com/2007/12/recorda-ones.html*, 22.03.2011).

	Español	Mirandés	Portugués
Endoglotónimo			
Vida diaria			3,3%
Reflexiones metalingüísticas		70%	23,4%
Exoglotónimo español			
Vida diaria	33,4%		
Reflexiones metalingüísticas	40%	6,6%	
Folklore	13,4%		
Nacionalismo/regionalismo	6,6%		

	Español	Mirandés	Portugués
Exoglotónimo portugués			
Vida diaria			6,7%
Reflexiones metalingüísticas		3,3%	86,7%
Folklore			3,3%
Endotopónimo			
Vida diaria		26,7%	30%
Reflexiones metalingüísticas		13,4%	6,6%
Folklore		16,4%	6,6%

Tabla 3: clasificación temática de la blogosfera mirandesa

La blogosfera alsaciana parece ser menos visible que la mirandesa. Solo el endoglotónimo presenta un valor numérico comparable (1080 resultados). Los exoglotónimos (en especial el alemán) y el endotopónimo apenas arrojan resultados. El alsaciano juega un papel menor en la redacción de *threads* referentes al endoglotónimo y al entotopónimo, siendo superado tanto por el francés como por el alemán. Con excepción del endotopónimo, el francés es la lengua más usada en la escritura de los blogs.

	Visibilidad	Alemán	Alsaciano	Francés	Otros
Endoglotónimo	1080	33,4%	6,6%	46,6%	13,4%
Exoglotónimo alemán	11	36,3%		54,6%	9,1%
Exoglotónimo francés	192			100%	
Endotopónimo	28	42,3%	15,4%	30,7%	11,6%

Tabla 4: el alsaciano en la blogosfera

Temáticamente las entradas escritas en alsaciano son bien reflexiones metalingüísticas (1) o bien se pueden clasificar como contribuciones folklóricas (2). Alguna entrada es de temática nacionalista (3):

(1) Kahsch's elsassich? kumm nur! kahsch nît? kumm doch... dr plogg wum tophedissi e proba uff elsassisch (*http://verdamminochemol.canalblog.com/archives/2009/02/05/12383284.html*, 22.03.2011).

(2) Liewi Frind, Es isch e güet Johr gsin! Zwei von unsere bekanntsche Liedermacher han in dem Johr e neji CD präsentiert: - René Egles: Dü mini Gitarr - Robert Frank Jacobi: d'letschde Mohikaner Natierlig sin beidi uff www.liederbrunne.com zu finde, zamme mit 70 andere CDs von elsassische un badische Liedermacher, u.a. von Wihnachte (siehe Kategorie "Weihnachten/Wihnachte"). Mir winsche Ejch e schoeni Wihnachte! (*http://la-feuille-de-chou.fr/?p=14591*, 22.03.2011).

(3) S'Elsass unser Ländel (*http://jeune-alsace.hautetfort.com/archive/2007/02/09/s-elsass-unser-landel.html*, 22.03.2011)

	Alemán	Alsaciano	Francés
Endoglotónimo			
Vida diaria	3,4%		23,3%
Reflexiones metalingüísticas	30%	6,6%	23,3%
En otras lenguas: 13,4%			
Exoglotónimo alemán			
Vida diaria	9%		
Reflexiones metalingüísticas	27,4%		54,6%
En otras lenguas: 9%			
Exoglotónimo francés			
Vida diaria			56,7%
Reflexiones metalingüísticas			36,7%
Folklore			6,6%
Endotopónimo			
Vida diaria	23,1%	3,8%	26,2%
Folklore		7,6%	3,8%
Política general	19,2%		
Nacionalismo/regionalismo		3,8%	
En otras lenguas: 11,6%			

Tabla 5: clasificación temática blogosfera alsaciana

4.2 Wikis

Hay disponible una versión de Wikipedia en cada uno de los dos dialectos exteriores objeto de estudio (respectivamente: *http://mwl.wikipedia.org* y *http://als.wikipedia.org/wiki/Kategorie:Artikel_uf_Els%C3%A4ssisch*), aunque los artículos escritos en alsaciano estén dentro de la Wikipedia alemánica junto a las demás variantes de este conjunto dialectal alemán. Como redactadas en *Elsassisch* están catalogadas casi el doble de entradas que en mirandés (973 frente a 525). Si se toma el número de entradas de las Wikipedias de la lengua en la que están cada dialecto en posición de diglosia y la lengua a la que históricamente pertenece, se obtendrá un índice de visibilidad porcentual del dialecto con respecto a las dos lenguas. En mirandés y alsaciano este índice de visibilidad que denominamos absoluto es prácticamente el mismo. Si, por el contrario, se calcula la cifra estadística de artículos escritos por cada hablante del dialecto o de las lenguas en cuestión (índice de visibilidad comparado o relativo), se observa una gran diferencia. Mientras que cada *falante* mirandés sería responsable de la redacción de 0,075 artículos, cada alsaciano solo habría creado una media de 0,0008 artículos. En definitiva, los hablantes mirandeses son más activos que los de portugués (o español), mientras que los hablantes dialectales de alsaciano son mucho más pasivos que los francés o alemán. Para la realización de los cálculos se toman en cuenta el siguiente número de hablantes: para el español 354.653.098 (Instituto Cervantes, citado por Kabatek 2009, 25), para el portugués 191 millones (Azevedo 2004, 5), para el mirandés 7000 (Martins 1997, 7), para el alemán 102.939.000 (Johnson/Braber 2008, 47), para el francés 100 millones (Walter 2004, 134) y para el alsaciano 1.200.000 (Geckeler/Dietrich 2007, 35).

Mirandés					
	Entradas totales	Índice de visibilidad respecto a wiki esp.		Índice de visibilidad respecto a wiki pt.	
		Absoluto	Comparado	Absoluto	Compar.
Biquipédia en mirandés	525	0,071%	-mir: 0,075 -esp: 0,002 art. por hablante	0,077%	-mir: 0,075 -pt: 0,003 art. por hablante
Wikipedia en español	734.745				
Wikipedia en portugués	676.883				

Alsaciano					
	Entradas totales	Índice de visibilidad respecto a wiki alem.		Índice de visibilidad respecto a wiki franc.	
		Absoluto	Comparado	Absoluto	Compar.
Wikpedia en alemánico - alsaciano	973	0,071%	-als: 0,0008 -al: 0,011	0,077%	-als: 0,0008 -fr: 0,010
Wikipedia en alemán	1.201.768				
Wikipedia en francés	1 079 114				

Tabla 6: mirandés y alsaciano en Wikipedia

4.3 Redes sociales: Facebook

Las redes sociales, y en el caso de este estudio, Facebook, no son un medio de expresión dialectal en mirandés. Si bien se encuentran algunos resultados en el buscador de Facebook, la mayor parte de éstos son *mirrors* de artículos de la Wikipedia inglesa o española sobre el mirandés o Miranda do Douro. De los dos grupos en lengua portuguesa, uno es de temática metalingüística y otro está dedicado al folklore mirandés.

Aunque de manera incipiente, el alsaciano forma parte del paisaje lingüístico de Facebook. De los diez grupos etiquetados como *Elsassisch* que no son *mirrors* de Wikipedia ocho utilizan de modo preferente el alsaciano y tratan cuestiones lingüísticas, por ejemplo *S Netz uf Elsassisch: M'r brücha oï werder uf elsassisch fer's internet un fer d'Technologia*. Por lo demás el francés domina casi exclusivamente los *threads* de Facebook referentes a Alsacia y el alsaciano.

Es de reseñar el alto índice de temática política y, en particular nacionalista, correspondiente al exoglotónimo francés, tanto del lado alsaciano (1), como del lado francés (2):

(1) Pour l'indépendance de l'Alsace. Parce ke toi aussi tu es Alsacien Et ke tu est fièr de l'être Que tu parle le patoi local Et ke tu trouve cette langue comme étant la plus belle du monde (…) (*http://www.facebook.com/group.php?gid=74131228138#!/group.php?gid=74131228138&v=info*, 22.03.2011).

(2) CPELA (Comité Pour l'Extermination de la Langue Alsacienne) (…) Weite moulti chpoul und du bist diabol? (*http://www.facebook.com/group.php?gid=53369450434#!/group.php?gid=53369450434&v=wall*, 22.03.2011).

4.4 *Plataformas de video-sharing: Youtube*

La mayor parte de los escasos videos subidos a la plataforma Youtube que responden al tag *lhéngua mirandesa* son presentaciones fotográficas de la Tierra de Miranda sin voz hablada o videos cortos de representaciones folklóricas (en la tabla adjunta clasificados como "otros"). La lengua de expresión de aquellos que cuentan con voz hablada es mayoritariamente el mirandés. El tanto por ciento de los videos en mirandés referidos al endotopónimo tampoco es despreciable.

	Visibilidad	Español	Mirandés	Portugués	Otros
Endoglotónimo	83		23,3%	3,3%	73,4%
Exoglotónimo español	4		100%		
Exoglotónimo portugués	14		50%	50%	
Endotopónimo	11		27,3%	18,2%	54,5%
Comentarios en mirandés	5				

Tabla 7: el mirandés en Youtube

Solo se han encontrado cinco *threads* de comentarios escritos en mirandés a los videos que forman parte del corpus. En ocasiones los comentarios se realizan en algún dialecto leonés hablado del lado español de la frontera.

Temáticamente gran parte de los videos disponibles son reflexiones sobre la *lhéngua mirandesa.* Resaltan los seis videos que conforman un curso audiovisual de lengua mirandesa.

	Español	Mirandés	Portugués
Endoglotónimo			
Reflexiones metalingüísticas		23,3%	3,3%
En otros idiomas/sin voz: 73,4%			
Exoglotónimo español			
Reflexiones metalingüísticas		50%	
Folklore		50%	
Exoglotónimo portugués			

Reflexiones metalingüísticas		21,4%	50%
Folklore		28,6%	%
Endotopónimo			
Vida diaria		9,1%	%
Reflexiones metalingüísticas		9,1%	%
Folklore		9,1%	18,2%
En otros idiomas/sin voz: 54,5%			

Tabla 8: clasificación temática de material audiovisual mirandés en Youtube

Como se puede apreciar en la tabla 9, tampoco el alsaciano alcanza un índice de visibilidad elevado en Youtube. Solo el exoglotónimo francés y el endotopónimo cuentan con más de 50 resultados. El francés es el idioma predominante, aunque el alsaciano esté bien representado porcentualmente en los resultados que arroja el endoglotónimo. Únicamente se aprecian dos *threads* de comentarios redactados en dialecto.

	Visibilidad	Alemán	Alsaciano	Francés	Otros
Endoglotónimo	24	16,6%	20,8%	33,4%	29,2%
Exoglotónimo alemán	0				
Exoglotónimo francés	64		13,4%	80%	6,6%
Endotopónimo	170	6,6%	10%	30%	53,4%
Comentarios en alsaciano	2				

Tabla 9: el alsaciano en Youtube

Por lo que se refiere a la temática de los videos analizados, priman los contenidos folklorísticos y de la vida diaria.

	Alemán	Alsaciano	Francés
Endoglotónimo			
Vida diaria	16,6%	16,6%	12,6%
Reflexiones metalingüísticas			
Folklore		4,2%	16,6%
Política general			4,2%
En otras lenguas: 29,2 %			
Exoglotónimo francés			
Vida diaria		3,4%	30%
Reflexiones metalingüísticas		3,4%	40%
Folklore		6,6%	10%
En otras lenguas: 6,6%			
Endotopónimo			
Vida diaria	%	6,6%	23,4%
Reflexiones metalingüísticas			3,3%
Folklore	6,7%	3,3%	3,3%
Política general	%		
Nacionalismo/regionalismo		%	
En otras lenguas: 53,4%			

Tabla 10: clasificación temática de material audiovisual alsaciano en Youtube

5 Conclusiones

En el estudios empírico presentado se ha analizado ejemplarmente la presencia de dos dialectos exteriores o lenguas regionales, el mirandés y el alsaciano, en diferentes aplicaciones de la web social. Se ha llegado a las siguientes conclusiones:

1) A pesar de disponer de un número de hablantes mucho menor, el mirandés está más presente en la blogosfera que el alsaciano.

2) Ambas variedades lingüísticas están representadas en la Wikipedia, aunque el mirandés lo está proporcionalmente al número de hablantes bastante más que el alsaciano.

3) En la red social Facebook el mirandés prácticamente no existe como lengua de comunicación. El alsaciano presenta mejores índices de visibilidad.

4) Los materiales audiovisuales subidos por los usuarios a la plataforma de *video-sharing* Youtube son escasos en ambos dialectos. El mirandés tiene un mayor número de videos etiquetados con el endoglotónimo, el alsaciano supera al mirandés en lo que se refiere al endotopónimo.

5) Los hablantes de ambas variedades hablan y comentan en su respectivo dialecto sobre todo cuestiones concernientes a la modalidad lingüística que hablan (temática metalingüística).

Entre las tareas que han de ser llevadas a cabo en el futuro con referencia a la presencia dialectal de mirandés y alsaciano en la red sobresale la comparación con los dialectos interiores del español y del alemán. Para ello sería necesario extender el estudio a todos los dialectos de estas dos lenguas y cimentar una teoría empírica acerca de la visibilidad dialectal en la red.

6 Bibliografía

Ammon, Ulrich (1991): *Die internationale Stellung der deutschen Sprache*, Berlín/Nueva York: de Gruyter.

Androutsopoulos, Jannis (2007): "Language Choice and Code Switching in German-Based Diasporic Web Forums", En: Danet, Brenda (ed.): *The Multilingual Internet – Language, Culture and Communication Online*, Oxford: OUP, pp. 340-361.

Azevedo, Milton (2004): *Portuguese: A linguistic introduction*, Cambridge: CUP.

Azevedo Maia, Clarinda de (2009): "Mirandés", En: Alvar, Manuel (ed.): *Manual de dialectología española. El español de España*, Barcelona: Ariel, pp. 159-170.

Berruto, Gaetano (2004): "Sprachvarietät – Sprache (Gesamtsprache, historische Sprache)", En: Ammon, Ullrich et al. (eds.): *An International Handbook of the Science of Language and Society*, Berlin/Nueva York: de Gruyter, pp. 188-194.

Beißwenger, Michael (2000): *Kommunikation in virtuellen Welten: Sprache, Text und Wirklichkeit*, Stuttgart: Ibidem.

Carroll, Kevin (2008): "Puerto Rican language use on MySpace.com", En: *Centro Journal*, vol. XX, 1, pp. 96-111.

Ceolin, Roberto (2002): "Um enclave leonês na paisagem unitária da língua portuguesa", En: *Ianua* 3, pp. 62-83.

Cunliffe, Daniel/Rhys, Harries (2005): "Promoting minority-language use in a bilingual online community", En: *The New Review of Hypermedia and Multimedia*, 11/2, pp. 157-179.

Cunliffe, Daniel/Honeycutt, Courtenay (2008): "The Blogiadur – a community of Welsh-language bloggers", En: Sudweeks, Fay et al. (eds.): *Proceedings of the 6th International*

Conference on Cultural Attitudes Towards Technology and Communication, Nimes, pp. 230-244.

Dittmar, Norbert (1997): *Grundlagen der Soziolinguistik*, Tubinga: Niemeyer.

Dorta, Gabriel (2005): *Soziale Welten in der Chat-Kommunikation*, Bremen: Hempen-Verlag.

Ebersbach, Anja/Glaser, Markus/Heigl, Richard (2008): *Social Web*, Konstanz: UVK.

Ehrhardt, Claus (2009): "Internetforen: Kommunikation und Diskussionskultur oder Forenbeiträge schreiben ist quasi das fast-Food der Schreiberei", En: Moraldo, Sandro (ed.): *Internet.kom. Neue Sprach- und Kommunikationsformen im World Wide Web. 1: Kommunikationsplattformen*, Roma: Aracne Editrice, pp. 109-156.

Flemming, Aislin/Debski, Robert (2007): "The use of Irish in networked communications: a study of schoolchildren in different language settings", En: *Journal of Multilingual and Multicultural Development*, 28/2, pp. 85-101.

Geckeler, Horst/Dietrich, Wolf (2007): *Einführung in die französische Sprachwissenschaft*, Berlín: ESV.

Gerhards, Maria/Klinger, Walter/Trump, Thilo (2008): "Das Social Web aus Rezipientensicht: Motivation, Nutzung und Nutzertypen", En: Zerfaß, Ansgar et al. (eds.): *Kommunikation, Partizipation und Wirkungen im Social Web*, Colonia: Herbert von Halem, pp. 129-148.

Guespin, Louis/Marcellesi, Jean-Baptiste (1993): "Der Unterricht in den Regionalsprachen Frankreichs und Probleme ihrer sprachlichen Normierung", En: Brumme, Jenny et al. (eds.): *Sprachpolitik in der Romania*, Berlín/Nueva York: de Gruyter, pp. 456-472.

Helfrich, Uta (1999): "Sprachwechselprozesse in der Diglossiesituation: Franzosen im Grenzgebiet Nordelsass/Südpfalz", En: Stehl, Thomas (ed.): *Dialektgenerationen, Dialektfunktionen, Sprachwandel*, Tubinga: Narr, pp. 55-80.

Herring, Susan et al. (2004): "Bridging the Gap: A Genre Analysis of Weblogs", En: *Proceedings of the 37th Conference on System Sciences*, Washington: Computer Society Press, 101-111.

Johnson, Sally/Braber, Natalie (2008): *Exploring the German language*, Cambridge: CUP.

Kabatek, Johannes (2006): "Requisitos para ser lengua. el caso del asturiano y de otras modalidades lingüísticas de España", En: Kabatek, Johannes et al. (eds.): *Las Lenguas de España Política lingüística, sociología del lenguaje e ideología desde la Transición hasta la actualidad*, Madrid: Iberoamericana-Vervuert, pp. 141-158.

Kabatek, Johannes/Pusch, Claus (2009): *Spanische Sprachwissenschaft*, Tubinga: Narr.

Lapesa, Rafael (1981): *Historia de la Lengua Española*, Madrid: Gredos.

Lauffenburger, Alain (2002): "La diglossie en Alsace: son rôle dans le déclin et revitalisation de la langue regional", En: *VVAA: Experiencias de inversión del cambio lingüístico, Vitoria: Servicio de Publicaciones del Gobierno Vasco*, pp. 329-369.

Martins, Cristina (1997): "A vitalidade de línguas minoritárias e atitudes linguísticas: o caso do mirandês", En: *Lletres Asturianes* 62, pp. 7-42.

Mehler, Alexander/Sutter, Tilmann (2008): "Interaktive Textproduktion in Wiki-basierten Kommunikationssystemen", En: Zerfaß, Ansgar et al. (eds.): *Kommunikation, Partizipation und Wirkung im Social Web*, Colonia: Harlem, pp. 267-300.

Merlan, Aurelia (2009): *El mirandés: Situación sociolingüística de una lengua minoritaria en la zona fronteriza portugueso-española*, Oviedo: ALLA.

Micó, Josep Lluis/Masip, Pere (2009): "The fight of a minority language against the force of Globalization: the case of Catalan on the internet", En: Goggin, Gerard et al. (eds.): *Internationalizing internet studies. Beyond Anglophone paradigms*, Nueva York: Routlegde, pp. 112-127.

Rehm, Georg (2002): "Schriftliche Mündlichkeit in der Sprache des World Wide Web", En: Ziegler, Arne (ed.): *Kommunikationsform E-Mail*, Tubinga: Stauffenburg, pp. 263-308.

Renz, Florian (2007): *Praktiken des Social Networking*, Boizenburg: VWH.

Sánchez Prieto, Raúl (2010): "Linguistische Analyse der luxemburgischen Blogosphäre", En: Sánchez Prieto, Raúl et al. (eds.): *Mikroglottika Yearbook 2009*, Fráncfort del Meno et al.: Peter Lang, pp. 183-214.

Schlobinski, Peter/Siever, Torsten (2005a): "Sprachliche und textuelle Merkmale in Weblogs. Ein internationales Projekt", en línea: http://www.mediensprache.net/networx/networx-46.pdf (14.07.2009).

Schlobinski, Peter (2005b): "Mündlichkeit/Schriftlichkeit in den Neuen Medien", En: Eichinger, Ludwig M./Kallmeyer, Werner (eds.): *Standardvariation. Wie viel Variation verträgt die deutsche Sprache?*, Berlín/Nueva York: de Gruyter, pp. 126-142.

Wahrschauer, Mark et al. (2007): "Language choice online", En: Danet, Brenda (ed.): *The Multilingual Internet – Language, Culture and Communication Online*, Oxford: OUP, pp. 303-318.

Walter, Henriette (2004): *French inside out. The development of the French language in the past, present and the future*, Londres: Routledge.

Werlen, Erika (1996): "Sprachliche Probleme regionaler Identität im Elsaß. Der Status des Elsässischen: Ausbaudialekt oder Ausbausprache?", En: Westermann, Ekkehard (ed.): *Nachbarregion Elsaß*, Karlsruhe: KPB, pp. 28-44.

Análisis de sentimientos en el aula de español

Antonio Ruiz Tinoco (Tokio)

Correctly understanding subjective expressions in a foreign language is a difficult task especially when the languages are so different as Spanish and Japanese, with a mutually distinct cultural background. This paper is a report on an experimental method conducted at a Japanese university with intermediate level students of Spanish. This method is based on *sentiment analysis* and *opinion mining* techniques. Using a diverse range of topics chosen by the students extracted from the Internet, students have read various materials (e.g. blogs and news), classified vocabulary and grammatical patterns, assessed nuances and discussed context for sentiments and opinions in Spanish by comparing it to Japanese.

1 Introducción

El "análisis de sentimientos"[1] (*sentiment analysis*), también llamado "minería de opiniones"[2] (*opinion mining*), es un tema joven de investigación pero ya importante como una de las ramas de la lingüística computacional o de la "minería de textos"[3] (*text mining*). Su objetivo es comprender la actitud del hablante/escritor ante un tema determinado, por lo que creemos que resulta de gran importancia para el lector de blogs, tweets, wikis, páginas webs, y todo tipo de medios sociales ser consciente de la subjetividad de las opiniones que lee, tarea que resulta más ardua cuando se trata de una lengua extranjera, el español en nuestro caso.

En esta ocasión quisiera presentar algunas experiencias del uso de las técnicas básicas del análisis de sentimientos en el aula de español con estudiantes japoneses de niveles avanzados del Departamento de Estudios Hispánicos de la Universidad Sophia de Tokio. El objetivo de las clases no es el aprendizaje de las sofisticadas técnicas de recogida de datos y posterior análisis automático mediante complejos algoritmos, sino que procesamos los datos reunidos ma-

---

1 Para una introducción actualizada, véase Pang, Bo and Lee, Lillian (2008) y Liu, B. (2010).

2 Por ejemplo, *Creo que el yen va a subir.* es una opinión, pero no un sentimiento. Para la diferencia entre sentiment analysis y opinion mining, véase Kim, S.-M. and E.H. Hovy (2004).

3 Para una introducción a la minería de textos, véase Feldman, R.; Sanger, J. (2007).

nualmente en pequeña escala con hojas de cálculo para poder centrarnos en los aspectos lingüísticos de la expresión de los sentimientos sobre temas escogidos por los mismos estudiantes en blogs publicados en Internet. De esta manera, mediante el análisis ligeramente cuantitativo y principalmente cualitativo de los datos reunidos, intentamos que los estudiantes, no solamente aprendan vocabulario, giros, etc. sobre temas de su interés (grupos de música rock, gastronomía española, gastronomía japonesa en los países hispanohablantes, destinos de viajes de turismo, fiestas tradicionales, actores y actrices de cine, cantantes, moda, declaraciones de políticos, etc.), sino que aprendan a evaluar e interpretar por sí mismos la avalancha de información de todo tipo, especialmente de fuentes que proceden de culturas que no son las suyas propias.

2 ¿Qué es el análisis de sentimientos?

El objetivo principal del análisis de sentimientos es determinar la actitud negativa o positiva de una persona o un grupo de personas en relación a un tema concreto. En la práctica, el análisis se lleva a cabo reuniendo de manera más o menos automática una gran cantidad de textos en Internet, ya que es donde se pueden encontrar los textos ya digitalizados sobre cualquier tema imaginable. Los temas de análisis son de todo tipo, como la evaluación de las películas de estreno, productos comerciales, asuntos de política, economía, etc. La tecnología interdisciplinaria desarrollada en este campo se basa no solamente en análisis complejos estadísticos sino también en las características lingüísticas del texto, especialmente desde el punto de vista de la pragmática. Una tarea principal es la clasificación de la polaridad, ya sea negativa o positiva. Frecuentemente se incluye en los análisis la gradación en distintos niveles. Desde hace unos años han aumentado en Internet los sitios donde se realizan automáticamente estos análisis, entre los que se encuentra la conocida red social Twitter,[4] en la que se pueden hacer búsquedas relacionadas con la palabra clave introducida en su interfaz y que contengan un sentimiento positivo o negativo. Por ejemplo, si en el momento de escribir esta página introduzco la palabra clave *lingüística*, puedo encontrar *Aunque inicié la conversa por defender los garabatos como aprte del lenguaje jaja. Sorry lo troll pero me encanta la lingüistica :p* entre los mensajes positivos y *Lista la sesión de gimnasio de hoy, ahora seguimos con el glosario de Lingüística, que parece no acabar nunca :(.* entre los negativos. Pero también encontramos como negativo el mensaje *última clase de Lingüística :(*, que aunque contiene el emoticono *:(* no se ha clasificado adecuadamente, ya que el co-

4 Interfaz avanzado de búsqueda de Twitter: *https://twitter.com/#!/search-advanced.*

mentario parece referirse más bien a la pena que le da que sea la última clase de lingüística. De esta manera, aunque para un nativo sea fácil determinar la polaridad, no es tan fácil cuando se trata de determinarla automáticamente. Para salvar estos problemas, se han desarrollado estrategias diferentes, que mencionamos ligeramente a continuación junto a algunos problemas todavía sin resolver satisfactoriamente. La más simple es la llamada *bag of words*, es decir, se prepara un diccionario de palabras de connotaciones positivas (*alegre, bonito, magnífico,...*) y negativas (*triste, feo, insignificante,...*) para comprobar si se encuentran en los textos analizados. Los primeros diccionarios se basaban principalmente en adjetivos, pero poco a poco se han ido ampliado a casi todas las categorías gramaticales. En cualquier caso, inmediatamente nos damos cuenta de que la simple negación convierte una expresión positiva en negativa y viceversa, por lo que se han desarrollado técnicas más complejas teniendo en cuenta características semánticas, morfológicas, sintácticas (Pang, Bo and Lee, Lillian 2008), otras como colocaciones detectadas en diferentes corpus especializados (Wiebe, Janyce, Theresa Wilson, and Matthew Bell 2001), diccionarios bilingües (Mihalcea Rada, Banea Carmen, Wiebe Janyce 2007), etc. Sin embargo, la desambiguación contextual y los problemas de detección e interpretación de la ironía, el humor o las metáforas no son tan fáciles de procesar con algoritmos.

Evidentemente, aparte de los inevitables problemas de ortografía o puntuación, la detección automática de la actitud o de la polaridad ya sea positiva o negativa no es tarea fácil y supone un gran reto para esta nueva rama de investigación. No obstante, cada vez se va alcanzando un mayor grado de exactitud y sus aplicaciones prácticas son muy prometedoras. Actualmente ha aumentado el número no solamente de sitios en Internet, sino de empresas que centran sus servicios en estas tecnologías.

3 Uso en el aula de ELE

3.1 Objetivos del curso

El objetivo de este curso es múltiple:

1) Interculturalidad. Crear oportunidades de aproximación a otras culturas, aunque sea de forma indirecta. En una cultura tan diferente como es la japonesa en comparación con las diferentes culturas hispanohablantes, los estudiantes se encuentran frecuentemente con expresiones que aunque conozcan las palabras y la gramática no saben evaluar correctamente. Por medio de estos ejercicios utilizando textos "reales" procedentes de un medio, Internet, al que están habituados, tienen oportunidad de acercarse algo más a la formar de pensar, sentir y expresar de los nativos hispanohablantes.

2) Motivación. Los estudiantes deciden en gran parte los temas a estudiar. El profesor actúa principalmente como ayudante para conseguir sus objetivos. Según las teorías de la autodeterminación, o *self-determination theory,* cuando el estudiante percibe su actividad de aprendizaje como una actividad que ha empezado por su propia iniciativa, se dice que está intrínsicamente motivado. Se ha demostrado que esta cualidad de la motivación está fuertemente relacionada con altos niveles de logro en el aprendizaje (Vansteenkiste et al. 2006; Dörnyei 2003).
3) En cualquier caso, es el disfrute de lo que está haciendo lo que motiva al estudiante.
4) Lectura extensiva. Según Day and Bamford (1998), los principios básicos que subyacen a desarrollar el interés por la lectura pueden resumirse en el reclamo y la escalera. El reclamos correspondería al material interesante y atractivo diseñado para enganchar a los alumnos y motivarlos. La escalera sería la amplia gama de material, desde lo más sencillo hasta lo más complejo, que permite que los alumnos vayan progresando poco a poco a medida que van leyendo.
5) Las sofisticadas técnicas utilizadas en la práctica real de los especialistas del análisis de sentimientos son totalmente secundarias en este curso. Es suficiente con una comprensión general.

3.2 Características de los estudiantes y del aula

Este curso, cuyo nombre de asignatura suele ser *Español Global III* o *Español Global IV* solamente lo pueden tomar los estudiantes de tercer o cuarto curso del Departamento de Estudios Hispánicos, y aunque no es obligatorio, la mayoría de los estudiantes lo toman. Los cursos de *Español Global* tienen objetivos muy específicos sobre las distintas destrezas o bien relacionados con algún tema de iniciación a la investigación en los que tienen que preparar una presentación oral y un informe escrito al final del semestre, que son tenidos en cuenta para la evaluación y la nota final.

Hay que tener en cuenta que en Japón prácticamente no se estudia la lengua española en la enseñanza secundaria, ya que la totalidad tiene que estudiar inglés, por lo que los cursos de español en todas las universidades japonesas siempre tienen que empezar a partir del nivel inicial en el primer curso. En el curso tercero se alcanza normalmente un nivel equivalente a B2 o cercano a C1 en algunos casos. La mayoría de los estudiantes son japoneses, aunque recientemente hay una pequeña proporción de estudiantes extranjeros, principalmente coreanos y chinos. Raramente hay estudiantes procedentes de países occidentales aunque algunos estudiantes japoneses declaran que han vivido algún tiempo en algún país extranjero y a veces en algún país hispanohablante. A excepción de los estudiantes que ya han pasado un año académico de intercambio en una universidad extranjera y acaban de reintegrarse a las clases en Japón, la mayoría no ha tenido contacto directo con hispanohablantes o su contacto ha sido mínimo. Hay que tener en cuenta también que en Japón no hay muchas oportunidades de contacto con las pocas comunidades hispanohablantes, principalmente trabajadores latinoamericanos de origen japonés, que viven en algunas zonas determinadas cerca de grandes fábricas de automóviles, etc. El contacto indirecto suele ser a través de Internet, y tampoco es frecuente ver programas de televisión en español.

Los cursos son de una clase a la semana, 14 veces por semestre y se realizan en aulas que disponen de un ordenador conectado a la red por cada estudiante, de manera que les resulta más cómodo reunir datos sobre el uso del español a través de Internet.

3.3 Procedimiento en clase

Los estudiantes trabajan en grupos de cinco como máximo, ya que deben discutir entre ellos casi todos los aspectos del curso. Cada grupo escoge libremente un tema de estudio común para los cinco componentes. Por ejemplo, en un grupo que estudió la gastronomía española, los estudiantes se centraron individualmente en la tortilla de patatas, la paella, el jamón serrano, la sangría, el jerez, etc. Otros de los temas escogidos por los estudiantes son el cine (Pedro Almodóvar, Antonio Banderas, Penélope Cruz, etc.), el fútbol (Real Madrid, F.C. Barcelona, Guardiola, Iniesta, etc.), cómics japoneses, *manga* (Crayon Shinchan, Naruto, One Piece, etc.), en los países hispanohablantes, la música tanto española como japonesa (Ayumi Hamasaki, Shakira, Alejandro Sanz, etc.), fiestas y folclore (Las Fallas de Valencia, la Tomatina, Feria de abril de Sevilla, etc.), política (Chaves, "¿Por qué no te callas?"), moda, etc.

Algunos buscan los materiales en Facebook o Twitter, otros los buscan en las secciones de comentarios en los periódicos y revistas especializadas, pero la mayoría utiliza textos que extraen de blogs de usuarios aficionados a los temas de su elección.

Cada estudiante debe preparar un pequeño corpus de 100 ejemplos reales que contengan algún tipo de sentimiento, juicios, opiniones o expresiones subjetivas que se analizarán y clasificarán tanto individualmente como en grupo. Al final del curso, al igual que en otras asignaturas, los estudiantes hacen una presentación oral y entregan un trabajo escrito.

3.4 Preparación de los textos y análisis

Inicialmente, tras decidir el tema a estudiar, los estudiantes comienzan la búsqueda de los materiales casi siempre mediante el motor de búsqueda de Google.

Una vez encuentran las páginas adecuadas deben leerlas y en una hoja de cálculo Excel van anotando en distintos campos los siguientes datos:

(1) 100 frases objeto de estudio que contengan una expresión de sentimiento.

(2) Nombre y dirección URL del sitio o blog, que será necesario para volver de vez en cuando para comprobar el contexto original.

(3) Estructura gramatical de la expresión. A veces es tan simple como sustantivo con adjetivo (película interesante), adverbio con adjetivo (muy sabroso) o expresiones más complejas como *se me hace la boca agua*.

(4) Componentes de la expresión. Por ejemplo, si se trata de un actor como Antonio Banderas, los componentes podrían ser: una película determinada, la apariencia física del actor, su carácter fuera de escena, la voz, etc.

(5) Polaridad. En este apartado deben anotar si la expresión es negativa o positiva y graduarlas entre -3 para la más negativa y +3 para la más positiva. Esta parte del análisis normalmente sirve de partida para comentarios sobre los matices de expresiones que no conocen, o que las han visto en contextos diferentes, etc.

(6) Posible equivalencia en japonés.

(7) Comentarios

En la Figura 1 se muestra una parte de los datos sobre *paella* recogidos por una estudiante.

キーワード	訳	形式	評価の対象	評価	
prodigiosa	奇跡的な、驚くべき	形容詞	peallaという料理	1	la más conocida va a ser la pro de ser famosa en toda España y
sabroso	おいしい	形容詞	味	1	la más conocida va a ser la pro de ser famosa en toda España y
adaptable	適合できる	形容詞	peallaという料理	1	la más conocida va a ser la pro de ser famosa en toda España y
riquísima	めっちゃおいしい	形容詞+isimo	味	2	ya que ella fue quien me enseñó
popular	人気な	形容詞	peallaという料理	1	Es un plato original de Valencia,
rica	美味な	形容詞	味	1	si de una rica paella
se ve estupenda	すばらしい	形容詞	見た目	1	Yo tambien me apunto ha este
Que ricuraaa	なんておいしい	Qué+名詞	味	1	Que ricuraaa, me quedo a come
tan rica	とてもおいしい	tan+形容詞	味	2	Que esa comida tan rica
tan fantásticas	とてもすばらしい	tan+形容詞	peallaという料理	2	os felicito por poder disfrutar de
Me encantan	大好き	動詞	paellaという料理	1	Me encantan las paellas y los pl
se ven buenisimos	おいしすぎる	形容詞+isimo	見た目	2	se ven buenisimos
espectacular	めざましい	形容詞	味	1	ha quedado espectacular!!!
lujo	ぜいたくな	形容詞	中身	1	¡Que lujo de paella!
está de muerte	死ぬほどおいしい	慣用句	味	3	esa paellita está de muerte
deliciosa	おいしい	形容詞	味	1	saborear una deliciosa paella co
rica, rica, rica!!!	超おいしい	形容詞×3	味	2	pero nuestra paella estaba rica,
fabulosa	空想的な、驚くべき	形容詞	味	1	la directiva del Sallista invito a l
esencial	必要な	形容詞	peallaという料理	1	Hace unas semanas comentába

Figura 1: datos parciales sobre 'paella' recogidos por una estudiante

4 Algunos ejemplos de expresiones de sentimientos y estructuras frecuentes

A continuación vamos a ver algunos de los ejemplos de expresiones de sentimientos recogidos por los estudiantes y comentados en clase. Aunque el objetivo del curso no es el aprendizaje de las técnicas de análisis de sentimientos, los estudiantese deben escoger los 100 ejemplos de manera aleatoria, es decir, no deben pasar por alto expresiones que no entiendan fácilmente, etc. De esta manera, los resultados estadísticos tras el análisis serán de mayor interés por acercarse a la realidad.

Sin duda alguna la estructura más usual de expresar un sentimiento es el adjetivo simple. Desde las primeras etapas de investigación del análisis de sentimientos se ha señalado una alta correlación entre el uso frecuente de adjetivos con la subjetividad del texto (Hatzivassiloglou/Wiebe 2000) así como para determinar el grado de subjetividad (Hatzivassiloglou/McKeown 1997). En los resultados obtenidos por los estudiantes también se observa en distintas proporciones la abundancia de todo tipo de adjetivos.

Como ejemplo, veamos algunos. Entre los adjetivos más frecuentes relacionados con la tortilla de patatas encontramos *rica, buena, deliciosa, estupenda,* que pueden aplicarse a casi cualquier otro plato, y otros como *gorda* como ejemplo de adjetivo positivo para la tortilla y que no tendría la misma polaridad en un contexto diferente, hecho que dificulta la determinación automática de la polaridad de los adjetivos y objeto de intensa investigación entre los especialistas de este campo. Entre los negativos no se encuentran prácticamente sobre la tortilla en sí, pero sí sobre la manera de cocinarla o presentarla como el caso casi excepcional de *esperpéntica.*

Entre los adjetivos relacionados con la sangría podemos encontrar algunos muy comunes como *buena* y otros más específicos como *refrescante, fresca, fresquita, excelente, exquisita* e incluso *glamurosa.* Podemos observar que hay adjetivos de uso amplio y otros que son muy específicos como es el caso del vino de Jerez (*sherry*), donde a veces encuentran adjetivos de difícil comprensión y evaluación como *pálido, sutil, denso, oscuro, caramelizado* sobre los matices de este vino, o *suave, redondo, vaporoso, untuoso, voluminoso* sobre el paladar.

¿Es positivo o negativo que el *jerez* sea *pálido* o *untuoso*? Al parecer, entre los vinos llamados *finos* ser *pálido* puede tener una polaridad positiva mientras que *oscuro* sería positivo en caso de vinos de más alta densidad de alcohol como son los *amontillados, dulces, Pedro Ximénez,* etc. Evidentemente en el tema de los vinos se usa vocabulario muy especializado y técnico.

Sobre la moda se encuentran adjetivos de polaridad positiva como *mono, precioso, linda, bonito, propia, chulo, chic, increíble, maravillosa, hermosa*, etc. y algunos de polaridad negativa como *hortera, extravagante, tonta,* etc.

Un aspecto de especial interés es la *gradación* del adjetivo por la variedad de fórmulas encontradas. Además de las fórmulas simples que todos los estudiantes conocen como *muy/bastante/tan/un poco + adj, ¡Qué +adj!* o el uso de los superlativos, aumentativos como *Que estilazo!*, repeticiones: *rico, rico, rico;* uso frecuente de *super* (*adoro este look, todo en él es super chic, sale super rica*), el uso de extranjerismos incluso del japonés (*kawaii,* término que significa 'mono' o 'bonito' y que utilizan frecuentemente las personas muy interesadas en la subcultura japonesa) como en *KAWAIIIISIMO!!!* para referirse a una prenda de vestir, que además va en mayúsculas, se repite la *I* a mitad de palabra e incluso el signo de admiración final (a pesar de suprimir el inicial). Hay otras muchas formas de enfatizar o matizar los adjetivos, además de añadir emoticonos como >_<, ^.^, *_*, T_T, onomatopeyas como *waaaa!!,* repeticiones indicadas con un número, como *sexy X3*, etc.

En menor proporción, pero también de uso bastante frecuente se utilizan adverbios, sustantivos y verbos, así como combinaciones de estas categorías. Algunos ejemplos: *a mí me gustan, me encantan, adoro la tortilla de papas, AMO EL NUEVO LOOK DE JUN, no suelen gustarme demasiado, he disfrutado con la receta, Eso es un asco, una joya enológica, auténtica joya, a mí es que su música me engancha, lo más cañero que podéis ver, Ella ha sido también la líder de la moda*, etc.

También abundan las frases adversativas y comparaciones en general, como *parece un poco infantil la chica pero tiene mucho encanto, pero en ventas totales Ayumi le gana y no creo que Amuro la pueda alcanzar, vale que no es tortilla española pero tiene buena pinta, buenísima, me salió como la de la señora María, mi marido contentísimo, En boca es ligero y fresco, pero con un delicado sabor dulce, No, no, estan mejor las otras modas japonesas, por que esta no me gusto, quiza sean las modelos que se ven tan feas y flacas, pero esa ropa te hace ver descubierta y NO ES FORMAL e independiente, tanta frivolidad da asco... comparada con tanta miseria humana..., ma*rs tiene ropa increible, pero es eso, es bastnt más cara que otras, aunq creo que vale la pena! y LipService tambien es muy parecida, es algo más barata no?*, etc.

No faltan tampoco las expresiones aparentemente contradictorias de difícil comprensión para los japoneses como *asquerosamente genial la ropa!!!!, a mi criterio Dolls tiene una letra tan jodidamente tierna k me hace lagrimear, es el puto amo, de puta madre*, etc. Una de las dificultades que encuentran los estudiantes para interpretar estas expresiones es determinar si se trata de un uso enfático aunque grosero o si tiene sentido irónico, ya que en japonés prácticamente no se utiliza este tipo de expresiones.

Las expresiones que resultan más difíciles de interpretar son las que no tienen una traducción directa al japonés, frases hechas poco frecuentes, que se van aprendiendo sobre la marcha, pero sobre todo es la determinación del grado de polaridad, que veremos en el apartado siguiente.

5 Algunos problemas sobre la polaridad

En general, a los estudiantes japoneses no les resulta demasiado difícil determinar simplemente si una expresión tiene matiz positivo o negativo con raras excepciones de ironía o doble negación. Lo que les resulta más difícil es la gradación de la polaridad. Vamos a ver algunos casos típicos de determinación de polaridad tomando como ejemplo la *paella*. La tarea del estudiante consiste en determinar la gradación, como hemos señalado anteriormente, entre -3 y +3. En general, aunque se discuten también cuando surgen, no clasificamos las expresiones consideradas neutras.

Como ejemplo de polaridad -1, *Este año la paella salió un poco sosa* ; de polaridad +1: *ha quedado espectacular!!!*, *¡Que lujo de paella!*, *No le falta de nada.*, *Muy rica*; de polaridad +2: *Que plato tan delicioso y jugoso.*, *Buenisima la paella da una hambreeeee!!!*, *Gracias StHilari, una paella de 10 y con una compañía excelente, doble de buena!!* ; y de polaridad +3: *esa paellita está de muerte*, *Se me hace la boca agua! esta receta es la que mas me ha gustado. Gracias!*, *como diria el sr burns..... exxxxcelen-te!!*. Como se puede observar, y aunque una persona nativa tal vez las clasificara de otra forma, incluyen en las de polaridad +1 o -1 las expresiones que contienen palabras de uso frecuente siempre que no tengan algún modificador poco común de énfasis, ya sea en sentido positivo o negativo; como de polaridad +2 las que tienen un par de adjetivos o más, sobre todo si llevan algún tipo de énfasis como *tan*, repetición de alguna letra (*hombreee*), algún criterio objetivo fácil de entender (*una paella de 10*). Como polaridad +3, las que incluyen expresiones hechas de énfasis o las expresiones largas. Es frecuente que el criterio de cada estudiante sea algo distinto, lo cual sería normal entre los hablantes nativos, sin embargo, con cierta frecuencia hay expresiones que les resultan difíciles de evaluar posiblemente porque ninguna de las palabras es enfática en sí. Como ejemplo, algunos comentarios sobre moda femenina japonesa *en un viaje a Japon vi a gyarus por primera vez! Desde entonces mi armario y yo conocimos un nuevo mundo!*, *jazz. ola soii fan de* *moda lolita && soii fanatica del anime, Madre mia que ropa tan chula, que bonita, pienso que cada pieza es como una obra de arte*, que serían clasificados como mínimo como +2 por un hablante nativo, las clasifican con polaridad +1.

Posiblemente se deba a que en los temas de moda encuentran un lenguaje más afectivo, lo cual restaría cierta fuerza a las expresiones aparentemente normales. Igualmente, en temas de fútbol, suelen encontrar muchas expresiones enfáticas por lo que la tendencia es clasificar la polaridad a la baja. Por ejemplo, sobre el entrenador Josep Guardiola del F.C. Barcelona, comentarios como *idolo, crack, un simbolo, confio en ti, fuiste un buen jugador, y ahora eres un ckra como entrenador, gracias por todo, Yo soy una antifutbol pero me gusta su estilo. Incluso yo me engancho y la razón es: Pep Guardiola* fueron clasificados en la polaridad +1.

Sobre la actriz Penélope Cruz, en comparación con un actor español: también recibieron la clasificación +1 a pesar de la cantidad de elogios que contienen: *Ella tiene algo que el jamas tendra: talento, carisma, belleza, humildad y el mundo a sus pies., guapa, simpatica inteligente y sencilla! olé nuestra penelope cruz el orgullo de ESPAÑA.. GUAPAAAA TE QUIERO.* Posiblemente se deba a que consideren que es "normal" que una actriz sea así.

Al contrario, sobre Penélope Cruz también, *Penélope Cruz es la mejor vestida, según 'People' en Español.*, recibió una clasificación de +3, igual que *DIOS, DE DIOSES!!!!, ERES EL DIOS DE LOS ENTRENADORES.* sobre el entrenador del F.C. Barcelona.

Durante las discusiones en clase de la posible intensidad de las expresiones, también hay comentarios interesantes, uno de una estudiante en su tarea final:

> noto que si comparo los comentarios con los de Javier Bardem, la norma de valoración es diferente dependiendo de si es una actriz o un actor. En caso de Penélope, su aspecto físico será lo más importante para la gente que ve sus películas, entrevistas, fotos. En caso de Javier, su actuación será lo más importante. Después de investigar las valoraciones de Penélope, me parece interesante comparar las opiniones de los japoneses y las de los españoles. Es que normalmente a los japoneses les gusta Penélope y se usa en varias publicidades y la admiramos mucho por su belleza. Sin embargo, en España poca gente la admira y además la insultan.

6 Conclusiones

El estudiante universitario japonés de ELE muestra interés no solamente por la información objetiva sobre hechos relacionados con los países hispanohablantes, también lo muestran sobre los sentimientos y las opiniones así como en la forma de expresarlos. Mediante un método simple de análisis de sentimientos y discusión tanto en grupo como con el profesor de temas escogidos previamente por los mismos estudiantes a través de Internet, los estudiantes además de aprender vocabulario y expresiones, se acostumbran a comprender la adecuación y gradación de esos sentimientos sobre tópicos muy diferentes, en gran parte gracias al contexto de los mismos textos que leen. Este tipo de contacto indirecto resulta en una experiencia muy positiva para estudiantes de niveles intermedios para entender diferencias debidas a la propia cultura o a las características lingüísticas del español, que con frecuencia no coinciden con las de su propia lengua o país.

7 Bibliografía

Day, Richard R./Bamford, Julian (1998): *Extensive reading in the second language classroom*, Cambridge: Cambridge University Press, pp. 1-238.

Dörnyei, Zolta'n (2003): "Attitudes, orientations, and motivations in language learning: Advances in theory, research, and applications", En: *Language Learning* 53 (1), pp. 3-32.

Feldman, Ronen/Sanger, James (2007): *The Text Mining Handbook: Advanced Approaches in Analyzing Unstructured Data*, Cambridge: Cambridge University Press.

Hatzivassiloglou, Vasileios/Wiebe, Janyce M. (2000): "Effects of adjective orientation and gradability on sentence subjectivity", En: *Proceedings of the International Conference on Computational Linguistics (COLING)*, pp. 299-305.

Hatzivassiloglou, Vasileios/McKeown, Kathleen R. (1997): "Predicting the semantic orientation of adjectives", En: *Proceedings of the Joint ACL/EACL Conference*, pp. 174-18.

Kim, Soo-Min/Hovy. Eduard H. (2004): "Determining the Sentiment of Opinions", En: *Proceedings of the COLING conference*, Geneva: Switzerland, pp. 1367-1373.

Liu, Bing (2010): "Sentiment analysis and subjectivity", En: Indurkhya, Nitin/Damerau, Fred J. (eds.): *Handbook of Natural Language Processing*, Second Edition, Boca Raton: Chapman and Hall/CRC Press, pp. 1-38.

Mihalcea, Rada/Banea, Carmen/Wiebe, Janyce (2007): "Learning Multilingual Subjective Language via Cross-Lingual Projections", En: *Proceedings of the 45th Annual Meeting of the Association of Computational Linguistics*, Prague, Czech Republic, June, pp. 976-983.

Pang, Bo/Lee, Lillian (2008): "Opinion mining and sentiment analysis", En: *Foundations and Trends in Information Retrieval* 2(1-2), pp. 1-135.

Vansteenkiste, Maarten/Lens, Willy/Deci, Edward L. (2006): "Intrinsic versus extrinsic goal-contents in self-determination theory: Another look at the quality of academic motivation", En: *Educational Psychologist* 41(1), pp. 19-31.

Wiebe, Janyce/Wilson, Theresa/Bell, Matthew (2001): “Identifying collocations for recognizing opinions”, En: *Proceedings of the ACL-01 Workshop on Collocation: Computational Extraction, Analysis, and Exploitation*, Toulouse, France, pp. 24-31.

Kommunikative Handlungsmuster in transmedialer Perspektive

Der IKEA-Katalog kommt nicht allein. Wortmomente und andere „erratische Blöcke“ der Wortbildung im intermedialen Kommunikationskonzept eines Weltkonzerns

Mireia Calvet Creizet (Barcelona)

The purpose of this paper is to provide a glimpse into some dimensions deemed relevant for addressing the contrastive analysis of Spanish and German complex words so as they appear embedded in glocalized marketing tools of the kitchen manufacturer IKEA, most notably in the annually released multilingual kitchen brochure and the official web kitchen pages. The author examines the role that naming activities play in multimedial, multimodal and multilingual IKEA discourses through all phases of a kitchen equipment experience conceptualized and mediatized as people's day-to-day kitchen related activities: getting inspiration, planning and performing the kitchen assembly, sampling and framing documentation of the experience and, finally, showing off and commenting on the results. The main focus thereby is a thematic one (naming of recurring problems, like a sloping roof, providing best suitable solutions, like a modular storage system, considering leading principles, like raising awareness for space saving opportunities), as well as a cross-medial one, as it aims at comparing editorial controlled naming activities by means of prefab phraseology and stable word formation moulds with user-generated ones.

1 Warum IKEA?

Die vorliegende Arbeit untersucht einige Aspekte der Wortbildung (einschließlich der syntagmatischen Begriffsbildung)[1] in der mehr-medialen und mehrsprachigen[2] *corporate communication*[3] des Möbelhändlers IKEA an Belegen aus

---

1 Booij (2009, 219): „the naming function is not restricted to words: certain types of phrases can also function as names.“

2 „The IKEA catalogue was printed in more than 197 million copies in 29 languages and 61 editions.“, In: Welcome inside. Yearly Summary FY10. Inter Ikea Systems B.V. 2011 (*http://www.ikea.com/ms/en_US/pdf/yearly_summary/Welcome_inside_2010_update.pdf*, 17.01.2013).

3 Nagl/Rath (2005, 24): „Die Corporate Identity drückt sich im Erscheinungsbild des augenoptischen Betriebs (Corporate Design), dem Verhalten der Mitarbeiter selbst (Corpo-

dem Bereich der Küchenplanung. Ziel dabei ist es, eine Vergleichsdimension herauszuarbeiten zwischen einem Pol mit eher stabilen (wortähnlichen) und einem anderen Pol mit eher „erratischen“[4] (satzähnlichen) Mechanismen für das Nennen von in IKEA-Diskursen vorkommenden Kategorien und Themenkreisen als Vergleichspunkt (*tertium comparationis*). Die mehrsprachige und mehrmediale textuelle Vergleichsbasis dazu liefern: die einzelsprachlichen IKEA-Küchenbroschüren aus dem Jahr 2011 (die Inhalte darin und die sprachlichen Mittel, mit denen sie formuliert werden, bilden den zentralen Vergleichsgegenstand), Textbausteine im Küchenteil der landesspezifischen Homepages von IKEA und küchenbezogene Posts in den Blogs von *http://www.elhogar.de* (Spanien) sowie Threads in den Küchen-Foren der *hej-Commmunity* (Deutschland). Beide sind unternehmenseigene Online-Gemeinschaften von IKEA.

IKEA ist eine recht eigenartige charismatische[5] BINGO (*Business International Non-Governmental Organization*),[6] denn sie kann als Möbelherstellerin, Bild- und Textfabrik,[7] Namen-[8] und Phraseologie-Lieferantin[9] zugleich gelten.

---

rate Behaviour) und allen Kommunikationsmaßnahmen (Corporate Communication) aus.“

4 Bühler (1934, 341f.): „"Satzkomposita" (...) sind nicht feldfähig, sondern bleiben, wo immer sie eingesetzt werden mögen, im Satzfeld liegen wie erratische Blöcke“.

5 Martenson (1987, 8): „A branded product is the product itself plus some additional value.“ Bei charismatischen Marken wie Coca-Cola („la chispa de la vida“) oder IKEA sind das sehr elementare Werte: „zwei Dinge [wirst du] auf jeden Fall mit nach Hause nehmen: gute Laune und viele Ideen“ (IKEA-Katalog 2006) und der sog. IKEA-Effekt: „Study Finds Consumers Over-Value Products They Build Themselves“ (*http://www.huffingtonpost.com/2011/09/26/ikea-effect-consumers-study_n_981918.html*, 17.01.2013).

6 Rosengren, Karl Erik (2002): „Internationale und interkulturelle Kommunikation“, in: Hepp, Andreas/Löffelholz, Martin (Hrsg.): *Grundlagentexte zur transkulturellen Kommunikation*, Konstanz: UVK-Verlagsgesellschaft, pp. 37-66.

7 Bei ICOM (Älmhult, Schweden) sind 260 Menschen mit der Produktion der Bauanleitungen, der Fernsehspots, der IKEA-Webseite und des IKEA-Katalogs beschäftigt. Die Texte für den IKEA-Katalog „skrivs av copywriters på ICOM innan den översätts på de lokala marknaderna“ (*http://www.ikea.com/ms/sv_SE/about_ikea/press_room/bilagor/katalog_2009/IKEA_katalogen_fakta.pdf*, 17.01.2013).

8 „wir haben auch echt viel von Ikea. Ich kann meine Möbel mit Namen ansprechen“ (*http://beautyjunkies.inbeauty.de/forum/archive/index.php/t-70474-p-7.html*, 27.11.2012).

Die Rede vom Nicht-allein-Kommen des Katalogs im Titel dieser Arbeit[10] soll nicht lediglich so verstanden werden, dass Kataloge „im Allgemeinen nicht allein versandt“ werden (Pepels 2008, 7), da sie Beilagen enthalten (Broschüren, Bestellformulare u. Ähnl.). Auch nicht nur dahingehend, dass sie zu einer Reihe von *brand utilities* (Marketing in Form von Dienstleistungen: Tragetaschen, Bleistifte, Maßband u.a.) gehören, die vielleicht nicht immer als solche wahrgenommen werden, aber doch als Mittel zur Intensivierung des Kauferlebnisses sehr effektvoll sein können. Obiger Spruch soll vielmehr auch in dem Sinne verstanden werden, dass der Katalog samt Küchen-, Bad- und sonstigen Broschüren, Foldern und Flyern über das Printmedium hinaus ein zentrales Druckerzeugnis im Mittelpunkt einer Konstellation von subsidiären[11] multimodalen[12] Vertextungs- und Verbildlichungs-Aktivitäten darstellt, welche sich mit unge-

---

9 Auf die *Flat-Pack*-Phraseologie von IKEA-Textern und ihre Variation durch Internet-Nutzer kann hier leider nicht näher eingegangen werden.

10 Einer Werbeaktion entnommen, in der mit 100 kostenlosen Wohnungsverschönerungen der Zeitpunkt gefeiert wurde, zu dem der Katalog herauskam. Das macht ihn mit Geburtsfeierlichkeiten von königlichen Personen vergleichbar. Die Medialisierung erfolgte als Video-Reportage nach einem altbewährten Vorher-Nachher-Schema, vermischt mit dem auf Folklore und Magie anspielenden, ebenso altbewährten Schema der Heinzelmännchen (die Verschönerungs-Brigaden vermitteln Werte wie Effizienz, sorglose Hals-über-Kopf-Umgestaltung und Glücksgefühl) (*http://inspiration.ikea.de/#/Katalog2012*, 17.01.2013).

11 So erfolgt die Online-Präsentation von *elhogar.de* als negative Gattungsbestimmung: „Esto no es un catálogo online más“ (*http://www.elhogar.de/que-es*, 17.01.2013).

12 Wichtig an der multimodalen Textsorte Katalog ist weniger die Dominanz von Bild über Text oder umgekehrt, als vielmehr die Kongruenz zwischen Beiden (Eckkrammer/Held 2006; Ebert 2007). Dass auf die unterstellte Indexikalität von Bildern allein kein Verlass ist, dass eine kongruente Einrahmung durch Sprache erforderlich ist, das zeigt folgendes Beispiel besonders dramatisch: ein attraktiver roter Barhocker ist auf S. 5 des Küchen QUELLE-Katalogs (*http://www.kuechen-quelle.de/Service/Kataloge/*) abgebildet. Darunter informiert eine Bemerkung den Leser darüber, dass der Hocker nicht im Preis inbegriffen ist: „Barhocker können wir beim Küchenkauf für Sie bestellen!“, was eventuelle Bestellabsichten unterdrücken könnte. Ein ebenso attraktiver roter Barhocker ist in der Bildkomposition Küchenarbeit neu definiert, als Teil der Bildergalerie der IKEA-Homepage für die BRD abgebildet (*http://www.ikea.com/de/de/catalog/categories/department/kitchen/tools/kitchen_rooms_ideas*, 17.01.2013). Auch wenn man keinen zu kaufen vorgehabt hatte, muss man unbedingt einen haben wollen, denn man wird geschickt darüber unterrichtet, wie man ihn platzsparend und die Funktionen der Küche erweiternd einsetzen kann.

wöhnlich starker Medienwirkung[13] (im Sinne einer differenzierten Wirkung wie in Schenk 2007, 40ff.) sowohl in den klassischen[14] als auch in den neuen Medien entfalten. Als 1958 das erste Einrichtungshaus in Älmhult (Schweden) eröffnet wurde, wechselte IKEA von einem Versand- zu einem stationären Möbelhaus. Das war der Zeitpunkt, zu dem das *User Generated Schrauben*[15] durch eine globale Kundschaft ins Leben gerufen wurde und als der Katalog als Marketinginstrument eine neue Funktion übernahm (Wassermann 2002): Kunden ins eigene Revier zu locken (Ziems/Krakau 2008).

Dabei dient der Katalog, dreigegliedert in eine verträumte Inspirationsphase (Seiten 4-23 in DE BRD),[16] eine praktische und informationsreiche Planungsphase (Seiten 24-33) und eine erleichternde Kaufhilfe durch die fallenreiche und entmutigende[17] Phase der Qual der Auswahl (Seiten 34-97),[18] sowohl zur Präsentation eines sichtbaren und greifbaren[19] Produkt- und Ideensortiments als auch als Ort der Begegnung mit einer Reihe von weniger sichtbaren, aber irgendwie spürbaren Wohngefühlen und -attitüden und als Vermittlungsinstanz

---

13 Beim Einsatz von *User Generated Content* im Bereich der Werbung soll IKEA ein *best-in-class*-Beispiel darstellen (Haug/Küper 2010, 119).

14 Neben der Kundenzeitschrift *live Leben & Ideen mit IKEA FAMILY* (bis vor kurzem *IKEA FAMILY LIVE*), den Plakaten, den Radio- und Fernsehspots, sind noch zwei zeitlose Klassiker im Bereich der IKEA-Printproduktion zu nennen: die Bauanleitungen und die Briefkasten-Aufkleber zum Ausdrucken (*http://www.lebst-du-schon.com/IKEA09/wv2009*, 17.01.2013).

15 *http://www.connectedmarketing.de/cm/2007/08/ikea-bekmpft-se.html* (17.01.2013).

16 In den Homepages nur partiell übernommen und als „Bildergalerie" gestaltet. Das Medium Internet bietet ein Extra-Inspirationsportal unter *http://inspiration.ikea.de/#/Katalog2012/* (17.01.2013).

17 „Fuimos a la tienda (…) y nos explicaron que nosotros tendríamos que hacer el diseño íntegro (…) porque nosotros somos los que mejor sabemos cuáles son nuestras necesidades... vaya chasco (…) Sabemos cuáles son nuestras necesidades, claro que sí, pero tanto rationnell, tanto faktum, tanto lío con las encimeras, los electrodomésticos..." (*http://www.elhogar.de/vecinos/familiarodriguezmoreno/blog/cocina-para-noveles-2009-4-14*, 17.01.2013).

18 Im Katalog ES Halbinsel erscheinen sie jeweils unter den Rubriken *Inspírate*, *Planifica tu cocina*, *Elige*. In DE BRD lesen wir dafür *Lass dich inspirieren*, *Freu dich aufs Planen*, *Finde deinen Stil*.

19 Für den Unterschied zwischen *tangible* und *intangible values* siehe Seltene/Brunel (2008). Auch im *tribal clover* von Cova/Cova (2002) werden eine sichtbare und eine unsichtbare Achse angenommen.

für hedonistische[20] Unterhaltungs-Aktivitäten und gemeinnützige Belehrungs-Aktivitäten,[21] in denen Wertediskussionen (Kuße 2008) für die Organisation innerhalb des Unternehmens,[22] aber auch zu Hause und am Arbeitsplatz eine wichtige Rolle spielen. Allesamt stehen sie im Dienste eines quasi-filantropischen Legitimationsdiskurses[23] um das Wohl der Menschen in ihrer Alltagsbewältigung. Modi der Lebensführung[24] sollen Lösungen an die Hand geben für die ganz gewöhnlichen Organisationsprobleme des Alltags. Disruptive Formen des Bettmachens – sprich: *nórdico* oder *sábanas* – sind in Spanien erst im Zuge der Verbreitung des *IKEA-way* aufgekommen.[25] Ähnliche Arten der Disruption, mehr oder weniger verspielt, werden in Werbespots von IKEA als Hinterfragung

---

20 Siehe Hirschman/Holbrook (1982). Über IKEA-Einrichtungshäuser als Orte des touristischen Erlebens und Konsums siehe Hopfinger/Walla (2009).

21 Beim Planen der eigenen Traumküche kann kein „Rundum-Sorglos-Service" erwartet werden (so der Spruch auf S. 5 des Katalogs von Küchen QUELLE). Vielmehr soll der Vorgang als Lernsituation begriffen werden („es is definitiv nicht die nervensparenste Methode - aber man lernt was dabei", *http://www.unicum.de/forum/wohnen/23320-ikea-kuechen-erfahrungen-und-tipps.html*, 17.01.2013), es soll helfen „genaues Hinsehen zu schulen, visuelle und bildnerische Kompetenz" zu fördern (Christoph Bachinger (2006) Außerunterrichtliches Lernen beim Planen und Gestalten einer neuen IKEA-Küche. Seminararbeit an der Universität Mozarteum Salzburg).

22 Adam, Ayan/Khan, Sabine/Stark, Matz (2007): *Business Culture in Swedish firms. Case Study: IKEA*. Undergraduate Thesis at Mälardalen University (*http://www.eki.mdh.se/uppsatser/foretagsekonomi/VT2007-FEK-C-1587.pdf*, 17.01.2013). Müller, Marie-Anic (2009): *Das Schwedenbild in der Unternehmenskultur von IKEA*. Diplomarbeit an der Universität Wien (*http://othes.univie.ac.at/3657/1/2009-02-17_0248073.pdf*, 27.12.2011). Phaiboonkit, Panotporn/Lertsirimongkolchai, Sirinthip (2011): *Cultural Adaptation required for IKEA to increase the organizational effectiveness in Thailand.* Master Thesis at Mälardalen University (*http://mdh.diva-portal.org/smash/get/diva2:425774/-FULLTEXT01*, 27.12.2011).

23 Ingvar Kamprad: „All human beings need to fulfill some basic functions: eat, sleep, relax at home etc. And all human beings want to have some beauty and design around. But most people cannot afford to spend fortunes", aus: Stenberg, Johannes (2007/2008) „An interview with Ingvar KAMPRAD, IKEA Founder", in: Carpatair Magazine 12, 8-17, 15 (*http://www.carpatair.com/Content/EN/MEDIA/Files/Carpatair_magazine_nr4.pdf*, 17.01.2013). „El objetivo de IKEA es crear un mejor día a día para la mayoría de las personas" (*http://www.elhogar.de/GRUPOS/IKEA*, 17.01.2013).

24 Siehe Voß, G. Günther, in: Projektgruppe „Alltägliche Lebensführung" (Hrsg.) (1995): *Alltägliche Lebensführung. Arrangements zwischen Traditionalität und Modernität*. Opladen: Leske + Budrich.

25 *http://www.elhogar.de/vecinos/raymar/blog/ropa-de-cama-2011-2-24* (23.03.2011).

der steifen Spielregeln der Elterngeneration inszeniert: *En el salón no se juega,*[26] *Stop Being so English,*[27] *Redecora tu vida.*[28] Der Alltagsbezug in diesem Legitimationsdiskurs ist IKEAs sehr kluger Ausweg zur Vermeidung von lebensstilbasierten Marketingkonzepten. Lebensstil setzt den Akzent auf Fantasie und Herzeige-Attitüden. Modelle der alltäglichen Lebensführung dagegen setzen den Azkent eher auf das Ergreifen von Chancen, das Erkennen von Optionen, die Schaffung von Spielräumen und lassen sich sehr gut als *share*-Attitüde medialisieren. Marketingkonzepte, die Vorbilder für die Alltagsgestaltung abgeben und sie auch noch mit unwiderstehlicher Anziehungskraft versehen (Gömann/Münchow 2008, 189) sind in der Lage, zielgruppenübergreifend zu wirken[29] und brauchen sich nicht nach den ökonomischen Kapazitäten von Kunden zu richten.

2 Warum Küchen?

Küchen können als Räume zur Darstellung des eigenen unverwechselbaren Lebensstils angesehen werden (darauf basiert die thematische Gruppierung der Küchenmodelle im Katalog von Küchen QUELLE). Sie können auch als Schaubühne für das freudige und verspielte Experimentieren mit disruptiven Formen der Lebensführung empfunden werden (so in den Werbekampagnen von IKEA). Küchen können aber auch als Orte zur Erprobung von kommerziellen Konzepten betrachtet werden, die mit bestimmten Kauf- und Nachkaufhaltungen[30] korrelieren (Kornacher/Suwelack 2006; Spandl 2010).

IKEAs Konzept vom Kauf einer individuell geplanten Küche zum Massenpreis, welche vom Kunden selber ins Haus geholt und aufgebaut wird, erfordert

---

26 *http://www.youtube.com/watch?v=dzIlsH124MI* (27.12.2011).

27 *http://www.youtube.com/watch?v=V1LnSn8M98I* (17.01.2013).

28 *http://www.youtube.com/watch?v=tGKFOf9G0kc* (27.12.2011).

29 Melchers/Ziems (1999, 101): „‚Elementare' Markenwerte werden auch dann nicht mehr wach gehalten, wenn die Markenführung sich allzu sehr an Lifestyles und Trends anlehnt."

30 Motivationen, aus denen heraus Kunden ko-kreativ handeln werden ausgeführt in: Hennig-Thurau, Thorsten et al. (2004): „Electronic word-of-mouth via consumer-opinion platforms: What motivates consumers to articulate themselves on the internet?", in: *Journal of Interactive Marketing* 18(1), pp. 38-52 und Dahl, Darren W./Page Moreau, C. (2007): „Thinking inside the box: Why consumers enjoy constrained creative experiences", in: *Journal of Marketing Research* XLIV, pp. 357-369.

ein Kauf- und Nachkaufverhalten, welches heute wie bereits damals, lange vor der Geburtsstunde des Web 2.0, als IKEA-Küchen lediglich stationär verkauft wurden, nur mit einem beträchtlichen Maß an *Pull*-Verhalten und Engagement zu bewerkstelligen sein dürfte[31] (den Berichten nach zu urteilen wird diese Grundhaltung ja des öfteren geradezu auf die Zerreißprobe gestellt). Es handelt sich also um ein Konsum- und Einrichte-Verhalten, dem neben den drei bereits erwähnten Phasen der Inspiration, Planung und Durchführung, eine Erweiterung um zwei weitere Phasen, diesmal in der Teilöffentlichkeit, sehr gelegen kommen musste: Dokumentation des Gesamtprozesses und Vorzeigen der Resultate.[32]

Jeder besitzt eine Küche, so wie wir alle Schuhträger sind. Jedoch ist die Warenrotation bei Schuhen kurzlebiger. Das gibt einen unkomplizierten Ansatz für den Differenzierungsdruck gegenüber anderen Marken. Anders als Schuhe werden Kücheneinrichtungen in längeren Kaufrhythmen erworben (Spandl 2010, 235), und da Planung und Kauf einer Küche hohe Ansprüche an Anbieter und Käufer stellen, müssen Akzente für die Distinktion anderweitig gesetzt werden.

Außerdem kommt Küchen in ihrer Medialisierung eine soziokulturelle Geltung zu, die es für sie als naheliegend erscheinen lässt, disruptiven Wert anzunehmen: „discourses surrounding the geographies of the kitchen can be seen as representative of wider societal shifts (...) these discourses tell us about the changing nature of gendered spaces".[33] Und weiter: „the kitchen has long been a space, both intimate and socially significant, from which to generate arguments about gender, class and nation".[34] Davon machen Katalog-, Werbetexter und Projektentwickler von Online-Communities unterschiedlichen Gebrauch. So

---

31 Über Internet als „bidirektionales Medium mit einer deutlichen ‚Pull'-Orientierung" siehe Herrmann, Christoph/Sulzmaier, Sonja (2001): „What's new about the new? Marketing in Zeiten des ‚E'" (*http://www.innovationforleadership.de/downloads/EMarketing.pdf*, 17.01.2013).

32 Der Spruch auf Seite 24-25 im IKEA-Katalog DE BRD *Gestatten: deine Traumküche. 1 Raum und 1.000 Möglichkeiten* macht klar, dass Möglichkeiten situationsentbunden nur als leere Küchen abgebildet werden können. Ihre Verwirklichung in konkreten Behausungen, ihre teilöffentliche Abbildung (die Tausendundeine Möglichkeiten) ist eine Aufgabe von Community-Mitgliedern.

33 Llewellyn, Mark (2004): „Designed by women and designing women: gender, planning and the geographies of the kitchen in Britain 1917-1946", in: *Cultural Geographies* 11, pp. 42-60 (*http://cgj.sagepub.com/content/11/1/42.abstract*, 27.12.2011).

34 Floyd Janet (2004): „Coming out of the kitchen: texts, contexts and debates", in: *Cultural Geographies* 10, pp. 61-73 (*http://cgj.sagepub.com/content/11/1/61.full.pdf*, 17.01.2013).

führt dies im Konzept von Küchen QUELLE zum Ausschluss von Küchen-Attitüden,[35] die als nicht zeitgemäß empfunden werden, wogegen durch das Konzept der Online-Gemeinschaft *elhogar.de* unvoreingenommenerweise (wie es sich für das Medium gehört) eine Klatsch-und-Tratsch-Attitüde befürwortet wird, die übrigens zur Grundhaltung des Surfens sehr gut passt: „inspirarse mirando todas las cocinas de tus vecinos. Buscar y curiosear riman".[36]

3 Interlingualer Vergleich der Nenn-Aktivität in Küchen-Broschüren, Homepages und Online-Gemeinschaften

Sowohl der Katalog als auch sämtliche Broschüren, darunter die Küchenbroschüre, erscheinen in mehreren Sprachen. Die einzelnen Übersetzungen sind das Ergebnis der Lokalisation[37] von zwei stark internationalisierten Grundversionen im *Basic English*,[38] eine für den europäischen und nordamerikanischen, die andere für den australischen und asiatischen Markt, die kaum Veränderungen der Inhalte und des Layouts aufweisen. Wenn Änderungen doch vorgenommen werden, dann vorwiegend an Service-, Promotionseiten und am Umschlag.[39] Prinzipiell schauen Katalog und Broschüren für einen Leser mit Zuhause in Tokyo und

35 S. 53: „Vorbei die Zeiten, als Hausfrauen hinter geschlossenen Türen werkelten. Heute ist eine Küche offen – und Kochen eine Familienangelegenheit. Weil die Küche also gleichzeitig Essplatz, Hobbyraum oder Spielplatz ist, planen unsere Küchenberater immer öfter ein ganzes Wohnambiente. Klassisch elegant, supercool oder im Landhaus-Look, garantiert aber immer ohne Schürzen-Attitüde!".

36 *http://www.elhogar.de/IKEA*. Bei der Schürzen-Posse in *MIRA QUÉ MONADA DE SALITA Y CÓMO ME QUEDA EL DELANTAL* (*http://www.elhogar.de/martayminoelminino*, 17.01.2013) handelt es sich eigentlich um eine unechte Botschaft, die zusammen mit anderen Spartensprüchen in den Blogs von *elhogar.de* automatisch generiert werden. Hier kann sie sogar den Beitrag der Userin stören, weil es in ihrem Post weder um salitas noch um Schürzen geht, sondern andere Küchenaspekte thematisiert werden.

37 Übersetzung kann als eine Spielart der Lokalisation angesehen werden: „Localization is commonly defined as the process of taking a product (...) and adapting it to a specific locale or target market or language group." (Fernández Costales 2009).

38 Blancke, Michelle (2007): *United Kingdom versus United States. IKEA Catalogues Compared*. Master Thesis, Den Haag, 3 (*http://igitur-archive.library.uu.nl/student-theses/2007-1113-200632/UUindex.html*, 17.01.2013).

39 Durch die Preispolitik bedingt, aber auch wegen Anpassung der ethno- und gender-Komposition der abgebildeten Menschengruppen sowie in Abhängigkeit davon, welche Familienformen im jeweiligen Kulturkreis zumutbar sind.

einen mit Zuhause in Ryad ziemlich identisch aus. Zumindest werden die Katalog-Teams damit beauftragt, dass Katalog und Broschüren von einer globalen Gemeinschaft von Lesern möglichst identisch wahrgenommen werden, was größtenteils durch intensive Internationalisierungsarbeit im Vorfeld der Lokalisation gewährleistet wird. Auch die Produktnamen im IKEA-Sortiment sind nicht so rundum schwedisch wie üblich angenommen. In vielen Fällen wurden sie vielmehr ikonisch geprägt in einer Art von *Standard Average European* auf mittelmeer-nordseegermanischer Basis.[40] Zum Grad der Lokalisation in den landes- und regionsspezifischen IKEA-Homepages siehe Singh/Pereira (2005).

Aus dem Bedürfnis heraus, eine für den *IKEA-way* taugliche Ontologie namentlich festzulegen,[41] wächst eine rege – je nach Emittenten-Typ[42] und vom Grad des editorischen Eingriffes abhängig – mehr oder weniger stark gesteuerte Nenn-Aktivität, die u.U. auch in die Nenn-Praktiken von Textproduzenten in den neuen Medien einfließen kann. So lässt sich die „Ikeität" der versprachlichten Kategorien[43] und Themenkreise[44] einwandfrei gewährleisten, und die Lokali-

40 Siehe den Text eines Werbeplakats („IKEA sucht 200 neue Bosse mit Karisma...") im Rahmen einer Mitarbeitergewinnungs-Kampagne (*http://www.reinsclassen.de/pages/kunde/ikea-93.php*, 17.01.2013).

41 Im Katalog von Küchen QUELLE bekommen Lösungen keinen Namen, da den Kunden nicht zugemutet wird, die Herausforderungen zu meistern. Der Werbetexter zeigt es, der Küchen-Profi macht es, aber ohne zu sagen wie (S. 25: „Dachschrägen können einer Küchenplanung ganz schön Steine in den Weg legen. Aber nicht, wenn unsere Profis am Werk sind: Die finden immer eine überzeugende Lösung."). In der Bildkomposition ES *Personaliza tu cocina* (IKEA-Homepage für Spanien), DE *Küche nach Maß* (IKEA-Homepage für Deutschland) wird einem beigebracht wie: ES *Un sistema de almacenaje modular te permite aprovechar al máximo el espacio de la pared adaptándose a los ángulos*, DE *ein Möbelaufbewahrungssystem*. Zur Bekämpfung von solchen „Problemzonen" empfiehlt sich auch die Strategie, die Benennungen zu erwähnen, die eben vermieden werden müssten: *Los techos abuhardillados no tienen por qué ser espacios 'muertos'*, DE *Dachschrägen müssen kein „verschenkter" Raum sein.* Echte Testimonials aus der *hej-Community* können das nur bestätigen (ein Bild, in dem die Schräge mit Träby-Würfeln ausgefüllt ist, wird gezeigt in: siehe Beitrag von *Limette* vom 22.09.2010, 19:35 Uhr) (*http://www.hej-community.de/communityservice/thread?forum_category_id=&thread_id=2400&page_number=02&sort=desc&sortType=by_date*, 17.01.2013).

42 Eberts (1997, 43) Begriff Emittent statt Textproduzent soll andeuten, „dass unternehmenspolitische Texte in der Regel von mehr als einer Person „produziert" werden".

43 Die wiederkehrenden Probleme, die angebrachten Lösungen und die Prinzipien, die es dabei zu beachten gilt.

44 Im Zusammenhang mit flexiblen Wohnsituationen und sich ändernden Wohnbedürfnisse: persönliche Bedürfnisse erkennen, Umgestalten statt Neueinrichten, Raumnutzung in die

sation kann sozusagen auf den Übersetzungsauftrag reduziert werden. Letzteres gilt für die redaktionell erarbeitete IKEA-Textproduktion. Für die halb- bis ganz spontane IKEA-Textproduktion im Rahmen der Online-Gemeinschaften können sich Redeanlässe und -formeln[45] stark an das Verfahren der „wiederholten Rede" anlehnen.[46]

Die signifikantesten Abweichungen vom *Basic English* des Urtextes ergeben sich also weniger aus Unterschieden im lokalen Wohn- und Konsumverhalten. Bei Sprachen, die in mehreren Staaten gesprochen werden, erscheinen Katalog und Broschüren in landes- (DE BRD/DE AT, ES Halbinsel/ES USA, FR FR/FR BL, EN UK/USA/AUZ) bzw. regionenspezifischen Ausgaben (ES Inseln, DE CH, FR CH, IT, CH), was eher mit den Lieferbedingungen zusammenhängt und weniger sprachlich bedingt ist. Abgesehen von wenigen bekannten Fällen der lexikalischen Variation, die ohne großen editorischen Aufwand in die Lokalisation einbezogen werden können (ES Halbinsel *grifos*, ES USA *llaves*), entstehen daraus keine nationalen Varietäten des IKEA-Katalogs oder der Broschüren. Abweichungen vom *Basic English* des Urtextes ergeben sich auch nicht aus Unterschieden in der Struktur der jeweiligen Sprachtypen (synthetischer vs. analytischer Sprachbau). Die Endprodukte zeigen genug Normvariation innerhalb der System-Möglichkeiten, um falsche Rückschlüsse bezüglich des Analyse- bzw. Synthesegrads der resultierenden Versionen vermeiden zu können[47] (romanisch und germanisch analytisch: ES Halbinsel *Añade cajones de zócalo debajo de los armarios*, CAT *Afegeix calaixos de sòcol sota els armaris baixos*, FR FR *en aménageant un tiroir sous un élement bas*, EN UK/USA *Try adding plinth drawers below base cabinets* neben romanisch und germanisch synthetisch: FR CH

Höhe/an den Wänden/in den leeren Luftraum und in die Winkeln hinein, Küchen nicht nur zum Essen, umweltschonend, nachhaltig und kinderfreundlich einrichten, zweckmäßig beleuchten.

45 Das zeigt ein Vergleich der Posts im Thread *Induktion, Gas, Strom?* im Forum *S.O.S.! Wer plant meine Küche?* aus der *hej-Community* mit dem Text über Kochfelder in der IKEA-Küchenbroschüre (DE BRD S. 62-63).

46 Coseriu, Eugenio (1976): *Das romanische Verbalsystem*, Tübingen: Narr, 25: „Die Sprecher lassen in ihrem Sprechen verschiedene Systeme funktionieren und wiederholen zum Teil Stücke von früheren Reden, ebenso wie man auf einem Bild eine synchronisch funktionierende Technik finden kann neben Stücken, die von früheren Bildern nachgeahmt oder einfach reproduziert sind".

47 Granger (2003, 25-26): „lack of familiarity with TS [= Translation Studies] may lead CL [= Contrastive Linguistics] researchers to interpret their data in terms of differences between language systems when they result from translation norms or strategies".

Des tiroirs de socle, FR BL *Optez pour des tiroirs-socles*, DE BRD/AT/CH *Sockelschubladen*). Sie lassen sich vielmehr darauf zurückführen, dass der Übersetzungsauftrag unterschiedlich gedeutet wurde (beschreibend vs. dialogähnlich,[48] konservativer vs. kreativer Umgang mit stilistischen Grenzen).[49]

4 Warum Wortbildung

Die „magere Syntax"[50] ist ein Topos der Wortbildungsforschung, der unter verschiedenen Bezeichnungen[51] kursierend, die Wort- (bzw. Wortgruppenzentriertheit) von bestimmten Typen von Text-Bausteinen immer wieder thematisiert, insbesondere „die schnell ins Auge springen" sollen (Stein 2003, 165). Das kann dem Medium Internet, mit dessen augen- (d.h. bildschirmgerechter) und verlinkungs- (d.h. syntaxarmer und tastaturgerechter) Portionierung von Sprache sehr zugute kommen (Schmitz 2009; Peters 2002).

Die Textfragmentierung in Homepages (aus dem Printmedium parasitär übernommene scrollbare diskursive Teile, die übers Netz als eine Art von „über Distanz funktionierende[m] Kopiergerät" verbreitet werden (Handler 1997, 95) kommen hier nicht in Frage) führt allerdings zu einigen Konstruktions-Komplikationen, die u.U. mediumsspezifische Feldbrüche zweiter Ordnung entstehen lassen können (die erster Ordnung geschehen nach Bühler im Innern des Kompositums). In vielen Fällen unterstreicht das die Erratik mancher Wort-

---

48 Wirth (2004, 72). Eine dialogähnliche Zugriffsweise zeigen z.B. folgende Auszüge aus der IKEA-Küchenbroschüre: DE BRD *Gestatten: deine Traumküche. 1 Raum und 1.000 Möglichkeiten*, DE AT *Gestatten: Deine Traumküche. Ein Raum. 1.000 Möglichkeiten* gegenüber einer beschreibenden Perspektiveinnahme in DE CH *Ihre Traumküche beginnt mit einem leeren Raum und endlos vielen Möglichkeiten*, ES Halbinsel *La cocina de tus sueños empieza con un espacio vacío y muchas posibilidades*. Siehe auch Lewis, Herschell Gordon (2000): *Catalog Copy That Sizzles*. Lincolnwood: NTC Business Books, S. 30.

49 Siehe Munat, Judith (Hrsg.) (2007): *Lexical creativity, Texts and Contexts*, Amsterdam/ Philadelphia: Benjamins.

50 Brekle (1985, 174), Eichinger (2006, 195): „Wortbildung ist da im Kern ihrer Mittel, wo sie wenig formalen Aufwand betreibt".

51 Unkonstruierbarkeit bei Grimm, Feldbruch bei Bühler (1934, 341f.) in dem Sinne, dass Wortbildung „ein Verlassen des syntaktischen Felds" mit sich bringt. Es ließe sich aber präzisieren, dass über das syntaktische Feld hinaus auch das Feld der syntaxgerechten Konfiguration des Schreibraums verlassen wird und ein Rückfall in Schreib-Zustände, die der Oralität eigen sind, stattfinden kann.

Gebilde an der Fuge mit ihren jeweiligen Rahmenkonstruktionen. Ein Beispiel dafür liefert die linke senkrechte Navigationsleiste unter dem Stichwort *Ideas para tu hogar* auf der spanischen IKEA-Homepage, wo die Rubrik ES *Cómo…*[52] den Syntaxrahmen bereit hält für darunter stehende erratische Blöcke. DE *So gehts*[53] als Rahmen für unten stehendes *Planungsvorbereitung* wirkt weniger erratisch.

Feldbrüche zweiter Ordnung mögen unterschiedlich akzeptabel wirken in Abhängigkeit der Trägerfläche (auf beschrifteten T-Shirts kann es auch so kommen) und der Distanz zwischen erratischem Block und Restkonstruktion.[54]

5 Authentische Wortbildung für authentische Kommunikationsformen?

Die Nenn-Praktiken der Küchenanbieter (mehr oder weniger stark redaktionell gesteuert, aber allein deswegen nicht unbedingt unauthentischer) auf der einen Seite, und die der Küchenbesitzer (vom eingefleischten IKEA-Fan bis zum eventuellen IKEA-Besucher, handelt es sich dabei um *User Generated Naming*, aber allein deswegen nicht unbedingt authentischer)[55] auf der anderen Seite, sind Reflexe der Spielarten der Vermischung bzw. Trennung von Wirklichkeit und deren mehr oder weniger lebensechter Medialisierung.[56] Über die Nennung des Produktsortiments mittels „merkmalsverdichtende[r] und hierarchiebildende[r]

---

52 *http://www.ikea.com/ms/es_ES/rooms_ideas/kitchen_howto/EU/kitchen_how_to.html* (17.01.2013).

53 *http://www.ikea.com/ms/es_ES/rooms_ideas/kitchen_howto/EU/kitchen_how_to.html* (17.01.2013).

54 Das Fehlen der Akkusativendung in der T-Shirt-Aufschrift *ich liebe dein Text* (*http://www.spreadshirt.de/*, 25.11.2011) könnte darin begründet sein, dass ein Feldbruch zweiter Ordnung hier vorliegt (‚hier kommt dein Text').

55 Über die Rolle von sehr aktiven Nutzern, die regelmäßig online gehen, als Moderatoren fungieren und eine hohe Zahl von Postings formulieren siehe Brunold/Merz/Wagner (2000, 106ff.).

56 Deterding (2011, 105): „Statt also angstvoll zu fragen, ob wir Medien und Wirklichkeit noch auseinanderhalten können, sollten wir fragen, wie es uns seit jeher im Alltag so mühelos gelingt zu erkennen, was hier eigentlich vor sich geht – ein Theaterstück, ein Traum, ein Spiel, eine Fiktion, ein Scherz? Oder etwas Faktisches, Reales, ernst Gemeintes?"

Komposita“ (Hoffmann 1998, 580) hinaus,[57] sollen hier folgende Nominationsstrategien mit magerer Syntax hervorgehoben werden:

(1) Das Nennen von Ad-hoc-Kategorien (Barsalou 1983) zum Zweck der dynamischen (Um-)Kategorisierung des Produktsortiments. Redaktionell gesteuert wirken solche Komposita ziemlich unauthentisch (*Raumanimierer*, *Mehrraumwiederentdecker*) bzw. stilisiert (*Rund um den gedeckten Tisch*),[58] obwohl auch die flotteren Varianten mit *&* bzw. *& Co.* üblich sind (*Organisiert & griffbereit*).[59] Spontan geprägt erscheinen diese Bildungen bevorzugt als *dummy compounds*[60] (*Gerade für Extrawürste (Apothekerschränke, komische Maße, flexible Innenausstattung) kann ich Ikea nur empfehlen!!!)*,[61] *un asuntillo de barra.*[62] Offensichtlich haben Anbieter und Benützer ähnliche Nennbedürfnisse, die sie nicht immer identisch befriedigen. Allerdings zeichnet sich auf Seiten der Küchenanbieter in diesem Bereich die Tendenz ab, die Ikonizität der Bezeichnungen zu steigern (*Küche, Korpusse & Fronten*[63] ist für Küchen zum Selbstaufbau gegenüber den klassischen fertig vormontierten und verleimten Einbauküchen treffender).

(2) Das Nennen von Satzmomenten in Form von Wort- bzw. Phrasem-Momenten zum Zweck der Hypostasierung und der verstärkten thematischen Einbindung. Das ergibt den feinen Unterschied:

- zwischen DE *schmales Arbeiten*, *Wenig-Platz-Maximierer*, EN *small space maximiser* (Bildergalerie), alle drei in gelungener ikonischer Diagrammatizi-

---

57 Nach Eichinger (2006, 191) erfüllen sie die Hauptfunktion der Komposition („eine relevante Subklasse einer bekannten Klasse“ zu nennen). Im Katalog tauchen sie insbesondere in den warenkundlichen und abwicklungstechnischen Passagen auf. Ihr Vorkommen in den Foren kann hier unberücksichtigt bleiben, da sie Fachlichkeit indizieren und somit den *conceptual blendings* des *IKEA-way* zuwiderlaufen.

58 So noch am 23.03.2011. Zuletzt aber verdrängt durch eine weniger stilisierte Nennvariante Tischsets & Tischwäsche, Servietten (*http://www.ikea.com/de/de/catalog/allproducts/*, 17.01.2013).

59 So noch am 23.03.2011. Zuletzt aber verdrängt durch Einrichtung für Küchenschränke.

60 Hohenhaus (2007, 19).

61 *http://www.unicum.de/forum/wohnen/23320-ikea-kuechen-erfahrungen-und-tipps.html* (17.01.2013).

62 *http://www.elhogar.de/vecinos/laporteradelacomunidad/blog/el-gran-desafio-de-la-cocina-empieza-ya-2009-5-25* (17.01.2013).

63 Neu für alt Küchensysteme (*http://www.ikea.com/de/de/catalog/allproducts/*, 17.01.2013).

tät für unerwartete Raumnutzungs-Möglichkeiten und ES *Aprovecha los espacios estrechos*, *Aprovecha al máximo los espacios pequeños*, was reihenbildend wirkt, aber eben nicht hypostasierend,

- zwischen ausdrücklichem Nennen des Aufhängeprinzips (FR CAN *De (…) à la casserole, à la chaise, tout s'accroche*) und dessen verspieltem Verschweigen (ES Halbinsel *aprovecha las paredes ... puedes utilizarlas para almacenar sillas. ¿Adivinas dónde están colgadas?*; ES USA *Las paredes hasta pueden servir de almacenaje para las sillas. ¿Puedes ver dónde están escondidas?*),
- zwischen kompakter Nennung, ikonisch für die Kompatibilität diverser Beschäftigungen und Wohnhaltungen in der Küche (FR FR *Cuisine-travail et cuisine-loisir*, EN USA *Work and leisure kitchen*) und weniger kompakter Nennung (DE BRD/AT/CH *Arbeit und Freizeit in der Küche*, FR CAN *Cuisine pour le travail et les loisirs*, ES *Puedes hacer otras cosas además de cocinar*),
- thematisch eingebunden sind die Wortbildungsprodukte *puerta anticoscorrones* (Themenkreis: Kinderfreundlichkeit, Beisammensein in guter Laune; Kategorie: Lösung), anstelle von *puertas que se mantienen abiertas, (...) para coger y dejar platos y vasos*, *Puertas en su sitio*; EN UK *PRINCIPLE: subdivide* (Themenkreis: Organisation, Kategorie: leitendes Prinzip), DE *Multitalent* (Themenkreis: flexible Einrichtung, Kategorie: Lösung); DE *die Küchentesterin* (Themenkreis: Beständigkeit, Kategorie: Lebensprinzip der kleinen aber folgenschweren Handlungen) ist der Titel eines Fernsehspots, in dem die pubertierende Tochter umsonst versucht, Türen und Schubladen so gnadenlos wie ebenso erfolglos zuknallen zu lassen in einer geschickten Umwandlung einer unwissenden jugendlichen Person in eine Möbel-Testerin. Das suggeriert Lebensechtheit der Testsituation anstelle des mechanischen Labortestens (mehrmaliges Auf- und Zuklappen). Für die thematische Einbindung werden in der spontanen Prägung stark gefühlsbetonte Wortbildungsprodukte geprägt: ES *media-cocina* (Kategorie: Problem), ES *cajón-desastre* (Kategorie: Problem, Chaos-Stelle) sowie vergleichsorientierte bis metaphernbasierte Benennungen (DE *Schlauchküche,* ES *cocina-pasillo, cocina-cebolla*) bevorzugt.

(3) Das Nennen von Satzmomenten (dabei kommen Wohlfühl-Momente genausogut in Frage wie die täglichen Unannehmlichkeiten und ärgerlichen Erfahrungen mit Küche) in Form von Phrasenkomposita (die „erratische[n] Blöcke" in Bühlers (1934, 342) bildhafter Ausdrucksweise) zum Zweck der Resonanz von mehr oder weniger lebensechten (realen, irrealen und virtualen) Gesprächsfet-

zen. Sie lösen Wiedererkennungseffekte aus und lassen sich in Gruppen unterteilen:

- Medienbedingt gibt es die Brotkrümel-Komposita: (FR CH *RATIONELL. Range-couteaux* als Variante von FR FR *RATIONELL range-couteaux*) und die lakonischen Zusammenrückungen (*gracias expertoikea, ladelperroqueladra, laporteradelacomunidad, temas: la-casa-tiene-que-tener-vida, clasificado en: historias-de-vecinos, asomarte por tus aventuras se te da muy bien, aunque sea la aventura de „miraquepupitatengoycomoselopasanmisfelinasarañandoelplastico*“). Satzkomposita, die eingeklemmt zwischen den Satzteilen treiben (DE CH *Viel Platz für „Wie-war-dein-Tag“?*, ES Halbinsel *Espacio de trabajo, espacio de almacenaje y espacio para estar juntos*, ES USA *Espacio de almacenaje, espacio en la encimera y suficiente espacio para compartir tu día*, FR FR *Cuisiner ranger partager*, FR CH *De la place pour les provisions, de la place pour travailler et beaucoup de place pour „Comment a été ta journée?“*, FR CAN *L'espace pour ranger, l'espace pour cuisiner et l'espace pour jaser. Qui dit mieux?*, FR BL *De la place pour ranger. De la place pour travailler. Et plein de place pour „c'est-trop-cool-d'être-ensemble“*, EN USA/CAN/AUZ *Storage space, work/counter space and plenty of „how was your day?“ space*),
- Wortfolgen mit Resonanzcharakter (DE *Die Inneneinrichtung zu verbessern, bedeutet den Unterschied zwischen „Die Knoblauchpresse finden, während das Öl heiß ist“ oder „Jede Schublade auf der Suche danach öffnen“*) helfen, den Wiedererkennungseffekt zu steigern, wie das im Vergleich mit den resonanzlosen Versprachlichungen gesehen werden kann (ES *Mejorar la funcionalidad interior significa encontrar el prensador de ajos mientras tienes el aceite caliente en lugar de tener que apagar el fuego para revolver entre los cajones*). Benimm-Formen erhalten nicht immer einen Namen (so wie das bei der Küchentesterin der Fall war). Statt dass sie ausdrücklich genannt werden, können sie jemandem in den Mund gelegt werden (EN GB *HE'LL EAT OUT OF THE PACKET TO AVOID JUGGLING WITH PLATES*), so wird einem klar, dass es solche Menschen gibt, die nicht in der Lage sind, ihren Alltag besser zu gestalten und daher lieber auf einen angenehmeren Alltag verzichten.

(4) Eine Unterart von (3) stellen die sog. *knock-knock*-Bildungen (Lillo 2008) dar, welche es schaffen, den spontanen Augenblick der Motivationsbasis maximal ikonisch zu erfassen (*Al(l) di(e) schönen Dinge*,[64] *Como transformar una*

64 *http://www.hej-community.de/communityservice/home* (17.01.2013).

mesa auxiliar lack de Ikea (...) Una mesa auxiliar „Lac de iqué"?,[65] *claro las cocinas hablan en Inglés. Y para entenderlas lo único que hay que hacer es cambiar las letras „Y que hago" decía yo, „i que hago", „Ike ago", „IKEA GO", „IKEA GO", „IKEA GO")*.[66] Wahrscheinlich gerade deswegen konnten sie ausschließlich in den virtuellen Austausch-Räumen des Social webs ausfindig gemacht werden.

6 Schlussworte

Die magere Syntax der Komposition und die syntaktische Erratik mancher Wortbildungs-Gebilde fügen[67] sich bestens in das Medium Internet, und das tun sie sprachtypunabhängig. Sie bringen stilistische Variation in Corporate-Gattungen, in denen vielseitige Nomination ein zentrales Stilmerkmal darstellt.

Das Internet als Medium der *conceptual blendings* (einige Aspekte davon sind das Zusammentreffen von Experten und Nicht-Experten auf der gleichen Bühne, die Professionalisierung von Foren-Moderatoren durch Betreuer von Online-Gemeinschaften neben der Entprofessionalisierung der werbesprachlichen Kommunikation, die Vielfalt der Nutzungssituationen, so dass eine Werbeanzeige u.a. gleichzeitig als werbewirksame Botschaft, als Unterhaltungsangebot und als Deko-Ratgeber wahrgenommen werden kann) bildet einen nahrhaften Boden für das Miteinander-Verwachsensein von Print-Texten (die IKEA-Küchenbroschüren)[68] und deren digitaler Erweiterung.

Aus einer intensiven Auseinandersetzung mit dem Material konnten im Rahmen der vorliegenden Arbeit nur einige relevante Fragestellungen herausgearbeitet werden, für manche Belege ist eine qualitative Analyse erfolgt. Eine quantitative Auswertung der Textbasis steht jedoch noch aus und wird anderen Arbeiten vorbehalten werden müssen. Wichtig ist, dass anhand eines Bündels von variablen und konstanten Parametern ein *tertium comparationis* identifiziert werden konnte: interlingual variabel sind die sprachlichen Mittel für die Nennfunktion, die Kreativität im transformativen Umgang mit vorgegebenen Struktu-

65 Beitrag von *JuanCGC0* (*http://www.youtube.com/all_comments?v=CvAg6FRJQLM &page=1*, 17.01.2013).

66 *http://www.elhogar.de* (17.01.2013).

67 Handler, Peter (2009, 1563): „Morphological evolution adapts easily to new settings, imprinting itself on modern language and life style".

68 Andere Katalogmacher haben mit ihren Printtexten keine solchen festen Grundlagen für die digitale Erweiterung geschaffen.

ren und der Grad der annehmbaren Erratik; intermedial variabel ist die Lebensechtheit der Inhalte und ihrer Versprachlichung – wohlbemerkt: nicht ihre Authentizität –; intermedial und interlingual konstant sind die Katalog-Inhalte, die in dieser Arbeit in eine Reihe von Kategorien und Themenkreise zerlegt wurden sowie die globalen Kommunikationsschemata, von denen hier nur einige wenige angesprochen werden konnten: Vorher-Nachher-Präsentation, 1-2-3-Präsentation, Zitieren von testimonialen Aussagen.

7 Bibliographie

Barsalou, Lawrence W. (1983): „Ad hoc categories", in: *Memory & Cognition* 11(3), pp. 211-227.

Booij, Geert (2009): „Phrasal names: a constructionist analysis", in: *Word Structure* 2(2), pp. 219-240.

Brekle, Herbert E. (1985): „Eine Neueinschätzung der wortbildungstheoretischen Ansätze in Karl Bühlers 'Sprachtheorie' (1934)", in: Brekle, Herbert E. (Hrsg.): *Einführung in die Geschichte der Sprachwissenschaft*. Darmstadt: Wissenschaftliche Buchgesellschaft, pp. 171-186.

Bühler, Karl (1982 [1934]): *Sprachtheorie*, Stuttgart/New York: Gustav Fischer.

Cova, Bernard (1999): „From marketing to societing: When the link is more important than the thing", in: Brownlie, D. et al. (Hrsg.): *Rethinking Marketing*, London: SAGE, pp. 65-83.

Cova, Bernard/Cova, Véronique (2002): „Tribal marketing: The tribalisation of society and its impact on the conduct of marketing", in: *European Journal of Marketing* 36, 5/6, pp. 595-620.

Deterding, Sebastian (2011): „Was geht hier eigentlich vor sich? Medienrealität, Mediensozialisation und Medienkompetenz aus rahmenanalytischer Perspektive", in: Fromme, Johannes/Iske, Stefan/Marotzki, Winfried (Hrsg.): *Medialität und Realität*, Wiesbaden: Verlag für Sozialwissenschaften, pp. 103-126.

Ebert, Helmut (1997): *Textfunktionen und Textstrukturen von Führungs- und Unternehmensgrundsätzen der Gegenwart*, Frankfurt am Main u.a: Peter Lang.

Ebert, Helmut (2007): „Werbeanzeigen als duomediale Darstellungsformen und als duomediale Texte", in: Adamzik, Kirsten (Hrsg.): *Textsorten. Reflexionen und Analysen*, Tübingen: Stauffenburg, pp. 215-222.

Eckkrammer, Eva Martha/Held, Gudrun (2006): „Textsemiotik – Plädoyer für eine erweiterte Konzeption der Textlinguistik zur Erfassung der multimodalen Textrealität", in: dies. (Hrsg.): *Textsemiotik. Studien zu multimodalen Texten*, Frankfurt am Main u.a.: Peter Lang, pp. 1-10.

Eichinger, Ludwig M. (2006): „Wortbildung – ein Haus mit drei Nachbarn“, in: Harras, Gisela/Proost, Kristel/Winkler, Edeltraud (Hrsg.): *Von Intentionalität zur Bedeutung konventionalisierter Zeichen*, Tübingen: Narr, pp. 179-196.

Fernández Costales, Alberto (2009): „Translation 2.0. The localization of institutional websites under the scope of functionalist approaches“, online: http://www2.arts.kuleuven.be/info/bestanden-div/Fernandez%20Costales.pdf (27.12.2011).

Fiore, Ann Marie (2002): „Effects of experiential pleasure from a catalogue environment on approach responses toward fashion apparel“, in: *Journal of Fashion Marketing and Management* 6(2), pp. 122-133.

Fix, Ulla (2009): „Die sprachlich-stilistische ‚Konstruktion‘ des Kundenbildes in Warenkatalogen vom Pro-Idee, Ikea und Manufactum“, in: *Histoires de textes. Mélanges pour Marie-Hélène Pérennec*, online: http://langues.univ-lyon2.fr/sites/langues/IMG/pdf/Fix-2009.pdf (23.03.2011).

Gömann, Steffen/Münchow, Malte-Maria (2008): „Der Handel im Wandel – Vom Target zum Attraction Marketing. Oder: Was ist das Erfolgsgeheimnis von Ikea, H&M, Aldi, Ebay & Co.?“, in: Riekhof, Hans-Christian (Hrsg.): *Retail Business in Deutschland. Perspektiven, Strategien, Erfolgsmuster*. 2., überarb. u. erw. Aufl., Wiesbaden: Gabler, pp. 173-195.

Granger, Sylviane (2003): „The corpus approach: a common way forward for CL and TS“, in: Granger, Sylviane/Lerot, Jacques/Petch-Tyson, Stephanie (Hrsg.): *Corpus-based approaches to contrastive linguistics and translation studies*, Amsterdam: Rodopi, pp. 17-29.

Handler, Peter (1997): „Stileigenschaften elektronisch vermittelter Wissenschaftstexte“, online: http://www.prowitec.rwth-aachen.de/p-publikationen/band-pdf/band2/band2_handler.pdf (23.04.2015).

Handler, Peter (2009): „Stilistische Phänomene der Wortbildung“, in: Fix, Ulla/Gardt, Andreas/Knape, Joachim (Hrsg.): *Rhetorik und Stilistik/Rhetoric and Stylistics. Ein internationales Handbuch historischer und systematischer Forschung*, Bd. 2. Berlin/New York: de Gruyter, pp. 1563-1575.

Haug, Kathrin/Küper, Jérémy (2010): „Das Potenzial von Kundenbeteiligung im Web-2.0-Online-Shop“, in: Heinemann, Gerrit/Haug, Andreas (Hrsg.): *Web-Exzellenz im E-Commerce: Innovation und Transformation im Handel*, Wiesbaden: Gabler, pp. 43-67.

Hirschman, Elizabeth C./Holbrook, Morris B. (1982): „Hedonic Consumption: Emerging Concepts, Methods and Propositions“, in: *Journal of Marketing* 46(3), pp. 92-101.

Hoffmann, Lothar (1998): „Sorten fachbezogener Vermittlungstexte III: bebilderte Werkzeugkataloge“, in: Hoffmann, Lothar/Kalverkämper, Hartwig/Wiegand, Herbert Ernst (Hrsg.): *Fachsprachen. Ein internationales Handbuch zur Fachsprachenforschung und Terminologiewissenschaft*, Berlin/New York: de Gruyter, pp. 574-583.

Hohenhaus, Peter (2007): „How to do (even more) things with nonce words (other than naming)", in: Munat, Judith (Hrsg.): *Lexical creativity, texts and contexts*, Amsterdam/Philadelphia: Benjamins, pp. 16-38.

Holst, Christian/Rudolph, Bernd (2009): „Der Katalog der Zukunft", in: *direkt marketing* 9, pp. 16-18.

Hopfinger, Hans/Walla, Julia (2009): „Ein Möbelhaus als urbane Destination? Das Beispiel IKEA", in: *Zeitschrift für Angewandte Geographie* 33, pp. 40-56.

Kornacher, Nicole/Suwelack, Clemens (2006): „KücheDirekt. Die individuelle Küchenproduktion zum Massenpreis", in: Piller, Frank/Stotko, Christof (Hrsg.): *Mass Customization und Kundenintegration: Neue Wege zum innovativen Produkt.* 2., erw. Aufl. Düsseldorf: Symposion Verlag, 153-160, online: http://www.mass-customization.de/download/fallstudien2003.pdf (23.03.2011).

Kuße, Holger (2008): „Wertbehauptungen in der instrumentellen Kommunikation", Beitrag zur Tagung Vergesellschaftung der Werte. Wertedebatten in Deutschland seit 1945. Systematische und historische Aspekte. Dresden 04.-07.05.2006, online: http://tu-dresden.de/die_tu_dresden/zentrale_einrichtungen/mez/dateien/Kolloquien/down/Kusse.pdf (23.04.2015).

Lämmer, Susanne (2010): „Kommunikation entsteht nicht von allein. Content-Strategie hej! IKEA FAMILY Community", online: http://www.slideshare.net/slaemmer/community-camp-berlin-30102010 (23.03.2011).

Lillo, Antonio (2008): „Knock-knock words", in: *English Today* 24, pp. 48-57.

Martenson, Rita (1987): „Is Standardisation of marketing feasible in culture-bound industries? A European case study", in: *International Marketing Review* 4(3), pp. 7-17.

Meier, Jörg (2009): „Das unmögliche Möbelhaus aus Schweden", in: Janich, Nina (Hrsg.): *Marke und Gesellschaft. Markenkommunikation im Spannungsfeld von Werbung und Public Relations*, Wiesbaden: Verlag für Sozialwissenschaften, pp. 227-240.

Mohr, Annekatrin/Kratzitte, Simone (2007): *Zielgruppengerechte Katalog-Gestaltung*, Königstein: Siegfried Vögele Institut.

Nagl, Anna/Rath, Verena (2005): „Corporate Identity. Wie Du kommst gegangen…", in: *DOZ Marketing* 11, pp. 24-27.

Orbaneja, Miguel Ángel (2009): „El caso práctico de IKEA: Escuchar, participar, compartir y exportar", in: *Harvard Márketing y Ventas* 95, pp. 52-55.

Pepels, Werner (2008): „Produktkataloge und digitale Alternativen", in: Pepels, Werner (Hrsg.): *Vertriebsleiterhandbuch. Erfolge im Verkauf planen und steuern.* 2. überarb. Aufl. Saarbrücken: Symposion Verlag, pp. 175-206.

Peters, Pam (2002): „Textual morphology from Gutenberg to the e-book", in: Fischer, Andreas et al. (Hrsg.): *Text types and corpora: studies in honour of Udo Fries*. Tübingen: Narr, pp. 77-90.

Schenk, Michael (2007): *Medienwirkungsforschung*, 3. Aufl., Tübingen: Mohr Siebeck.

Schmitz, Ulrich (2009): „Schrift an Bild im World Wide Web. Articulirte Pixel und die schweifende Unbestimmtheit des Vorstellens“, online: http://www.linse.uni-due.de/linse/publikationen/Aufsatz_Schmitz/Aufsatz_Schmitz2009.pdf (27.12.2011).

Schögel, Markus/Tomczak, Torsten/Wentzel, Daniel (2005): „Communities – Chancen und Gefahren für die marktorientierte Unternehmensführung“, in: *Thexis* 3, pp. 2-5.

Schulte, Frank P./Thieme, Anja/Oste, Jenna (2009): „Online blättern, dann kaufen? Zur Attraktivität von Online-Katalogen“, in: Wandke, Hartmut/Kain, Saskia/Struve, Doreen (Hrsg.): *Mensch & Computer 2009: Grenzenlos frei!?* München: Oldenbourg, pp. 333-342.

Seltene, Mehdi/Brunel, Olivier (2008): „Brand extension: the moderating role of the category to which the brand extension is found“, in: *Journal of Product & Brand Management* 17(6), pp. 393-402.

Singh, Nitish/Pereira, Arun (2005): *The culturally customized Web site: customizing web sites for the global marketplace*, Burlington/Oxford: Elsevier Butterworth, Heinemann.

Spandl, Torsten (2010): „Flagshipstore goes online. Am Beispiel des Küchenhandels der Otto Group“, in: Heinemann, Gerrit/Haug, Andreas (Hrsg.): *Web-Exzellenz im E-Commerce: Innovation und Transformation im Handel*, Wiesbaden: Gabler, pp. 231-248.

Spandl, Torsten (2010): „Erfolgreich mit einer Multi-Channel-Strategie. Küche&Co: Positioniert sich im E-Commerce“, in: *möbel kultur* 5, online: http://www.dyk360-kuechen.de/files/12F301C1BF5/moebelkultur-erfolgreich-mit-multichannel.pdf (27.12.2011).

Stein, Stephan (2003): *Textgliederung. Einheitenbildung im geschriebenen und gesprochenen Deutsch*, Berlin/New York: de Gruyter.

Stell, Roxanne/Paden, Nita (1999): „Vicarious exploration and catalog shopping: a preliminary investigation“, in: *Journal of Consumer Marketing* 16(4), pp. 332-344.

Stuart, Anne (2009): „Marketing with magalogs“, in: *deliver* 28, pp. 14-17.

Wassermann, Knud (2002): „Schwedischer Lifestyle per Katalog“, in: *expressis verbis* 13, pp. 8-13.

Wirth, Thomas (2004): *Missing Links. Über gutes Webdesign*, 2. erw. Aufl., München/Wien: Hanser.

Ziems, Dirk (2008): „Markenmythen – Die neue Bedeutung für die Markenführung“, in: Kreutzer, Ralf T./Merkle, Wolfgang (Hrsg.): *Die neue Macht des Marketing: Wie Sie Ihr Unternehmen mit Emotion, Innovation und Präzision profilieren*, Wiesbaden: Gabler, pp. 99-109.

Ziems, Dirk/Krakau, Uwe (2008): „Kaufverhalten ist Revierverhalten: Die Kaufreviere des Verbrauchers als Basis für erfolgreiches Retail Business“, in: Riekhof, Hans-Christian (Hrsg.): *Retail Business in Deutschland: Perspektiven, Strategien, Erfolgsmuster*. 2. Aufl. Wiesbaden: Gabler, pp. 105-120.

o.A. (2010): „Print 2.0: der nutzergesteuerte Katalog“, in: *Mail Order World Messenger. Die Messezeitung mit Informationen rund um Versandhandelsmesse und Kongress* 2, 7.

Kulturelle Stile im Marketing: deutsche und spanische Unternehmenswebsites

Tilman Schröder (Augsburg)

Linguistic analyses on marketing and advertising communication have traditionally focused on print-based materials and television advertising. The number of studies dedicated to web-based marketing communication, on the other hand, is still significantly lower. The present contribution addresses this research gap by providing a contrastive analysis of 8 German and 8 Spanish corporate websites, with the objective of pointing out cross-cultural differences in terms of macro-levels and micro-levels features as well as multimodal parameters. It becomes evident that intercultural differences between German and Spanish marketing communication are still persistent in digital media. The results of this research can provide valuable insights for culturally adequate website localization, relevant both for corporations and web design agencies.

1 Einführung

Werbliche Textsorten erfreuen sich als Gegenstand kontrastiver Analysen wachsender Beliebtheit. In zahlreichen Konferenzbeiträgen und Dissertationen, aber auch in Seminaren und studentischen Abschlussarbeiten werden Werbe- und Marketingdiskurs unter synchronem oder diachronem Blickwinkel untersucht.[1] Die Popularität von Werbeanalysen ist sicherlich ihrem Praxisbezug zuzuschreiben, können ihre Erkenntnisse doch von Unternehmen genutzt werden, um das eigene Marketing zielgruppengerecht zu gestalten (vgl. Stöckl 2011, 13ff.). Für Unternehmen ergibt sich der hohe Stellenwert der Marketingkommunikation aus der Tendenz, dass Produkte und Dienstleistungen weltweit immer homogener und somit substituierbar werden. Als Alleinstellungsmerkmal dienen kaum noch materielle Produkteigenschaften, sondern vielmehr immaterielle Nutzenversprechen, die durch das Marketing kommuniziert werden müssen (vgl. Zerfaß/Piwinger 2007, 5f.).

---

1 Für die Etablierung werbesprachlicher Fragestellungen in universitären Lehrveranstaltungen ist zweifelsohne das mittlerweile in fünfter Auflage erschienene werbesprachliche Arbeitsbuch von Nina Janich (2010) ein wichtiger Wegbereiter.

Eine für werbliche Vergleiche häufig gewählte Fragestellung zielt auf die kulturelle Prägung der untersuchten Texte. Die Beliebtheit kulturkontrastiver Werbeanalysen spiegelt sich in einem kaum noch überschaubaren Berg an entsprechender Literatur wider. Der Großteil der erschienenen Arbeiten beschäftigt sich mit Kulturspezifika in Werbeanzeigen (z.B. Hahn 2000; Minucci 2008), Werbe- und Unternehmensbroschüren (z.B. Nordman 2002; Klooth 2006) sowie TV-Spots (z.B. Gau 2007). Auch Geschäftsberichte sind als Textsorte der Unternehmenskommunikation Gegenstand vergleichender Analysen (z.B. Bolten et al. 1996; Schlierer 2004).

Marketingkommunikation spielt sich jedoch längst nicht mehr nur *offline* ab. Das Internet hat den Kanon der klassischen Werbetextsorten um hypertextuelle Kommunikate wie Unternehmenswebsites, Blogs, Facebook-Seiten und Twitter-Nachrichten erweitert. Für werbesprachliche Analysen eröffnet sich hier eine Vielzahl neuer und spannender Perspektiven.

Im Vergleich zur Analyse von Druckerzeugnissen ist die Untersuchung werblicher Hypertexte jedoch um einiges komplizierter. Das Material ist hinsichtlich Umfang und Inhalt hochgradig dynamisch, die Kommunikate können untereinander sehr heterogen strukturiert sein und sind zusätzlich potenziell multimodal angelegt, so dass neue Analyseinstrumentarien erforderlich sind. Es verwundert daher nicht, dass die Zahl linguistischer Arbeiten zu hypertextueller Marketingkommunikation bisher vergleichsweise gering ist. Noch enger ist das Spektrum von Hypertextstudien, die kulturvergleichend arbeiten. Als Beispiele sind die kontrastive Studie zu Unternehmenshomepages von Schütte (2004) bzw. die Arbeiten zu Unternehmenswebsites von Juhl Bang (2004), Emmerling (2007) und Sánchez Prieto (2011) zu nennen. Insgesamt besteht in diesem Bereich jedoch erheblicher Forschungsbedarf.

Der vorliegende Beitrag setzt bei diesem Forschungsdefizit an und untersucht anhand einer Paralleltextanalyse (vgl. Spillner 1997, 120ff.) kulturelle Spezifika auf den Websites deutscher und spanischer Fluggesellschaften. Der Beitrag ist Teil einer umfangreicheren kontrastiven Studie zu kommerziellen Websites (vgl. Schröder 2013).

2 Websites als Vergleichsobjekte

Wie bereits angedeutet, bringt eine kontrastive Analyse werblicher Kommunikation auf Websites einige Herausforderungen an das Untersuchungsdesign mit sich. Eine Website lässt sich technisch beschreiben als ein Verband thematisch und funktional zusammengehörender HTML-Dokumente, die im selben Verzeichnis abgespeichert sind. Als Einstiegspunkt in das Verzeichnis dient auf dessen oberster Ebene die Homepage. Die einzelnen HTML-Dokumente einer Website, auch „Knoten" genannt, bestehen aus makrostrukturellen Modulen in Form von Textblöcken, Bildern, Grafiken, Eingabeformularen sowie Link- und Menüleisten (vgl. Rehm 2006, 285).

Aus textlinguistischer Perspektive lässt sich eine Website mit Jakobs (2003) und Rehm (2006) als thematisch und funktional bestimmte „Hypertextsorte" auffassen. Da Websites polythematisch (vgl. Jakobs/Lehnen 2005, 166) und polyfunktional (vgl. Lehnen 2006, 201) sein können, erscheint es geeignet, von einem thematischen und funktionalen Rahmen auszugehen, der mehrere Einzelthemen und -funktionen in sich vereinen kann. Der thematische Rahmen einer Unternehmenswebsite lässt mit *Das Unternehmen und seine Produkte* angeben; der funktionale Rahmen kann als *Über das Unternehmen und seine Produkte informieren und zu deren Kauf/Nutzung überreden* beschrieben werden.

Legt man nun für eine kulturkontrastive Analyse zwei oder mehrere Websites nebeneinander, so stellt man schnell fest, dass ein zielgerichteter Vergleich der gesamten Websites inklusiver aller Knoten praktisch unmöglich ist: Aufbau und Struktur sind von einer Website zur anderen für einen direkten Vergleich viel zu heterogen. Ein solcher Vergleich liefe Gefahr, lediglich anekdotische Einzelbeobachtungen zu produzieren. Für eine kontrastive Analyse ist es daher unabdingbar, die Websites in vergleichbare Einheiten zu segmentieren, die korpusübergreifend rekurrent sind.

Als Segmentationseinheit kommen die Knoten der Websites nicht in Frage, denn diese können je nach Website in ganz unterschiedlicher Weise mit Inhalten belegt sein. Einzelne strukturelle Parameter der Websites, z.B. ihr Umfang oder die Elemente der Einstiegsseite, lassen sich zwar miteinander vergleichen, erlauben jedoch keinen Einstieg in die – für stilistische Vergleiche besonders interessante – Mikrostruktur.

Um dieses Problem zu lösen, bietet sich eine Segmentation der Websites auf abstrakter Ebene an. Dies ist möglich, indem man über alle untersuchten Websites hinweg thematisch verwandte Module (z.B. Textblöcke, Bilder und Formulare) identifiziert und diese zu thematischen Sequenzen gruppiert (vgl. Rehm 2006, 290). Auf diese Weise ergibt sich ein Inventar rekurrenter „Themenkomplexe", die innerhalb des thematischen Rahmens der Website als Subthemen aufgefasst werden können. Im Kontext des vorliegenden Beitrags lassen sich als Beispiele für Themenkomplexe *Gepäck*, *Flugbuchung*, *Sonderangebote* oder *Verpflegung* anführen.

Jedem Themenkomplex lässt sich zusätzlich innerhalb des funktionalen Rahmens der Website eine dominante Funktion zuweisen: ein Themenkomplex wie *Gepäck* wäre beispielsweise als vorrangig informierend, ein Themenkomplex wie *Sonderangebote* hingegen als vorrangig persuasiv einzustufen. Im Ergebnis erhält man mit dieser Methode websiteübergreifende Themenkomplexe, die sich zu websiteübergreifenden Funktionsbereichen bündeln lassen.

Themenkomplexe und Funktionsbereiche lassen sich auf die strukturelle Ebene von Websites projizieren, indem man jeden Knoten einem Themenkomplex (und damit auch einem Funktionsbereich) zuordnet. Die meisten Knoten enthalten lediglich Module eines einzigen Themenkomplexes und sind somit relativ leicht zuzuordnen. Enthält ein Knoten Module mehrerer Themenkomplexe, so wird er demjenigen Themenkomplex zugeordnet, dessen Module den Knoten inhaltlich dominieren.[2] Auf diese Weise lässt sich der Umfang von Themenkomplexen und Funktionsbereichen messen und websiteübergreifend miteinander vergleichen.

3 Stil und Kultur

Die abstrakten Segmentationsebenen der Themenkomplexe und Funktionsbereiche bilden den Ausgangspunkt für den kulturstilistischen Vergleich in diesem Beitrag. Zugrunde gelegt wird hierfür ein holistischer, funktionsbezogener Stilbegriff im Sinne Sandigs (2006, 5) und Spillners (2009, 1776). Stil wird als formale Ausgestaltung von Thema und Funktion an der Textoberfläche verstanden und kann sich auf makrostruktureller, mikrostruktureller, multimodaler und pragmatischer Ebene manifestieren.

Stil wird hierbei als Form aufgefasst, die für eine bestimmte Kultur typisch ist. Die hier ermittelten stilistischen Befunde können jedoch nicht pauschal als „typisch deutsch“ oder „typisch spanisch“ aufgefasst werden, da die Stilmerkmale einer einzigen Textsorte keine Schlüsse auf den kulturellen Stil einer gesamten Nation zulassen (vgl. Luginbühl 2010, 181, 185f.).[3] Aus diesem Grund wird der Kulturbegriff im Folgenden auf die Subkultur „Marketingkommunikation von Fluggesellschaften“ im jeweiligen Land beschränkt. Wenn im Folgenden von „kulturspezifischen“ bzw. „länderspezifischen“ Merkmalen die Rede

---

2 Vgl. hierzu auch Rehm (2006, 490ff.).

3 Die Frage, ob man in Zeiten von Globalisierung und gesellschaftlicher Parzellierung überhaupt von einheitlichen nationalen Kulturen ausgehen kann, ist umstritten (vgl. Adamzik 2010, 18).

ist, so bezieht sich dieser Begriff lediglich auf den Gegenstandsbereich des deutschen und spanischen Airline-Marketings.

4 Untersuchungskorpus

Das Untersuchungskorpus besteht aus den Websites von 8 deutschen und 8 spanischen Fluggesellschaften. Die Websites wurden mit Hilfe der Erweiterung *Scrapbook* für den Browser *Mozilla Firefox* offline verfügbar gemacht. Aus Deutschland sind die Fluggesellschaften Air Berlin, Blue Wings, Cirrus, Condor, Germanwings, Hamburg International, Lufthansa und OLT vertreten. Die spanischen Fluggesellschaften im Korpus sind Air Comet, Air Europa, Binter Canarias, Iberia, Iberworld, Islas Airways, Spanair und Vueling.

5 Analysebefunde: kulturspezifische Merkmale

In den folgenden Abschnitten werden kulturspezifische Merkmale des Korpus aufgezeigt. Diese Merkmale trennen sich in zwei Dimensionen: ein Teil betrifft die Ebene der gesamten Website (5.1), ein anderer Teil betrifft die Ebene eines einzelnen Themenkomplexes (5.2).

5.1 Dimension gesamte Website

Auf der Ebene der gesamten Website lassen sich kulturstilistische Merkmale vorrangig im Bereich der Makrostruktur aufzeigen. Im Einzelnen geht es um den Umfang der Websites, ihre Funktionsstruktur, ihre Themenstruktur und um den Bauplan der Einstiegsseite.

Die acht deutschen Websites bestehen aus insgesamt 1296 Knoten, was einem durchschnittlichen Umfang von 162 Knoten je Website entspricht. Die Varianz für diese Verteilung liegt bei $\sigma = 110$ Knoten, was bedeutet, dass die Werte von einer Website zur anderen relativ stark schwanken.

Die acht spanischen Websites zählen insgesamt 2956 Knoten, so dass sich ein durchschnittlicher Umfang von 370 Knoten je Website ergibt. Dieser Mittelwert ist jedoch angesichts der immensen Varianz von $\sigma = 720$ nur wenig aussagekräftig. Verantwortlich für die Varianz ist die Website von Iberia, die mit insgesamt 2142 Knoten etwa achtmal größer ist als die nächstgrößere spanische Website. Bildet man den Mittelwert für die spanischen Airlines ohne Iberia, so ergibt sich ein Wert von 115 Knoten je Website, der dem Durchschnittsumfang der deutschen Websites ähnelt.

	Deutschland (n=8)	**Spanien** (n=8)
∑ Knoten	1296	2956
Ø Knoten je Website	162	370
Standardabweichung (σ)	110	720

Tabelle 1: Umfang der Websites

Kulturelle Spezifika lassen sich aus den beschriebenen Umfangswerten nicht ableiten. Vielmehr spiegeln die hohen Varianzen innerhalb der beiden Länder unterschiedlich große Fluggesellschaften (und damit einhergehend unterschiedlich große Websites) in den Korpora wider.

Im Korpus wurden insgesamt 108 Themenkomplexe ermittelt, die sich auf 6 Funktionsbereiche verteilen. Als Funktionsstruktur der Websites lässt sich nun das Verhältnis dieser Funktionsbereiche zueinander auffassen, das in Form zugehöriger Knoten angegeben wird (vgl. Tabelle 2).

Funktionsbereich	Deutschland (n=1296)	Spanien (n=2956)
Persuasion	48%	85%
Information	38%	11%
Instruktion	3%	1%
Transaktion	7%	2%
Kontakt	2%	1%
Navigation	1%	<1%

Tabelle 2: Relativer Umfang der Funktionsbereiche

Der Funktionsbereich *Persuasion* ist in beiden Ländern dominant, gefolgt vom Funktionsbereich *Information*. Darüber hinaus existieren auf den Websites vier weitere Funktionsbereiche, die jedoch nur geringe Anteile einnehmen. *Instruktion* besitzt Themenkomplexe, die Anleitungen zum Check-In oder zur Online-Buchung geben, während *Transaktion* Themenkomplexe enthält, die z.B. Buchungen oder Newsletter-Anmeldungen ermöglichen. *Kontakt* dient dazu, Kontakt zwischen User und Unternehmen herzustellen, und *Navigation* hilft dem User, sich auf der Website zu orientieren, z.B. durch den Themenkomplex *Sitemap*.

Im Vergleich fällt auf, dass das Verhältnis von *Persuasion* und *Information* auf den deutschen Websites stärker ausgewogen ist als auf den spanischen Websites, wo *Persuasion* mit einem Anteil von 85% im Vergleich zu *Information* mit 11% deutlich dominiert. Die spanischen Websites enthalten verhältnismäßig mehr Knoten, deren Inhalt als dominant persuasiv einzustufen ist.

Die Themenstruktur der Websites kann mit Hilfe der Themenkomplexe abgebildet werden. Einige der 108 Themenkomplexe sind stärker auf deutschen, andere stärker auf spanischen Websites präsent. Als Beispiel sei hier der Themenkomplex *Flugangst* herausgegriffen, der auf mögliche Sicherheitsbedenken von Passagieren eingeht. *Flugangst* ist auf 38% der deutschen Websites, jedoch nur auf 13% der spanischen Websites vertreten. Es ist zu vermuten, dass dieses Thema deutsche Passagiere stärker bewegt als spanische Flugreisende. Dies lässt sich jedoch nicht belegen.

Was die Architektur der Websites betrifft, so ergeben sich besonders beim inhaltlichen Aufbau der Homepage kulturelle Unterschiede. Auf 67% der deutschen Homepages findet sich ein Modul des Themenkomplexes *Übersicht Streckennetz*, d.h. ein Kartenausschnitt, der die von der Fluggesellschaft bedienten Zielorte zeigt. Ein solcher Kartenausschnitt ist auf keiner der spanischen Homepages präsent. Es ist nicht klar, ob sich dieser Befund auf ein deutsches Bedürfnis nach graphischer Veranschaulichung zurückführen lässt. Denkbar ist ebenso, dass diese Darstellungsform von einer der deutschen Fluggesellschaften eingeführt und anschließend von den konkurrierenden Unternehmen plagiiert wurde.

5.2 Dimension einzelner Themenkomplex

Der Vergleich auf der Ebene der gesamten Website hat makrostrukturelle Merkmale beider Korpusgruppen hervorgehoben. Zur Analyse der Mikrostruktur wurde exemplarisch der Themenkomplex *Verpflegung* im Hinblick auf kulturspezifische Merkmale der Mikrostruktur untersucht. *Verpflegung* behandelt die Speisen und Getränke, die die Fluggesellschaften ihren Passagieren während des Fluges servieren. Aufgrund der eingangs beschriebenen Substituierbarkeit der Dienstleistung Flugreise versuchen Fluggesellschaften verstärkt, sich über scheinbare Nebensächlichkeiten – wie beispielsweise die Bordverpflegung – von ihren Konkurrenten abzuheben. *Verpflegung* ist auf 88% der deutschen und 75% der spanischen Websites vorhanden.

	Deutschland (n=8)	**Spanien** (n=8)
Präsenz von *Verpflegung*	88%	75%

Tabelle 3: Präsenz des Themenkomplexes ‚Verpflegung' im Korpus

Im Folgenden werden zunächst einige makrostrukturelle Parameter des Themenkomplexes besprochen, und zwar sein Umfang, die vorhandenen Modalitäten sowie seine Positionierung innerhalb der Website (5.2.1). Auf mikrostruktureller Ebene werden formalsprachliche Merkmale wie Lexik, Syntax und Pragmatik besprochen (5.2.2). Anschließend werden Eigenschaften der Bilder und Bezüge zwischen Sprache und Bild (5.2.3) sowie inhaltliche Strukturen der Argumentation (5.2.4) diskutiert.

5.2.1 Makrostruktur

Der Umfang des Themenkomplexes wird durch die Anzahl der thematisch von *Verpflegung* dominierten Knoten angegeben. Im Kulturvergleich zeigen sich hinsichtlich des Durchschnittsumfangs keine großen Unterschiede. Auf deutschen Websites entfallen auf *Verpflegung* im Schnitt 3 Knoten, auf spanischen Websites sind es 2 Knoten. Zwischen den deutschen Websites ist der Umfang jedoch relativ ungleich verteilt ($\sigma = 4$).

	Deutschland (n=7)	**Spanien** (n=6)
∑ Knoten von *Verpflegung*	21	10
Ø Knoten je Website	3	2
Standardabweichung (σ)	4	2

Tabelle 4: Umfang des Themenkomplexes ‚Verpflegung'

Die Inhalte von *Verpflegung* sind durch sprachliche Module, z.B. Fließ- oder Listentextblöcke, sowie durch bildliche Module, d.h. Bilder oder Text-Bild-Kombinationen, umgesetzt. Multimodale Dateiformate, wie z.B. Videos oder Flash-Animationen, kommen für *Verpflegung* weder bei den deutschen noch bei den spanischen Fluggesellschaften in nennenswertem Maße zum Einsatz. Betrachtet man die Verteilung sprachlicher und bildlicher Module von *Verpflegung*, so erhält man einen Eindruck davon, in welchem quantitativen Verhältnis beide Modalitäten an der Textoberfläche zueinander stehen.

	Deutschland (n=148)	Spanien (n=39)
Bildliche Module	36%	64%
Sprachliche Module	44%	56%

Tabelle 5: Für ‚Verpflegung' eingesetzte Modalitäten

Es zeigt sich, dass der Themenkomplex sowohl auf den deutschen als auch auf den spanischen Websites sprachlich dominiert ist. Bei den spanischen Airlines ist jedoch der Bildanteil deutlich höher als bei den deutschen Fluggesellschaften. Auch andere Arbeiten bescheinigen werblicher Kommunikation in Spanien eine vergleichsweise hohe Bilddichte (vgl. de Mooij 2004, 215). Was den Programmiermodus betrifft, so sind auf den deutschen Websites ausnahmslos alle Inhalte hypertextuell aufbereitet. Auf den spanischen Websites sind hingegen mehrere Inhalte in Form von PDF-Dateien zum Herunterladen hinterlegt.

Ein weiterer Parameter der kontrastiven Analyse betrifft die Einbettung der Knoten von *Verpflegung* in die Websitestruktur. Hierbei wird untersucht, auf welcher Verzeichnisebene der Website die Knoten von *Verpflegung* abgelegt sind, d.h., wie viele Klicks von der Homepage aus notwendig sind, um zu den Knoten von *Verpflegung* zu gelangen.

	Deutschland (n=7)	Spanien (n=6)
Ø Verzeichnisebene	2,0	2,3

Tabelle 6: Durchschnittliche Verzeichnisebene der Knoten von ‚Verpflegung'

Im Ländervergleich zeigt sich, dass die Knoten von *Verpflegung* auf den deutschen Websites etwas näher an der Oberfläche liegen als auf den spanischen Websites. Der vom Websiteautor vorgezeichnete Klickpfad zu *Verpflegung* führt auf einigen deutschen sowie auf allen spanischen Websites über einen Verteiler-

bzw. Übersichtsknoten, der sich unterhalb der Homepage befindet und Links zu mehreren Themenkomplexen enthält. Bei einem Drittel der deutschen Websites führt der Pfad zu *Verpflegung* hingegen über die Sektion *FAQ*.

5.2.2 Mikrostruktur

Im Bereich der sprachlichen Mikrostruktur wird der Blick zunächst auf lexikalische Merkmale gerichtet. Zur semantischen Aufwertung der Bordverpflegung benutzen die deutschen Fluggesellschaften zahlreiche Adjektive wie *erlesen, renommiert, ausgefallen, exzellent, ausgefeilt, preisgekrönt, exklusiv* oder *exquisit*, die allesamt in den Bereich der sogenannten „Hochwertwörter" (Janich 2010, 169) fallen: sie werten das Bezeichnete bereits im Positiv auf, ohne dass Komparativ- oder Superlativformen notwendig sind. Bei den spanischen Airlines stellt sich die Situation anders dar: zwar werden auch hier viele hochwertende Adjektive benutzt; diese stehen jedoch auffallend häufig im Superlativ, z.B. *el más delicioso servicio de comidas, los más exclusivos ingredientes, las más prestigiosas denominaciones de origen, el mejor servicio* oder *nuestros más exquisitos platos.*

Untersucht man den Einsatz von Anglizismen im Rahmen von *Verpflegung*, so wird man fast ausschließlich auf den deutschen Websites fündig. Deutsche Fluggesellschaften bieten *Snacks, Sandwiches, On-Top-Speisen* und *Breakfast-to-go*, ebenso wie die neuesten *Food-Trends*, *Highlights* und *Special Moments*. Auf den spanischen Websites finden sich lediglich vereinzelte Anglizismen, z.B. *Fresh&Good* oder *rincón healthy*.

	Deutschland (n=230)	**Spanien** (n=35)
Ø Wörter je Satz	16,1	22,3
Standardabweichung (σ)	3,8	6,7

Tabelle 7: Wörter je Satz

Zur Untersuchung der Syntax wurde die durchschnittliche Anzahl der Wörter je Satz innerhalb der Fließtextblöcke von *Verpflegung* ermittelt. Die Ergebnisse sind in Tabelle 7 zu sehen. Die deutschen Sätze sind mit durchschnittlich 16,1 Wörtern deutlich kürzer als die spanischen, die im Schnitt 22,3 Wörter umfassen. Diese Werte sind jedoch einerseits im Kontext der hohen Varianz in der spanischen Stichprobe ($\sigma = 6{,}7$) anzusehen, andererseits muss die unterschiedliche Stichprobengröße berücksichtigt werden: auf den deutschen Websites enthalten die Fließtextblöcke von *Verpflegung* insgesamt 230 Sätze, auf den spanischen Websites sind es hingegen nur 35 Sätze.

Deutsche Fluggesellschaften geben in der Regel lediglich eine Aussage pro Satz, wie im folgenden Beispiel von Condor:

> Service wird bei Condor seit jeher groß geschrieben. Denn schließlich möchten wir, dass Sie sich bei uns rundum wohl fühlen können.

Demgegenüber ist der Satzbau in den spanischen Texten in der Regel etwas komplexer. Das folgende Beispiel zeigt ein Satzgefüge von Iberia mit insgesamt vier einzelnen Aussagen:

> Por ello hemos creado un nuevo concepto de restauración a bordo, diferencial y corporativo de Iberia, que permite a nuestros clientes disfrutar de la calidad e innovación de nuestros nuevos y variados menús, que se confeccionan con las recetas de Sergi Arola.

In pragmatischer Hinsicht lohnt sich ein Blick auf Form und Frequenz der direkten Useransprachen. Sowohl im deutschen als auch im spanischen Korpus werden User grundsätzlich formell mit *Sie* bzw. *Usted* angesprochen. Die einzige Ausnahme bildet die spanische Fluggesellschaft Vueling, die ihre User konsequent mit *Tu* anspricht. Während die User auf den deutschen Websites sehr häufig direkt angesprochen werden, erfolgt dies auf den spanischen Websites vergleichsweise selten.

Die Haltung, die deutsche und spanische Unternehmen gegenüber dem Rezipienten einnehmen, lässt sich als distanziert und ernsthaft bezeichnen. Hierfür sorgen nicht nur die formelle Ansprache, sondern auch ein gehobenes Register sowie eine faktenorientierte, wenig emotionale Textgestaltung. Unterschiede zeigen sich jedoch im Hinblick auf die explizit persuasiven Bemühungen der Unternehmen. Deutsche Airlines umgarnen ihre User nur sehr wenig, wohingegen die spanischen Fluggesellschaften ihre User außergewöhnlich stark hofieren und dabei beinahe devot wirken. Symptomatische Beispiele hierfür sind *Una gran persona como usted se merece un gran servicio* und *La calidad que usted merece.*

5.2.3 Multimodalität

Die für *Verpflegung* eingesetzten Bilder sind auf den deutschen und spanischen Websites formal und inhaltlich weitgehend ähnlich. Abgebildet werden hauptsächlich die angebotenen Speisen und Getränke; einige Bilder zeigen jedoch auch Flugbegleiter beim Servieren. Länderspezifische Unterschiede ergeben sich im Hinblick auf den jeweils gezeigten Ausschnitt.

	Deutschland (n=71)	Spanien (n=19)
Totale	78%	58%
Nahaufnahme	22%	42%

Tabelle 8: Bildliche Darstellungsperspektive

Während im deutschen Korpus die Darstellungen in der Totalen mit 78% deutlich überwiegen, ist das Verhältnis zwischen Totalen und Nahaufnahmen auf den spanischen Websites wesentlich stärker ausgewogen. Die deutschen Websites tendieren eher zu übersichtsartigen Darstellungen, die in möglichst präziser Form viele Details abbilden. Demgegenüber finden sich auf den spanischen Websites verstärkt emotional wirkende Detailaufnahmen.

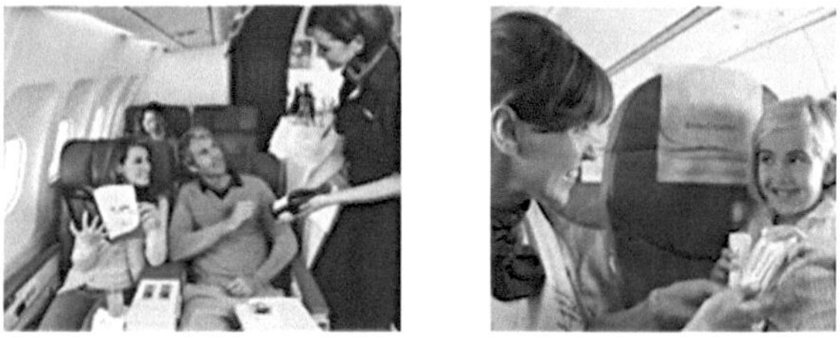

Abbildung 1: Deutsche Totale (links), spanische Nahaufnahme (rechts)

Zusätzlich zu den formalen und inhaltlichen Eigenschaften der Bilder lässt sich untersuchen, in welchem Maße Sprache und Bild an der Vermittlung der Textinformation beteiligt sind. Grundsätzlich gilt sowohl für das deutsche als auch für das spanische Korpus, dass die sprachlichen Textteile den Großteil der Informationen liefern, während Bilder die sprachlichen Aussagen lediglich illustrieren. Auf den deutschen Websites lässt sich jedoch bei etwa 30% der Bilder beobachten, dass diese den Inhalt der sprachlichen Aussage in gleicher Form wiederholen.

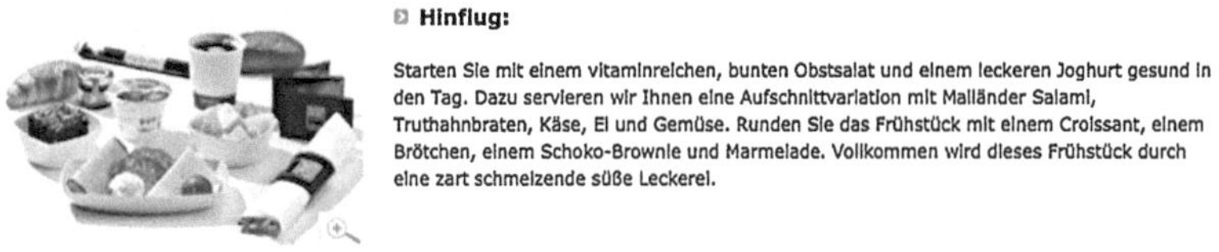

Abbildung 2: Sprache und Bild inhaltlich parallelisiert (Deutschland)

Durch die inhaltliche Parallelisierung auf den deutschen Websites wird das Verständnis auf doppelte Weise abgesichert. Eine solche inhaltliche Parallelisierung beider Modalitäten ist auf den spanischen Websites nicht festzustellen; hier ist Sprache stets die inhaltlich dominante Modalität, während Bilder vorwiegend dekorative Funktionen erfüllen.

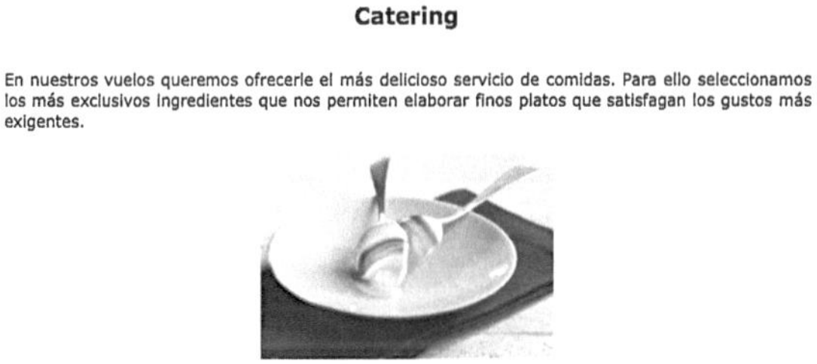

Abbildung 3: Sprache inhaltlich dominant (Spanien)

5.2.4 Argumentation

Abschließend werden die Argumentationsstrukturen der deutschen und spanischen Airlines für *Verpflegung* miteinander verglichen. In Anlehnung an Janich (2010, 141ff.) lassen sich werbliche Argumente in produktbezogene, senderbezogene und empfängerbezogene Argumente unterteilen.

Die deutschen Fluggesellschaften argumentieren vorwiegend produkt- und unternehmensbezogen. Benannt werden konkrete Produkteigenschaften der Verpflegung, z.B. große Auswahl, Qualität, Frische und günstige Preise. In unternehmensbezogener Hinsicht betonen die deutschen Airlines explizit die Qualität ihres Bordservices. Die Kommunikation ist sprachlich wie bildlich insgesamt eher faktenzentriert.

Die spanischen Airlines argumentieren hauptsächlich produktzentriert; in einigen Fällen zusätzlich auch empfängerbezogen. Als produktbezogene Attribute werden große Auswahl, Qualität und günstige Preise angeführt. Dort, wo empfängerbezogen argumentiert wird, werden Werte wie Individualität und Exklusivität des Verpflegungsservice betont. Der sprachliche Text ist auch hier faktenzentriert, wird jedoch – im Vergleich zu den deutschen Airlines – stärker durch emotional wirkende Abbildungen flankiert.

6 Zusammenfassung

In diesem Beitrag wurden die Websites deutscher und spanischer Fluggesellschaften kontrastiv untersucht. Zentrale Unterschiede ergeben sich vor allen Dingen auf der Ebene der Mikrostruktur und der Multimodalität. Typisch für die deutschen Websites sind die wenig komplexe Syntax, Anglizismen, Meliorationen im Positiv, wenig explizite Persuasion, quantitative Dominanz der Modalität Sprache, überblicksartige Bilder in der Totalen sowie einige Fälle von funktionaler Parallelisierung der Modalitäten. Charakteristisch für die spanischen Pendants sind eine eher komplexe Syntax, Meliorationen im Superlativ, explizite Persuasion, quantitative Ausgewogenheit der Modalitäten Sprache und Bild, Bilder als emotional wirkende Nahaufnahmen sowie funktionale Dominanz der Modalität Sprache.

Im Vergleich zu klassischen Kommunikaten sind Websites zwar ein komplexeres Analyseobjekt, bieten jedoch aufgrund ihrer Vielseitigkeit noch immenses Potenzial für zukünftige linguistische Analysen. Die Befunde kulturkontrastiver Studien liefern für die kulturadäquate Lokalisierung von Unternehmenswebsites der jeweiligen Branche wertvolle Anhaltspunkte.

7 Bibliographie

Adamzik, Kirsten (2010): „Texte im Kulturvergleich. Überlegungen zum Problemfeld in Zeiten von Globalisierung und gesellschaftlicher Parzellierung“, in: Luginbühl, Martin/Hauser, Stefan (Hrsg.): *MedienTextKultur. Linguistische Beiträge zur kontrastiven Medienanalyse*, Landau: Verlag Empirische Pädagogik, pp. 17-42.

Bolten, Jürgen et al. (1996): „Interkulturalität, Interlingualität und Standardisierung bei der Öffentlichkeitsarbeit von Unternehmen. Gezeigt an amerikanischen, britischen, deutschen, französischen und russischen Geschäftsberichten“, in: Kalverkämper, Hartwig/Baumann, Klaus-Dieter (Hrsg.): *Fachliche Textsorten. Komponenten – Relationen – Strategien*, Tübingen: Narr, pp. 389-425.

Emmerling, Tanja (2007): *Corporate Identity und ihre länderspezifischen Realisierungen. Am Beispiel der italienisch-, portugiesisch- und spanischsprachigen Websites von Aventis*, Wiesbaden: Deutscher Universitäts-Verlag.

Gau, Daniela (2007): *Erfolgreiche Werbung im Interkulturellen Vergleich. Eine Analyse deutsch- und französischsprachiger Werbung*, Tübingen: Narr.

Hahn, Stephen (2000): *Werbediskurs im interkulturellen Kontext: semiotische Strategien bei der Adaptation deutscher und französischer Werbeanzeigen*, Wilhelmsfeld: Egert.

Jakobs, Eva-Maria (2003): „Hypertextsorten", in: *Zeitschrift für germanistische Linguistik*, 31/2, pp. 232-252.

Jakobs, Eva-Maria/Lehnen, Katrin (2005): „Hypertext – Klassifikation und Evaluation", in: Siever, Torsten/Schlobinski, Peter/Runkehl, Jens (Hrsg.): *Websprache.net. Sprache und Kommunikation im Internet*, Berlin/New York: de Gruyter, pp. 159-184.

Janich, Nina (2010): *Werbesprache. Ein Arbeitsbuch*, Tübingen: Narr.

Juhl Bang, Cathrine (2004): „Die Website des Unternehmens: Ein linguistisches Textsortenprofil im Unterschied zur Unternehmensbroschüre – dargestellt anhand von Websites deutscher Telefongesellschaften", in: Schmidt, Christopher M. (Hrsg.): *Marktkommunikation in Theorie und Praxis: inter- und intrakulturelle Dimensionen in der heutigen Wirtschaft*, Wiesbaden: Deutscher Universitäts-Verlag, pp. 139-165.

Klooth, Astrid (2006): *„Auto"-Stereotypen? Deutsche, britische und französische Fahrzeugwerbung im Vergleich*, Dissertation, Universität Duisburg-Essen, online: http://deposit.ddb.de/cgi-bin/dokserv?idn=981142141 (01.02.2011)

Lehnen, Katrin (2006): „Hypertext – kommunikative Anforderungen am Beispiel von Websites", in: Schlobinski, Peter (Hrsg.): *Von *hdl* bis *cul8r*. Sprache und Kommunikation in den Neuen Medien*, Mannheim: Duden, pp. 197-209.

Luginbühl, Martin (2010): „Sind Textsorten national geprägt? Nachrichtensendungen im Vergleich", in: Luginbühl, Martin/Hauser, Stefan (Hrsg.): *MedienTextKultur. Linguistische Beiträge zur kontrastiven Medienanalyse*, Landau: Verlag Empirische Pädagogik, pp. 179-207.

Minucci, Mirko (2008): *Automobilwerbung in Italien und Deutschland: eine kontrastive, synchrone und diachrone Betrachtung von Plakaten und Printanzeigen im interkulturellen und interdisziplinären Kontext*, Wilhelmsfeld: Egert.

de Mooij, Marieke (2004): *Consumer Behavior and Culture. Consequences for Global Marketing and Advertising*, Thousand Oaks: Sage.

Nordman, Jenni (2002): „Kulturunterschiede in der Marketingkommunikation am Beispiel deutscher, schwedischer und US-amerikanischer Betriebsbroschüren eines internationalen Unternehmens", in: Janich, Nina/Neuendorff, Dagmar/Schmidt, Christopher (Hrsg.): *Verhandeln, kooperieren, werben. Beiträge zur interkulturellen Wirtschaftskommunikation*, Wiesbaden: Deutscher Universitäts-Verlag, pp. 31-57.

Rehm, Georg (2006): *Hypertextsorten. Definition – Struktur – Klassifikation*, Dissertation, Justus-Liebig-Universität, Gießen, online: http://geb.uni-giessen.de/geb/volltexte/2006/2688/ (01.02.2011).

Sánchez Prieto, Raúl (2011): *Unternehmenswebseiten kontrastiv. Eine sprachwissenschaftlich motivierte und praxisorientierte Vorgehensweise für eine kontrastive Analyse deutscher, spanischer und französischer Unternehmenswebseiten*, Tübingen: Narr.

Sandig, Barbara (2006): *Textstilistik des Deutschen*, Berlin/New York: de Gruyter.

Schlierer, Hans-Jörg (2004): *Kulturspezifische Stilmerkmale deutscher und französischer Geschäftsberichte. Eine kontrastive Analyse*, St. Ingbert: Röhrig.

Schröder, Tilman (2013): *Marketingstrategien auf Unternehemenswebsites im internationalen Vergleich. Eine hypertextlinguistische und kulturkontrastive Analyse kommerzieller Websites aus Deutschland, Frankreich, Spanien, Großbritannien und den USA*, Tübingen: Narr.

Schütte, Daniela (2004): *Homepages im World Wide Web. Eine interlinguale Untersuchung zur Textualität in einem globalen Medium*, Frankfurt am Main u.a.: Peter Lang.

Spillner, Bernd (1997): „Methoden des interkulturellen Sprachvergleichs: Kontrastive Linguistik, Paralleltextanalyse, Übersetzungsvergleich", in: Lüsebrink, Hans-Jürgen/Reichardt, Rolf (Hrsg.): *Kulturtransfer im Epochenumbruch. Frankreich – Deutschland 1770 bis 1815*, Leipzig: Leipziger Universitätsverlag, pp. 103-130.

Spillner, Bernd (2009): „Verfahren stilistischer Textanalyse", in: Fix, Ulla/Gardt, Andreas/Knape, Joachim (Hrsg.): *Rhetorik und Stilistik. Ein internationales Handbuch historischer und systematischer Forschung*, Berlin/New York: de Gruyter, pp. 1739-1778.

Stöckl, Hartmut (2011): „Multimodale Werbekommunikation – Theorie und Praxis", in: *Zeitschrift für Angewandte Linguistik*, 54/1, pp. 5-32.

Zerfaß, Ansgar/Piwinger, Manfred (2007): „Kommunikation als Werttreiber und Erfolgsfaktor", in: Dies. (Hrsg.): *Handbuch Unternehmenskommunikation*, Wiesbaden: Gabler, pp. 5-20.

Untersuchte Websites und Datum der Archivierung

Air Berlin: http://www.airberlin.com (14.11.2009)

Blue Wings: http://www.bluewings.de (15.11.2009)

Cirrus Airlines: http://www.cirrusairlines.de (15.11.2009)

Condor: http://www.condor.com (14.11.2009)

Germanwings: http://www.germanwings.com (14.11.2009)

Hamburg International: http://www.hamburg-international.de (15.11.2009)

Lufthansa: http://www.lufthansa.com (14.11.2009)

OLT: http://www.olt.de (15.11.2009)

Air Comet: http://www.aircomet.com (03.12.2009)

Air Europa: http://www.aireuropa.es (27.11.2009)

Binter Canarias: http://www.bintercanarias.es (28.11.2009)

Iberia: http://www.iberia.com (16.11.2009)

Iberworld: http://www.iberworld.com (28.11.2009)

Islas Líneas Aéreas: http://www.islasnet.com (04.12.2009)

Spanair: http://www.spanair.com (17.11.2009)

Vueling: http://www.vueling.com (27.11.2009)

Die Lokalisierung freier und offener Software als Gegenstand der Medienlinguistik

Falk Seiler

This article discusses the topic of software and its localization as the subject of media linguistics. The semiotic, textual, and discursive aspects of software are addressed as well as the differentiation between a media linguistic and a translatological approach. In the case of free and open source software, the public accessibility of source code implies the free availability for software translations and possibilities for shaping the relationships between programmers, users, and translators in a way that fundamentally differs from the processes applied in the industrial localization of proprietary software. In the light of the above, the article also addresses the sociolinguistic potential of free and open source software for shaping linguistic diversity in the digital space.

1 Einleitung

Das im Folgenden behandelte Thema umfasst drei Aspekte, die jeder für sich eine eigene Behandlung verdienen, hier aber aufeinander bezogen werden sollen. Zunächst wird dargestellt, weshalb es sinnvoll ist, Software als einen Gegenstand der Medienlinguistik zu behandeln. Davon ausgehend gerät die Softwarelokalisierung in das Blickfeld der Medienlinguistik, was insofern Aufmerksamkeit verdient, als die wissenschaftliche Beschäftigung mit Softwarelokalisierung traditionell im Rahmen der Übersetzungswissenschaft verankert ist. Angesichts des Umstandes, dass die Lokalisierungsforschung in einem spannungsreichen Verhältnis zur Lokalisierungsindustrie steht, wird daraufhin gefragt, inwieweit es die Beschäftigung mit alternativen Wegen der Softwarelokalisierung erlaubt, medienlinguistische Fragestellungen zu behandeln. Im Konkreten geht es dabei um das Phänomen der freien und offenen Software, das unter verschiedenen Aspekten betrachtet werden soll.

Die folgenden Ausführungen sind damit in einem Bereich angesiedelt, in dem sich die Interessen von Medienlinguistik, Semiotik, Text- und Soziolinguistik, Übersetzungswissenschaft und *Software Studies* bündeln.

2 Software als Gegenstand der Medienlinguistik

Die Medienlinguistik ist eine linguistische Teildisziplin, deren Status trotz aller Klärungsarbeit nach wie vor alles andere als deutlich umrissen ist. Gudrun Held (2008, 111) spricht von einer „noch völlig unzulänglichen Erarbeitung eines theoretischen und methodischen Profils dieser Subdisziplin *Medienlinguistik*".

Wenn wir Software im Rahmen eines medienlinguistischen Ansatzes behandeln möchten, dann muss sie wenigstens den Kriterien für „Medium" entsprechen bzw. sie gegebenenfalls erweitern. Nach den Mediendefinitionen von Eckkrammer scheint das nach meinem Eindruck nicht weiter problematisch zu sein, wenn sie Medien als „kulturell konventionalisierte Organisationsformen zielorientierter Sinnproduktion und Kommunikation mittels akkordierter Zeichensysteme" (Eckkrammer 2010, 49) begreift.

Ich gehe davon aus, dass eine Reflexion über Software im Rahmen der disziplinären Klärungsversuche einen wichtigen Stellenwert einnehmen kann. Grund ist die eminente Softwaregebundenheit sowohl medialer Texte als auch medialer gesellschaftlicher Kommunikation. Dabei mag eine linguistische Annäherung an Software, die sich *nicht* primär in der Computerlinguistik oder in den Forschungen zur Künstlichen Intelligenz verortet, in gewisser Weise erklärungsbedürftig sein, auch wenn es in unserer Disziplin durchaus nicht an Aufmerksamkeit für die praktischen und manchmal auch theoretischen und methodologischen Bedingungen und Konsequenzen des Einsatzes von Software in der sprachwissenschaftlichen Praxis mangelt. Dennoch bleibt es aber größtenteils dabei, dass die Software eher als ein infrastrukturelles Element angesehen wird, bei dem die Programmfunktionalität und -bedienung im Vordergrund steht, nicht aber die semiotischen und linguistischen Prozesse der Produktion, Rezeption und Zirkulation der Software selbst. Es fehlt – auch in der Medienlinguistik – in der Regel eine Aufmerksamkeit für die sprachrelevanten Dimensionen von Software. Das hängt sicher auch damit zusammen, dass Software ein schwer zu fassender Gegenstand ist, der erst kürzlich in ein im weitesten Sinne kulturwissenschaftliches Blickfeld gerückt ist.

Wissenschaftsgeschichtlich lässt sich der Befund einer relativen Verlegenheit der Medienlinguistik gegenüber der Software recht gut erklären. Ich nehme die Medienlinguistik an diesem Punkt als eingezwängt zwischen den Medienwissenschaften und der Textlinguistik wahr. Beide machen es ihr nicht leicht, Software in einem semiotischen Eigenwert zu fassen und entsprechende Konsequenzen für die Konstitution ihres Gegenstandes daraus zu ziehen.

Seitens der Medienwissenschaften war es ganz sicher auch die Hardwarefixiertheit des einflussreichen Medientheoretikers Friedrich Kittler mit seinem

Ausruf, es gebe keine Software, die recht effektiv davon abgehalten hat, einen Eigenwert von Software zu sehen. Dabei wird in der Kittler-Rezeption nicht selten überhört, dass er sich durchaus differenzierter äußert, und zwar sogar in einer medienlinguistisch anschlussfähigen Weise, wenn er behauptet, es *gäbe* keine Software, „wenn Computersysteme nicht bislang in einer Umgebung aus Alltagssprachen koexistieren müssten" (Kittler 1993, 232).

Seitens der Textlinguistik wiederum ist die in der Sehflächenforschung[1] sich manifestierende Tendenz zu beobachten, vorrangig die nutzerzugewandte Seite medialer Texte zu berücksichtigen, wie es gängige Definitionen des Medientextes nahelegen. So plädiert beispielsweise Burger dafür, „alles das als *Element des Medientextes* aufzufassen, was vom Produzenten als solches beabsichtigt ist und vom Rezipienten als solches wahrgenommen wird bzw. wahrgenommen werden kann" (Burger 2005, 67).

Auf Software ist diese Definition jedoch nur mit Einschränkungen anwendbar, denn Quelltext ist zunächst gerade *nicht* wahrnehmbar. Eine solche Konzentration auf die Wahrnehmung bedarf der Problematisierung und einer beständigen Rückkopplung an kommunikative Funktionalitäten. Eben dies wird erschwert und letztlich unmöglich, wenn das *unter* der Ebene wahrnehmbarer multimodaler Zeichenkonstellationen liegende strukturelle Korrelat der Funktionalitäten nicht beachtet wird.

Angesichts solcher wissenschaftshistorischer Konditionierungen bleibt die Software mit wenigen Ausnahmen im Beziehungsgefüge von Medienlinguistik und Medienwissenschaften als eigenständiges Objekt sprachwissenschaftlicher Forschung weithin unberücksichtigt.

Die Entwicklung der *Software Studies*[2] als neuer Disziplin könnte diese Situation ändern, wenn sie denn in unserer Disziplin rezipiert werden würde. Die linguistische Anschlussfähigkeit wird aber darüber hinaus noch dadurch erschwert, dass Reflexionen über die sprachliche Verfasstheit von Software auch in den *Software Studies* bisher eher marginal sind.[3]

Mackenzie hebt die textuellen Aspekte von Software als Quellcode hervor und bezieht diese auf die Ebenen der Produktion, Zirkulation, Rezeption und Konstitution soziokultureller Prozesse:

---

1 Vgl. z.B. Schmitz (2011).

2 Vgl. z.B. Fuller (2008).

3 Ausnahmen sind z.B. Cramer (2008) und Cox/McLean (2012).

> At take here is an account of software as a highly involuted, historically media-specific distribution of agency. This account diverges from a general sociology of technology in highlighting the historical, material specificity of code as a labile, shifting nexus of relations, forms and practices. It regards software formally as a set of permutable distributions of agency between people, machines and contemporary symbolic environments carried as Code (Mackenzie 2006, 19).

In diesem Sinne habe ich in Seiler (2013a) von Softwaretexten gesprochen, um die Einbindung von Software in kommunikative Zusammenhänge kenntlich zu machen. Quelltexte sind dabei nur *eine* Art bzw. *ein* Aspekt von Softwaretexten. Als Softwaretexte verstehe ich auch Diskurse *über* Software, um den von Cramer (2008, 173) hervorgehobenen Umstand zu berücksichtigen, dass Software eine symbolische Form ist, deren Studium das der kulturellen Praxis ihrer Produktion, Verwendung und Aneignung einschließt.

Auf der Seite der Quelltexte gilt es hervorzuheben, dass sich in ihnen programmiersprachliche und verbalsprachliche Elemente durchdringen. Sprachliche Aspekte des Quelltextes sind z.B. die Namen von Definitionen von Funktionen, Variablen, Klassen, Methoden usw. Die Art, wie und in welcher Sprache Programmierer solche Namen vergeben, ist von Entscheidungen abhängig, zu denen zweierlei zu sagen ist: 1) Sie haben *nichts* mit der algorithmischen Seite des auszuführenden Codes und seiner Funktionalität zu tun und sind dennoch integrativer Bestandteil des Codes. 2) Sie fallen nicht in ein soziolinguistisches Vakuum, sondern hier fließen auch die Einschätzungen der soziolinguistischen Situation durch die Programmierer ein, was um so mehr gilt, wenn im Team programmiert wird. Wir müssen uns deshalb Quelltexte von Programmen als ein Feld vorstellen, auf dem – zumal unter den Bedingungen von Mehrsprachigkeit – potentiell die gleichen Fragen nach der Sprachwahl gestellt werden können wie in anderen Bereichen der fachsprachlichen und alltagssprachlichen Kommunikation.[4]

Ein Absehen vom Quelltext in der Analyse medialer Texte mag methodisch nicht selten seine Berechtigung haben; es sollte aber nicht mit dem semiotischen Alibi erfolgen, Quelltexte von Computerprogrammen seien nun einmal in Zeichensystemen verfasst, die sich grundlegend von Verbalsprache unterscheiden. So sollte es insbesondere nicht davon ablenken, dass sich Prozesse der kulturell geprägten sprachlichen Bedeutungs- und Sinnkonstitution auch auf der Ebene des Quellcodes abspielen, ja selbst auf derjenigen Ebene, die gern als das „Eigentliche“ der digitalen Datenverarbeitung angesehen wird, auf der Ein- und Ausgaben rechnerisch verarbeitet werden. An dieser Stelle wird deutlich, dass

4 Zu Einzelheiten und weiteren Bestandteilen von Quelltexten siehe Seiler (2013a).

eine Einbettung der Quelltextebene in eine übergeordnete soziomaterielle Praxis geboten ist, wie es z.B. bei Wieser (2009, 111f.) anklingt. Ihm zufolge

> [...] müsste man die kulturellen Implikationen von Software herausarbeiten, wie Kodes, Algorithmen, Applikationen, Programme und Plattformen, die die Welt, in der wir leben, formen. Die Kalkulationen von Software positionieren das Subjekt und die „neuen" Gemeinschaften vielleicht sogar mehr als die sie umgebenden Diskurse (Wieser 2009, 114).

Auf dem Niveau der Interaktion ließe sich dann beispielsweise der Hypothese Adamziks nachgehen,

> dass es nicht (nur) die Durchführung kommunikativer Muster ist, die Einzelkulturen prägt, sondern die Organisation komplexer Interaktionsrahmen, wie sie sich (auch) in Textsortennetzen und Diskurssystemen niederschlägt (Adamzik 2001, 38).

Software bildet einen grundlegenden Interaktionsrahmen im Bereich der digitalen Medien. Man kann die in ihm produzierten Quelltexte als textuelle Selbstläufer im Sinne von Adamzik ansehen,

> [...] die ihre Funktion erfüllen, egal, wie schlecht sie auch immer der kommunikativen Aufgabe gerecht werden, die sie wahrnehmen sollen. Dabei handelt es sich um Texte, denen man sich genau so wenig entziehen kann wie den Äußerungen, die in einer Face-to-Face-Situation an einen gerichtet werden, bei denen nämlich ein Rezeptionszwang besteht und der Produzent ein Monopol hat (Adamzik 2010, 25).

Seitens der gesellschaftlichen Kommunikation hätte sich die Medienlinguistik mit Software als einer umfassenden Form kultureller Praxis unter all ihren sprachlich-kommunikativen, materiellen, ökonomischen und juristischen Aspekten zu beschäftigen.

Eine besondere Rolle spielt die Software dabei als Domäne der Ideologieproduktion, die ihre Effektivität aus der Unsichtbarkeit der Quelltexte und der Quasi-Naturalisierung der (vermeintlichen) Unveränderbarkeit der den Quelltexten eingeschriebenen sprachlichen Vorgaben bezieht.[5] Letztlich kann auch die Nichtberücksichtigung des Anteils von Software am Medienwandel ins Ideologische umschlagen.

3 Softwarelokalisierung als Gegenstand der Medienlinguistik

Ein medienlinguistisches Interesse an Softwaretexten im oben umrissenen Sinne hat sich auch mit der Gestaltung der Mehrsprachigkeit von Softwaretexten und der Kommunikation im digitalen Raum zu befassen. Damit steht es in unmittel-

5 Zum ideologischen Charakter von Software siehe vor allem Galloway (2006).

barer Nachbarschaft zur Lokalisierungsforschung, die – bei aller Problematik – als eine Domäne der Übersetzungswissenschaft gelten kann. Aus diesem Grund geht es uns nun im Folgenden zunächst um eine Differenzierung der übersetzungswissenschaftlichen und medienlinguistischen Perspektiven auf Softwarelokalisierung.

3.1 Lokalisierung in der Übersetzungswissenschaft

Die Beschäftigung mit Softwarelokalisierung gehört zu den neueren Themen der Übersetzungswissenschaft. Dabei geht es um die Übersetzung derjenigen verbalsprachlichen Anteile von Quellcode, die den Nutzern über das Interface zugänglich gemacht werden sollen. Das bedarf einer programmiertechnischen Vorbereitung in Form der Markierung der zu übersetzenden Einheiten für eine automatische Extraktion und spätere Einfügung in den Zieltext. Die Lokalisierungsforschung ist dabei sehr stark und mitunter bis in die Terminologie hinein auf die Lokalisierungsindustrie bezogen. Praktische Aspekte der Arbeit mit Lokalisierungswerkzeugen wie *Translation Memories* und Fragen der Arbeitsorganisation stehen im Vordergrund, unter weitgehender Abkopplung von textwissenschaftlichen Erkenntnissen.

Dafür gibt es interne und externe Gründe. Aus einer intern textlinguistischen Perspektive ist das textuelle Material, an dem im Lokalisierungsprozess gearbeitet wird, schwer zu bewerten. Von Text im Sinne eines abgeschlossenen kommunikativen Ganzen kann bei den für die Übersetzung aus dem Quelltext extrahierten Zeichenketten nicht die Rede sein.[6] Während z.B. angesichts der strukturellen Offenheit von Hypertexten das Kriterium der erkennbaren kommunikativen Textfunktion hinzugezogen werden kann, ist eine solche Textfunktion im Falle der im Lokalisierungsprozess zu übersetzenden Texte schon aus dem Grund problematisch, dass das kommunikative Ganze in Gestalt des zu bedienenden Programms dem Übersetzer meistens nicht vorliegt und dass nichtlineare Texte weiter fragmentiert bzw. von Übersetzungsprogrammen segmentiert werden.

Aus einer externen Perspektive ist der Ansatzpunkt der herkömmlichen Lokalisierungsforschung nicht die Übersetzung eines Software*textes*, sondern die sprachliche und kulturelle Anpassung eines Software*produktes* an andere Märkte.[7] Wir haben es dabei mit industriellen Prozessen zu tun, die auf eine mög-

---

6 Vgl. dazu Schubert (2003) und Cañuelo Sarrión/Seiler (2008).

7 Siehe z.B. exemplarisch die Lokalisierungsdefinition von Wright (2004, 586): „adapting a (software) product to a locale or regional market with the goal of accommodating the

lichst hohe Effizienz und Kostenreduzierung in der Verwertung sprachlicher Ressourcen auf dem Softwaremarkt gerichtet sind. Diese Prozesse sind in hohem Maße automatisiert, wobei „the translators find themselves firmly situated at the ‚machine' end of the human/machine continuum" (Cronin 2003, 117).

3.2 Lokalisierung in der Medienlinguistik

Es ist nicht üblich, dass sich die Linguistik in ihrer Theoriebildung auf die Übersetzungswissenschaft bezieht. Die Medienlinguistik in einer textlinguistischen Variante kann jedoch von der Übersetzungswissenschaft lernen, auf welche Weise verbalsprachliche Elemente im Quellcode vorkommen können, um von daher Fragen der Produktion und Konstitution mehrsprachiger medialer Texte besser zu verstehen. Daran anknüpfend kann sie texttheoretisch vertiefen, dass die Mehrsprachigkeit digitaler Objekte *immer* eine über Software gefilterte und gestaltete Mehrsprachigkeit ist. Zur Erarbeitung eines textanalytischen Instrumentariums gehört dabei die Beschäftigung mit dem Interfacecharakter medialer Texte.

Mediale Texte wie Internetseiten oder graphische Benutzeroberflächen von Programmen sind Kontaktzonen in der Mensch-Maschine- und in der Mensch-Mensch-Interaktion, die wenigstens auf zwei Ebenen durch Software gestaltet werden. Zum einen geschieht dies auf der Ebene der Transkodierung von Quelltext einschließlich der im Lokalisierungsprozess behandelten verbalsprachlichen Elemente in multimodale mediale Texte. Zum anderen fungiert Software als Interaktionsrahmen, der nicht nur durch Quelltext konstituiert wird, sondern darüber hinaus ein Sozialisationsmedium darstellt, das die gesellschaftliche Kommunikation mit strukturiert und zum Medium politischer, wirtschaftlicher, intellektueller, juristischer und ästhetischer Diskurse wird.

Dieser Umstand verweist darauf, dass die digital über Software vermittelte sprachlich-kommunikative Praxis neben der textlinguistischen immer auch eine soziolinguistische Dimension aufweist. In der Untersuchung von softwarebezogenen Diskursen lässt sich z.B. beobachten, wie sich Einsprachigkeitsideologien und sprachliche Dominanzverhältnisse im digitalen Raum reproduzieren.

---

linguistic, cultural, and legal aspects of the product to the needs and expectations of the target audience, with the goal that users will believe that the product was developed specifically for them rather than perceiving that it was noticeably adapted from another language version". Die Literatur ist inzwischen recht umfangreich. Wichtige Texte zur Lokalisierung sind z.B. Esselink (2000 und 2003), Beste (2006), Schmitz/Wahle (2000) und Reineke/Schmitz (2005).

Software in der Muttersprache fungiert als Verstärker für Sprachbewusstsein, insofern sie ein Gefühl für die Würde der eigenen Sprache befördert. Djité (2008) hat das für einige afrikanische Kontexte herausgearbeitet und die diesbezügliche Bedeutung der Software mit der Bedeutung von übersetzten religiösen Texten für die afrikanischen Sprachen verglichen. Das Vorliegen von Software in der Muttersprache ist für einen Großteil der Weltbevölkerung, die des Englischen nicht mächtig ist, Grundvoraussetzung für die Teilhabe an der digitalen Gesellschaft und nicht zuletzt auch eine Bedingung für Alphabetisierung. Lokalisierung kann dabei auch zum Katalysator bestehender Sprachkonflikte im digitalen Umfeld werden, was sich bereits in den Entscheidungen über die Sprachen zeigt, in die Software lokalisiert wird.

Auf die Ambivalenzen, denen Softwarelokalisierung im Spannungsfeld von Sprache und Ökonomie unterliegt, weist u.a. Pym hin:

> Localization has become the showcase market strategy of international capitalism. Some selected differences are cultivated and maintained. Is that not precisely the way in which globalizing culture spreads, under the cloak of linguistic difference? Using Microsoft in Catalan is not the same as using Microsoft in English, but in both cases the mode of operation is still more Microsoft than anything else (Pym 2004, 47).

Der Umgang mit Texten im Lokalisierungsprozess ist ein wichtiger Ausdruck veränderter Konzeptualisierung von Sprache auch in einem weiteren Sinne. War Sprache seit dem 18. Jahrhundert in nationalstaatliche Projekte eingebunden und wurde zum Ausdruck nationaler Identität, so wandelt sich ihr Charakter in den gegenwärtigen Globalisierungsprozessen. Hier werden Sprachen zunehmend zu Waren, die bewertet werden, für die bezahlt wird und die eine Profitquelle für Unternehmen werden:

> […] languages both continue to be considered identity attributes, and thus one of the bases for nationalist claims all over the world, while simultaneously being caught up in processes of commodification in which identity values no longer hold sway, and emerging as resources and a source of profit for businesses (Boutet 2012, 205).

Die industrielle Lokalisierungspraxis stützt diesen Befund mit großer Deutlichkeit. Während die Einheitlichkeit der Sprache noch als symbolische Garantie der nationalen Einheit dienen konnte, „the idea of language as whole, bounded system cedes ground to the idea of language as a set of circulating, complex communicative resources“ (Heller/Duchêne 2012, 4). Vor diesem Hintergrund wird das *Locale* zum Gegenstand einer Lokalisierung, bei der Textsegmente zum Zweck der Wiederverwendung in *Translation Memories* gespeichert werden und sprachliche Kreativität zu einem großen Teil als Datenbankzugriff erscheint.

4 Lokalisierung freier und offener Software als Gegenstand der Medienlinguistik

Das oben umrissene Verständnis von Lokalisierung als industrieller Prozess bezieht sich auf die Arbeit mit proprietärer Software als Ware, deren Quellcode geschlossen ist und als Betriebsgeheimnis gehütet wird. In einem solchen Kontext, der die Offenlegung des Quelltextes ausschließt, ist die strukturelle Verwebung von Programmiersprache und Alltagssprache einer medienlinguistischen Analyse prinzipiell nicht zugänglich.

Die Frage nach der Offenheit oder Geschlossenheit des Quelltextes hat aber nicht nur Konsequenzen für die linguistische Datenerhebung, sondern ist ein gleichermaßen semiotisches, ökonomisches und gesellschaftspolitisches Problem mit einer grundlegenden juristischen Komponente. Der Aspekt der Freiheit von Software umfasst dabei weit mehr als die Kostenlosigkeit, sondern bezieht sich auf die Freiheit, den Quelltext einzusehen, zu modifizieren, zu kopieren und weiterzuverteilen sowie das Fehlen von Beschränkungen beim Einsatz der Software. Aktivisten der freien Software-Bewegung legen zudem Wert auf den Umstand, Quelltext als Rede zu verstehen, der an verfassungsmäßigen Rechten der Redefreiheit gemessen werden soll.[8]

Die Lokalisierung solcher Software erfolgt als Bestandteil des Softwareentwicklungsprozesses zumeist communitybasiert. In den Übersetzergemeinschaften ist eine hohe Diversität des Professionalitätsgrades zu beobachten. Da es sich um ehrenamtliche Arbeit handelt, ist sie für professionelle Übersetzer, die mit Übersetzungen ihren Lebensunterhalt bestreiten müssen, in der Regel weniger attraktiv. Die Mehrzahl der Teilnehmenden sind übersetzungswissenschaftliche Laien.

In der Übersetzungswissenschaft steigt gleichwohl das Interesse an freier und offener Software, wobei der Akzent nach wie vor zumeist stärker auf dem Einsatz dieser Software beim Übersetzen liegt als auf der Übersetzung freier Software selbst.[9]

---

8 Zur Definition freier Software vgl. z.B. González-Barahona (2011) sowie die Hinweise unter *https://fsfe.org/about/basics/freesoftware.de.html* (13.05.2015).

9 Ein ausgewogeneres Verhältnis findet sich z.B. in Díaz Fouces/García González (2008) und in einem thematischen Heft der Online-Zeitschrift Tradumàtica (*http://revistes.uab.cat/tradumatica*) von 2011; dort z.B. Vidal Castellet (2009, 190) zur Seltenheit universitärer Angebote im Übersetzen freier und offener Software in Spanien. Ein Bündel an Ressourcen zum Spanischen findet sich unter *http://www.opentranslation.es*.

Die Lokalisierung freier und offener Software liefert eine Fülle von Ansatzpunkten sowohl für eine textlinguistisch als auch für eine soziolinguistisch ausgerichtete Medienlinguistik.

Textlinguistisch relevant ist der banale Umstand, dass die Texte überhaupt vorliegen und als Medientextsorten untersucht werden können. Das betrifft nicht nur die Quelltexte, sondern auch die fachinterne Kommunikation über diese Quelltexte. Dadurch kann die Textproduktion als kollaborativer Prozess sehr viel besser nachvollzogen werden als das in der Regel bei proprietärer Software möglich ist.[10]

Bei der Lokalisierung quelloffener Softwareprojekte wird auf Textebene vor allem deutlich, dass die freie Verfügbarkeit des Quellcodes die Verfügbarkeit für Übersetzungen impliziert. Die Offenheit der Quelltexte sowie der Diskurse, die sich um ihre Konstitution ranken, erlaubt eine direkte Einsichtnahme in die Prozessualität der Textgestaltung. Damit können kontrastive Studien auf verschiedenen Ebenen durchgeführt werden. Möglich sind Vergleiche zwischen der Lokalisierungspraxis verschiedener Softwareprojekte, aber auch zwischen Übersetzungen ein und desselben Projektes. Insofern die Versionshistorie von Quelltexten in Versionsverwaltungssystemen aufgehoben wird und dadurch vollständig rekonstruierbar ist, ergeben sich hier weiterhin Ansatzpunkte, der Historizität dieser Medientextsorte nachzugehen, beispielsweise in einer Untersuchung der Kommentarpraxis der Beteiligten.

Auf der diskursiven Ebene wird das Verhältnis von Programmierer, Nutzer und Übersetzer *über die Arbeit am Quellcode mit seinen sprachlichen Anteilen* neu strukturiert. Während in industriellen Lokalisierungsprojekten eine direkte Kommunikation zwischen Übersetzern und Entwicklern kaum vorgesehen ist, ist eine solche Kommunikation bei freien Projekten möglich und über das Internet nachvollziehbar. In diesen lassen sich Prozesse des Wissenstransfers zwischen Laien und Experten sowohl in sprachlichen als auch in informationstechnischen Belangen studieren.[11]

Eine eher soziolinguistisch orientierte Medienlinguistik kann hervorheben, dass die Lokalisierung freier und offener Software wie auch die industriell betriebene Lokalisierung einen Kanal der Globalisierung darstellt, in dem sprachliche, kulturelle und ökonomische Verhältnisse neu strukturiert werden. Sie stellt dabei unter vielen Aspekten eine Alternative zu jenen Wegen des Umgangs mit

10 Zum Gemeinschaftsaspekt der Übersetzung freier und offener Software vgl. z.B. Fernández García (2011).

11 Vgl. dazu Seiler (2013b).

Sprache und sprachlicher Vielfalt dar, in denen Fragen der Kosten und der Rentabilität im Vordergrund stehen.

Offene Lokalisierungsprojekte bieten weiterhin ein bisher kaum beachtetes Feld für die Erforschung der sprachnormativen Dynamik im digitalen Raum. Hier ist direkt beobachtbar, wie normative Entscheidungen von welchen Akteuren in kollaborativen Prozessen ausgehandelt werden, welche normativen Instanzen zur Geltung kommen und wie sich sprachnormative Innovationen zu einzelsprachlichen und übereinzelsprachlichen normativen Traditionen ins Verhältnis setzen.

Der Umgang mit sprachlicher Variation (z.B. des Spanischen in Europa und in Lateinamerika) berührt auch die Reproduktion sprachlicher Dominanzverhältnisse im digitalen Raum. Die großen Softwarekonzerne haben kein Interesse, sich in ihren Entscheidungen über die Sprachen, in die lokalisiert wird, von anderen als von Marktkriterien leiten zu lassen, weshalb sich die Übersetzung in „kleine" Sprachen für sie vielfach nicht lohnt. Freie Software hingegen wird von ihren Protagonisten – Programmierern, Nutzern, Übersetzern – nicht als Ware verstanden, sondern als eine unverzichtbare Dimension der digitalen Selbstbestimmung und als Mittel zur nachhaltigen Wahrung der Unabhängigkeit von einzelnen Anbietern.[12] Entsprechend entwickeln sich auch die Nutzerrollen anders als bei proprietärer Software, bei der die Bindung von Kunden als Konsumenten im Vordergrund steht.

5 Zusammenfassung

Das Anliegen der vorliegenden Ausführungen war die Vorstellung eines bislang kaum beachteten Forschungsgegenstandes, über dessen Bearbeitung die Medienlinguistik einen textlinguistischen und einen soziolinguistischen Interessenstrang zusammenführen kann. Beide spielen in übersetzungswissenschaftlichen Arbeiten zur Lokalisierung gegenüber den technischen und arbeitsorganisatorischen Aspekten eine untergeordnete Rolle.

Die von ökonomischen und rechtlichen Beschränkungen freie Möglichkeit, Software in das eigene Idiom zu übersetzen, ist ein unverzichtbarer und grundlegender Aspekt sprachlich-diskursiver Selbstbestimmung im digitalen Raum. Dabei ist die Quelloffenheit besonders für die Sprecherinnen und Sprecher dominierter Sprachen eine wichtige Bedingung für sprachliche Vielfalt und Teil-

12 Zu Chancen freier und offener Software für „kleine" Sprachen siehe z.B. Más i Hernández (2003).

habe an der digitalen Gesellschaft. In letzter Instanz kann nur sie garantieren, dass die Verfügungsmacht über die sprachlichen Belange dort nicht von den global agierenden Softwarekonzernen, sondern von den Sprachgemeinschaften selbst übernommen wird.[13] Die Lokalisierung freier und offener Software stellt damit einen Fall von bottom-up-Lokalisierung im Sinne Cronins dar. Dieser versteht darunter „the provision of many forms of digital content from a variety of locations across the planet, using appropriately deep forms of intercultural engagement with the target languages and cultures" (Cronin 2006, 30).

Die medienlinguistische Beschäftigung mit der Übersetzung freier und offener Software als Kontrast zur industriellen Lokalisierung kann dazu beitragen, die Gefahren einer industriebasierten Linguistik zu reflektieren. Aufgabe der an Software interessierten Medienlinguistik sollte es nämlich nicht sein, lediglich Zulieferdienste für die globalisierte Sprachenindustrie zu leisten und die Verwertung von Sprache in ökonomischen Kontexten zu optimieren. Für sinnvoller halte ich es, den Blick für Prozesse der Enthumanisierung von Sprache in medialen Umgebungen und technisch-ökonomischen Kontexten zu schärfen und mit historisch fundierten textlinguistischen und soziolinguistischen Argumenten darauf zu reagieren. Von daher könnte sie sich als eine kritische Disziplin positionieren, deren Stimme in der Zukunft vielleicht noch wichtiger wird als sie heute schon ist.

6 Bibliographie

Adamzik, Kirsten (2001): „Grundfragen einer kontrastiven Textologie", in: Adamzik, Kirsten/Gaberell, Roger/Kolde, Gottfried (Hrsg.): *Kontrastive Textologie: Untersuchungen zur deutschen und französischen Sprach- und Literaturwissenschaft*. Tübingen: Stauffenburg, pp. 13-48.

Adamzik, Kirsten (2010): „Texte im Kulturvergleich. Überlegungen zum Problemfeld in Zeiten von Globalisierung und gesellschaftlicher Parzellierung", in: Luginbühl, Martin/Hauser, Stefan (Hrsg.): *MedienTextKultur. Linguistische Beiträge zur kontrastiven Medienanalyse*, Landau: Verlag Empirische Pädagogik, pp. 17-41.

---

13 Instruktiv in diesem Zusammenhang ist der in einer Mannheimer Bachelorarbeit (Fees 2012) durchgeführte Vergleich zweier Lokalisierungsprojekte in Lateinamerika. Während der von Microsoft unternommene Versuch, seine Office-Suite in die Sprache der Mapuche zu übersetzen, von den Betroffenen als Sprachraub interpretiert wurde, weil er weitgehend über die eigenen Köpfe hinweg unternommen wurde, stellt das Projekt *Runasimipi* (*http://www.runasimipi.org*) einen Versuch dar, Entwickler, Übersetzer und Nutzer in einem kollektiven Unternehmen der Übersetzung freier und offener Software zusammenzuführen.

Beste, Kai (2006): *Softwarelokalisierung und Übersetzung*, Trier: WVT Wissenschaftlicher Verlag Trier, Heidelberger Studien zur Übersetzungswissenschaft.

Boutet, Josiane (2012): „Language Workers. Emblematic Figures of Late Capitalism", in: Duchêne, Alexandre/Heller, Monica (Hrsg.): *Language in Late Capitalism. Pride and Profit*, New York/London: Routledge, pp. 207-229.

Burger, Harald (2005): *Mediensprache. Eine Einführung in Sprache und Kommunikationsformen der Massenmedien. Mit einem Beitag von Martin Luginbühl.* 3., völlig neu bearbeitete Auflage, Berlin/New York: de Gruyter.

Cañuelo Sarrión, Susana/Seiler, Falk (2008): „Reflexiones teóricas y prácticas sobre la localización de software a partir de una traducción de interfaz gráfica de usuario", in: Ivanova, Vessela/Krüger, Elke/Tabares, Encarna (Hrsg.): *Análisis lingüístico contrastivo de textos especializados en español y alemán*, Berlin: Frank & Timme, pp. 45-66.

Cox, Geoff/McLean, Alex (2012): *Speaking Code. Coding as Aesthetic and Political Expression*, Cambridge: MIT Press.

Cramer, Florian (2008): „Language", in: Fuller, Matthew (Hrsg.): *Software Studies. A Lexicon*, Cambridge: MIT Press, pp. 168-174.

Cronin, Michael (2003): *Translation and Globalization*, London/New York: Routledge.

Cronin, Michael (2006): *Translation and Identity*, London/New York: Routledge.

Djité, Paulin G. (2008): „From liturgy to technology. Modernizing the languages of Africa", in: *Language Problems & Language Planning* 32, Nr. 2, pp. 133-152.

Díaz Fouces, Óscar/García González, Marta (Hrsg.) (2008): *Traducir (con) software libre*, Granada: Comares.

Eckkrammer, Eva Martha (2010): „Kontrastive Medientextologie und die historische Dimension – eine theoretisch-methodologische Auslotung", in: Luginbühl, Martin/Hauser, Stefan (Hrsg.): *MedienTextKultur. Linguistische Beiträge zur kontrastiven Medienanalyse*, Landau: Verlag Empirische Pädagogik, pp. 43-56.

Esselink, Bert (2000): *A Practical Guide to Localization*, Amsterdam/Philadelphia: Benjamins.

Esselink, Bert (2003): „5. Localisation and translation", in: Somers, Harold (Hrsg.): *Computers and Translation. A Translator's Guide*, Amsterdam/Philadelphia: Benjamins, pp. 67-86.

Fees, Dorothee (2012): *Die soziolinguistische Bedeutung von Softwarelokalisierung für indigene Sprachen Lateinamerikas*, Bachelorarbeit. Romanisches Seminar der Universität Mannheim.

Fernández García, Juan Rafael (2011): „Algunas reflexiones sobre la localización comunitaria de software libre", in: *Revista Tradumàtica: tecnologies de la traducció* 9, pp. 13-34.

Fuller, Matthew (Hrsg.) (2008): *Software Studies. A Lexicon*, Cambridge: MIT Press.

Galloway, Alexander R. (2006): „Language Wants To Be Overlooked: On Software and Ideology", in: *Journal of visual culture* 5(3), pp. 315-331.

González-Barahona, Jesús M. (2011): „El concepto de software libre". *Revista Tradumàtica: tecnologies de la traducció* 9 (Traducció i software lliure), pp. 5-11, online: http://revistes.uab.cat/tradumatica (13.05.2015).

Held, Gudrun (2008): „Grenzenloser Traum vom Raum? Suggestive Bild-Text-Konfigurationen in der Tourismus-Werbung aus kontrastiver Sicht", in: Lüger, Heinz-Helmut/Lenk, Hartmut E. H. (Hrsg.): *Kontrastive Medienlinguistik*, Landau: Verlag Empirische Pädagogik, pp. 95-112.

Heller, Monica/Duchêne, Alexandre (2012): „Pride and Profit: Changing Discourses of Language, Capital and Nation-State", in: Duchêne, Alexandre/Heller, Monica (Hrsg.): *Language in Late Capitalism. Pride and Profit*, New York/London: Routledge, pp. 1-21.

Kittler, Friedrich (1993): „Es gibt keine Software", in: *Draculas Vermächtnis. Technische Schriften*, Leipzig: Reclam Verlag, pp. 225-242.

Mackenzie, Adrian (2006): *Cutting code: software and sociality*, New York u.a.: Peter Lang.

Más i Hernandez, Jordi (2003): „El software libre y las lenguas minoritarias: una oportunidad impagable", in: *Revista TEXTOS de la CiberSociedad* 3. Temática Variada, 10 S, online: http://www.cibersociedad.net (13.05.2015).

Pym, Anthony (2004): *The moving text: Localization, translation, and distribution*, Amsterdam/Philadelphia: Benjamins.

Reineke, Detlef/Schmitz, Klaus-Dirk (Hrsg.) (2005): *Einführung in die Softwarelokalisierung*, Tübingen: Narr.

Schmitz, Klaus-Dirk/Wahle, Kirsten (Hrsg.) (2000): *Softwarelokalisierung*, Tübingen: Stauffenburg.

Schmitz, Ulrich (2011): „Sehflächenforschung. Eine Einführung", in: Diekmannshenke, Hajo/Klemm, Michael/Stöckl, Hartmut (Hrsg.): *Bildlinguistik. Theorien – Methoden – Fallbeispiele*, Berlin: ESV, pp. 23-42.

Schubert, Klaus (2003): „Jigsaw Translation", in: Gerzymisch-Arbogast, Heidrun/Hajičová, Eva/Sgall, Petr (Hrsg.): *Textologie und Translation* Tübingen: Narr, pp. 295-304.

Seiler, Falk (2013a): „Elemente zu einer linguistischen Charakterisierung von Softwaretexten", in: Sergo, Laura/Wienen, Ursula/Atayan, Vahram (Hrsg.): *Fachsprache(n) in der Romania – Entwicklung, Verwendung, Übersetzung*, Berlin: Frank & Timme, pp. 375-390.

Seiler, Falk (2013b): „La transmisión del saber en una comunidad de traductores no profesionales: la localización de KDE al español", in: Sinner, Carsten (Hrsg.): *Comunicación y transmisión del saber entre lenguas y culturas*, München: Peniope, pp. 371-386.

Vidal Castellet, Núria (2009): „En español por libre: traducción de software", in: Díaz Fouces, Óscar/García González, Marta (Hrsg.): *Traducir (con) software libre*, Granada: Comares, pp. 175-191.

Wieser, Matthias (2009): „Cultural Studies, digitale Medien und darüber hinaus“, in: Banse, Gerhard/Wieser, Matthias/Winter, Rainer (Hrsg.): *Neue Medien und kulturelle Vielfalt. Konzepte und Praktiken*, Berlin: trafo Wissenschaftsverlag, pp. 105-118.

Wright, Sue Ellen (2004): „Localization Competence for Translation and Project Management“, in: Fleischmann, Eberhard/Schmitt, Peter A./Wotjak, Gerd (Hrsg.): *Translationskompetenz. Tagungsberichte der LICTRA (Leipzig International Conference of Translation Studies), 4.-6. 10.2001*, Tübingen: Stauffenburg, pp. 581-595.

En el límite de las lenguas romances: las telenovelas hispánicas en Rumanía

Raúl Ávila (Ciudad de México)

This article is based on media research. In relation to Spanish sounds at the international level, the author describes the three main standards used in professional pronunciation and dubbing in comparison with high level speech. It also offers standard international words against marked words, as well as other measures of the Spanish through media.

1 Rumanía y las telenovelas hispánicas

En un viaje que hice a Rumanía hablé, en inglés, en la cabina de un tren con una pareja de jóvenes: una chica y un chico. Les pregunté si sabían español. Algo conocían, sobre todo gracias a las telenovelas hispánicas. A través de ellas aprendieron expresiones como *¡Mala mujer! ¡Estás embarazada! ¡Lárgate! ¡No te quiero más!*. Los jóvenes me dijeron que sus abuelos veían telenovelas, y sus padres, sobre todo la madre de la chica, eran fanáticos del género.

En mi primer viaje a Rumanía – en el verano de 2006 – me hospedé en varios hoteles de diferentes lugares. Las chicas de la recepción que me atendieron hablaban, para mi sorpresa, un español muy fluido y claro. Me dijeron que lo habían aprendido gracias a las telenovelas, lo que – por supuesto – es difícil de creer. Sin embargo, es posible que las telenovelas les hayan permitido afirmar el conocimiento de nuestra lengua. Desde ese momento advertí la necesidad de hacer grabaciones de las telenovelas en español, pero no lo intenté en esa ocasión. Sin embargo, en el segundo viaje las opiniones que escuché más las frases de la pareja del tren me motivaron a recoger una muestra de las telenovelas hispánicas. En Rumanía hay incluso canales de televisión que transmiten telenovelas no sólo durante un horario determinado, sino a todas horas.

En el segundo viaje, durante el invierno de 2010 pude finalmente conseguir – gracias al apoyo de los colegas rumanos – las cuatro primeras grabaciones, de acuerdo con el plan que me había propuesto: una por cada país hispánico. La quinta y última la grabaron mis amigos y me la enviaron a la ciudad de México por medios electrónicos.[1]

2 El límite del Imperio Romano

Rumanía siempre me interesó por ser el rumano la lengua romance más oriental. Mis motivos se remontan mis lecturas de las investigaciones de Iorgu Iordan, a quien conocí en Montevideo en el ya lejano año de 1966; o de Marius Sala, a quien también conocí personalmente en la capital uruguaya. Todo esto me animó a viajar a ese país, cuyas regiones lingüísticas había conocido, antes de visitar Vama o Timisoara, gracias al Atlasul lingvistic român, cuyo redactor principal fue Patrut (1938).[2]

Como sabemos, los romanos se mantuvieron en la zona hasta los siglos iii y iv de nuestra era. La cristianización de la Dacia se inicia cuando se retiran las legiones romanas, por el año 313. Ese antiguo límite de la romania, ahora cortado por diferentes países, se mantiene como una isla dentro del espacio de las lenguas eslavas. El rumano, la más eslava de las lenguas romances, o la más romance de las lenguas eslavas – como por allí dicen –, sigue hablándose incluso más allá de Rumanía, en Moldavia.

En la actualidad, Rumanía es parte de la comunidad europea, a la que se integró en 2007. Por eso motivo es ahora relativamente fácil visitar ese país. Cuando uno llega, si se anima a leer algún periódico, puede advertir fácilmente el sustrato latino en palabras como corupt, definida como *depravat, imoral; anormal din punct de vedere sexual* o contrarietate. Incluso resulta interesante advertir que *barbát* ('barbado') se define como "persona adulta de sex masculin" (Macrea 1957, ss. vv.; véase también Iordan 1971). La lengua hablada, en cambio, resulta difícil de comprender, incluso para oídos interesados.

3 Las telenovelas: el drama, la historia y la industria

No hace falta ser un conocedor para advertir que toda telenovela se nutre de contradicciones: de opresores y oprimidos, de protagonistas y antagonistas (Sánchez Villarroel 2005). Con frecuencia los escritores o guionistas – al igual que algunos de los personajes –, cambian a lo largo del desarrollo de la telenovela. No

1 Agradezco ampliamente el apoyo que me dieron para las grabaciones Liviu Nichiforel y Ioan Ciornei, de la Universidad Stefan cel Mare, de la ciudad de Suceava.

2 Hay una descripción detallada de los atlas rumanos en Olariu et al. (2007).

obstante, los guionistas – a veces apoyados por los actores quienes, de alguna forma, reinterpretan lo que escuchan por los apuntadores electrónicos – proponen, quizá a niveles límites, lo que consideran verosímil en la vida y, con ella, en el lenguaje que la refleja y refleja a los personajes. En todo caso, los personajes resultan poco matizados: los principales, hombres o mujeres, son claramente buenos o indudablemente malos. Los matices se advierten a veces en los actores que conforman el reparto.

Las telenovelas tienen como antecedente inmediato las radionovelas, aún existentes. De manera inevitable, dado que se proyectan por episodios, recuerdan también las novelas equivalentes, las que se publicaban por entregas como, en el siglo xix, *Los bandidos de Río Frío*, novela de aventuras del mexicano Manuel Payno. Otro posible antecedente, ya remoto, serían *Las mil y una noches*, cuentos islámicos que datan del siglo ix (Mazziotti 2008). También se la relaciona con el melodrama basado en la novela sentimental inglesa del siglo xviii (Reyes de la Maza 1999, *apud* Barrón Domínguez 2009).

En cuanto a la industria de las telenovelas, la mexicana Televisa es la empresa que produce más contenidos televisivos en español en el mundo, y de esos contenidos, el principal producto son las telenovelas. Se han transmitido por más de 50 años a más de cien países, y se han doblado o subtitulado en 27 lenguas (Barrón Domínguez 2009, 43).

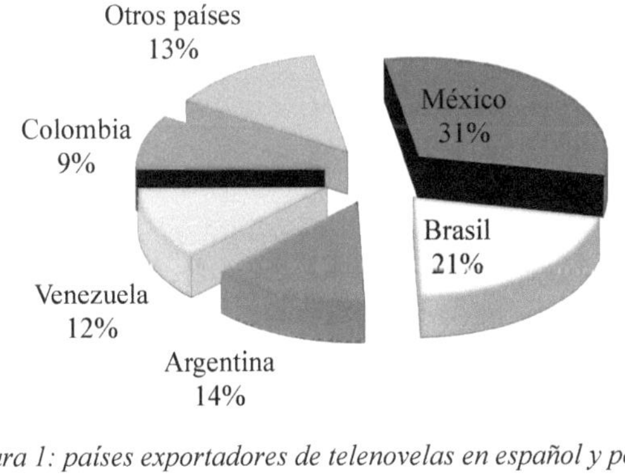

Figura 1: países exportadores de telenovelas en español y portugués (2004)

Televisa produce unas 3000 horas de telenovelas por año, con una inversión de 250 millones de dólares. Su competidora, TV Azteca, en cambio, sólo invierte unos cuatro o cinco millones (Barrón Domínguez 2009, 75). Por supuesto, hay otros países que producen y exportan telenovelas en español. En 2007 los principales exportadores fueron México, Argentina, Venezuela, Colombia y Estados

Unidos, país que tiene una participación importante, aunque reciente. Como puede verse, México supera a todos los demás países, incluso a Brasil (Figura 1, Barrón Domínguez 2009, 267).

Por otra parte, los países de Europa del Este son los grandes compradores de las telenovelas iberoamericanas. Dentro de ellos, el que más compra es, precisamente, Rumanía (Figura 2, Barrón Domínguez 2009, 280).

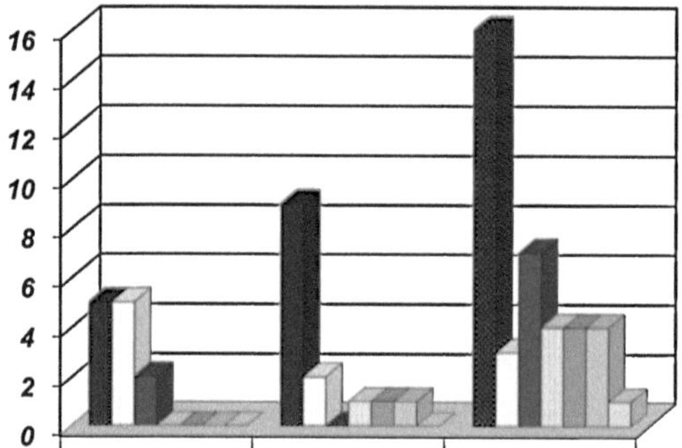

	Hungría	*Polonia*	*Rumanía*
México	5	9	16
Argentina	5	2	3
Venezuela	2	0	7
Brasil	0	1	4
Colombia	0	1	4
Perú	0	1	4
Italia	0	0	1

Figura 2: países compradores de telenovelas iberoamericana y países exportadores

Como se ve, la importancia económica del género y el hecho de que el principal comprador de telenovelas sea Rumanía son dos elementos más que apoyan la necesidad de estudiar las que se transmiten en ese país.

4 Hipótesis y corpus

En estudios previos he mostrado que la televisión internacional utiliza un léxico de nivel internacional en la medida en que se utilizan pocas voces marcadas – regionalismos, extranjerismos y otros ismos (Ávila 2009, 113 ss.). Por otra parte, se sujeta a tres normas básicas de pronunciación, que he llamado alfa, beta y gama (Ávila, 2009, 194 ss.). A partir de estas investigaciones y de lo que he planteado antes, la hipótesis que sustenta esta investigación consiste en que las telenovelas que se proyectan en Rumanía utilizan un español de carácter internacional desde el punto de vista léxico y fonético – los componentes que más podrían variar.

Para demostrar la hipótesis he recopilado una muestra de una telenovela por cada país de origen. Todas las telenovelas se transmitían en Rumanía en el mes de diciembre de 2009. Durante ese mes fueron grabadas cuatro: tres en canal Acasa, y una en canal Romantica. La última de las cinco – "Cazando un millonario" – se grabó en noviembre de 2010. Son las siguientes:

(1) "Acorralada" (rumano *Destine furate*, canal Acasa), Venezuela (VE), Venevisión Internacional.

(2) "Cazando un millonario" (rum. *Vanatoarea de milionari*, canal Romantica) Perú (PE), Iguana producciones.

(3) "Cómplices" (rum. *Escroci de familie bună* ['Ladrón de buena familia'], canal Romantica), Chile (CL), Televisión Nacional de Chile.

(4) "En nombre del amor" (rum. *In numele iubirii*, canal Acasa), México (MX), Televisa.

(5) "Sin senos no hay paraíso" (rum. *Fara sani nu exista paradis*, canal Acasa), Colombia (CO), Telemundo.

De cada una de las telenovelas se hizo una grabación de treinta minutos. De estas grabaciones se transcribieron un total aproximado de 1200 palabras gráficas (p. g.), a partir de un inicio aleatorio: se empezaba la transcripción en un minuto determinado aleatoriamente, y se terminaba cuando se llegaba a las 1200 p. g. Las unidades de texto resultantes fueron analizadas mediante un programa de cómputo que hemos diseñado para ese propósito (lees, 2000). En cada unidad de texto se marcaron los nombres propios. De esta manera el programa de cómputo no los tomaba en cuenta para el recuento del léxico, pero sí para el análisis de los enunciados y la densidad del texto.[3] Por otra parte, cada grabación de 30 minutos fue escuchada por el autor de esta investigación para recopilar sus características fonéticas.

5 Resultados

A continuación describo la pronunciación correspondiente a las normas que más frecuentemente se escuchan en los medios de difusión internacional. Más ade-

3 Pueden verse más detalles de la edición de las unidades de texto en Ávila (2011).

lante ofrezco los resultados de las cinco telenovelas analizadas. Posteriormente caracterizo el léxico de las telenovelas por países.

5.1 Pronunciación general de los medios internacionales

En los medios de comunicación masiva se presentan las variantes alfa, beta y gama (Ávila 2009, 195 ss.). Las describo de acuerdo con sus rasgos diferenciales en la figura siguiente.

	θ / s	**s > h**
alfa	no	no
beta	no	sí
gama	sí	no

Figura 3: normas alfa, beta, gama

De manera general, en las norma alfa – ciudades de México y Bogotá, p. ej. – y beta – p. ej., Caracas y Buenos Aires – no se hace distinción de los fonemas /θ/ y /s/. Se diferencian porque en la pronunciación tipo alfa no se aspira el fonema /s/ final de sílaba, como en la norma beta. En la norma gama – p. ej. ciudades de León o Burgos –, en cambio, se distinguen los fonemas /θ/ y /s/ y no hay aspiración de /s/ final de sílaba.

α 1 (MX)	[son exémplos sensíjos]
α 2 (CO)	[son ehémplos sensíjos]
β 1 (VE)	[soŋ ehémploh sensíjoh]
β 2 (AR)	[son exémplos sensíʒoh]
β 3 (CL)	[son exemploh sensíjoh]
γ 1 (ES)	[s̺on exémplos̺ s̺enθíyos̺]

Figura 4: normas y pronunciación: ejemplos

Los profesionales de los medios venezolanos, argentinos y chilenos utilizan la norma beta, con aspiración [h] del fonema /s/ implosivo. Se diferencian porque sólo se escucha el fonema nasal velar final de palabra ante vocal [ŋ] en VE, país en cuyos medios también se escucha la pronunciación glotal [h] fricativa o aproximante sorda del fonema /x/. Este rasgo, en cambio, no se presenta en las otras dos variantes beta (AR, CL). Por otra parte, en AR el fonema /y/ se pronuncia como palato-alveolar sonora laminal fricativa [ʒ], en contraste con CL, donde la pronunciación es palatal sonora [j] o ES donde suena un poco más abierta [y] (véanse ejemplos en la Figura 4).

5.2 La pronunciación en las telenovelas

Los ejemplos anteriores son suficientes para caracterizar las telenovelas de tres países: MX, CO y CL. En cambio, es necesario diferenciar la pronunciación de VE frente a la de PE, que es de tipo cuantitativo. En PE la pronunciación del fonema /x/, que transcribo [x], alterna con la pronunciación [h], única que se escucha en VE:

β 1.1 (VE)	**[soŋ ehémploh sensíjoh]**
β 1.2 (PE)	**[soŋ *x*émploh sensíjoh]**

Figura 5: VE vs PE: /x/ > [h], [x] (alterna con [h]).

Cabe añadir que en la telenovela venezolana, aunque algunos actores tenían pronunciación β 1.1, otros utilizaban claramente una pronunciación tipo α 1, como la mexicana. Fuera de eso, la caracterización de las cinco telenovelas estudiadas es la siguiente: En las telenovelas de pronunciación alfa, como las de MX y CO el fonema /s/ en posición implosiva se mantiene como [s], pero en CO el fonema /x/ se articula ligeramente abierto, con un sonido glotal aproximante. En las beta 1 (VE y PE), el fonema /s/ implosivo se aspira [h], y el fonema /x/ se pronuncia [h], frecuentemente en VE, y con menor frecuencia en PE, donde se prefiere la pronunciación [x], que transcribo con letra cursiva. Por último, en CL, cuya norma es beta 3 – utilizo beta 2 para AR – se aspira el fonema /s/, pero no se abre el fonema /x/, ni se pronuncia el fonema nasal velar en final de palabra ante vocal.

α 1 (MX)	**/s]/ > [s]], /x/ > [x]**
α 2 (CO)	**/s]/ > [s]], /x/ > [h]**
β 1.1 (VE)	**/s]/ > [h]], /x/ > [h], [-n V-] > [-ŋ V-]**
β 1.2 (PE)	**/s]/ > [h]], /x/ > [*x*], [-n V-] > [-ŋ V-]**
β 3 (CL)	**/ s]/ > [h]], /x/ > [x], [-n V-] > [-n V-]**

Figura 6: pronunciación en las telenovelas: MX, CO, VE, PE, CL

Además de estos rasgos distintivos, es necesario añadir que en la telenovela de CO se escucha un personaje de norma gama que habla por teléfono desde España; y también se escucha el fonema /ʃ/ en expresiones como la inglesa baby shower. En CL y PE se presenta un personaje anglohablante que se expresa en español. Por último, en CL se escucha la pronunciación palatalizada de /g/ /k/ y /x/ ante /e/, /i/; la sonorización de /p/; la relajación de /b/, /d/ y /g/ intervocálicas; la pérdida, en algunos casos, de /d/ intervocálica; la asibilación – poco frecuente – de /r/ en el grupo /tr/; la asimilación circunstancial de /r/ a /l/ en el grupo /rl/; y la pronunciación esporádica de /bu/ como [w].

A partir de las cinco telenovelas estudiadas, se puede decir que predominaron las norma alfa 1 y alfa 2 (MX, CO, incluso algunos actores de la telenovela VE). A continuación se escuchó la pronunciación beta 1 (VE, PE), y finalmente, dado que ocurrió en la telenovela de un solo país, la pronunciación beta 3.

5.3 El léxico de las telenovelas

Para la caracterización del léxico de las telenovelas me baso en la filiación de los vocablos. Mediante la filiación indico si un vocablo es o no internacional, en la medida en que está o no marcado como ismo – p. ej., regionalismo o extranjerismo. Para obtener los datos de los vocablos relacionados con su filiación utilizamos diferentes fuentes, especialmente diccionarios (DRAE 2001, CLAVE 1997), pero también hicimos consultas en Internet a través de buscadores.

Países	**Filiación: vocablos**			
	sin	**con**	**% sin**	**% con**
VE	323	0	100	0
MX	300	1	99,7	0,3
CO	306	5	98,7	1,3
PE	308	5	98,4	1,6
CL	365	14	96,3	3,7
Promedio	**320,4**	**5**	**98,6**	**1,4**

Figura 7: filiación: número de vocablos y porcentaje

Los resultados de la figura 7 muestran de manera evidente que el léxico de las telenovelas analizadas es de tipo internacional o sin filiación en un promedio de 98.6 por ciento. Dentro de las cinco telenovelas que se proyectaban en Rumanía, la venezolana no incluyó ninguna voz no registrada como general del español. En segundo lugar se situó la mexicana, con apenas 0.3 por ciento de voces con filiación o marcadas. En la telenovela mexicana apareció okey, que también se presenta en las telenovelas de Colombia y Perú, a veces como ok [oká]. Esta palabra, como sabemos, es conocida y utilizada no sólo en español, sino también en muchas otras lenguas del mundo. Tras MX apareció, en tercer lugar, por las voces marcadas que incluye, CO. A continuación se presentó PE y, finalmente, CL (ver todas las voces en la figura 8).

País	Vocablo	CG	Frec.	Filiación	Fuente	Contexto
CL	**pucha**	ij	**4**	hispano-americanismo	**IN**	Expresión de sorpresa, disgusto: "¡Pucha, Amanda!"
CL	**mina**	st	**3**	regionalismo	**DRAE**	Despectivo, mujer: "Eres lo peor, la mina más baja, la mina más fácil que he conocido ¡en toda mi vida!"
CL, MX, PE	**okey, ok**	av	**3**	anglicismo	**CC**	Está bien, vale, de acuerdo: "¡Cállate!, ¿ok?"
PE	**to pull**	vb	**3**	anglicismo	**CC**	Tirar de algo: "...hace ejercicios así ¡pull pull pull! [pul], y si no los acaba no se va a su casa"
PE, CO	**aló**	vc	**2**	regionalismo	**IN**	Vocativo para contestar el teléfono: "¡Aló, Eva!, ¡dime!"
CO	**baby-shower**	st	**2**	anglicismo	**IN**	Fiesta de regalos para una embarazada: "¿Entonces no va a haber babyshower?"
CL	**cibercafé**	st	**2**	hispano-americanismo	**IN**	Local con servicio de internet y de cafetería. "No vas [vai] a salir nunca de este cibercafé picante"
CL	**my love**	st	**2**	anglicismo	**CC**	Vocativo, mi amor: "¡Ya my love!"
CO	**pichurrias**	aj	**2**	Colombia	**IN**	(despectivo) Poco importante, pequeño, escaso, insignificante: "¡Usted se lleva mi bolso, pichurrias!"
CL	**reallity [show]**	st	**2**	anglicismo	**IN**	Programa de TV donde se muestra lo que le ocurre a personas reales: "...sigues [seguís] pegada con lo del reallity [show]"
PE	**fettuccini**	st	**1**	italianismo	**IN**	Pasta, larga y ancha: "Me encantan los fettuccini al andaluz. Son riquísimos"

CL	**gringo**	nm	1	hispano-americanismo	**DRAE**	Persona rubia y de tez blanca, sobre todo de EE UU: "un gringo millonario que está dispuesto a invertir"
PE	**jean**	st	1	anglicismo	**CC**	Pantalón vaquero: "yo me pongo un polo y un jean y, bueno…, me voy al cine"
CO	**lambón**	aj	1	regionalismo	**DRAE**	CO y EC Adulador, servil: "¡Suélteme que yo puedo sola! ¡No sea lambón!"
CL	**latero**	aj	1	hispano-americanismo	**DRAE**	Molesto, fastidioso: "¡No seas [seai] latera"
CL	**malulo**	aj	1	Chile	**DRAE**	Malvado, travieso: "¿Y por qué no, malulo?"
CL	**nomás**	av	1	hispano-americanismo	**DRAE**	No más, solamente.
CL	**pellejerías**	st	1	regionalismo	**IN**	Contratiempo, trabajo fatigoso e inútil: "Ojalá en adelante también desistas de la idea de ir a pasar pellejerías a Barcelona"
CO	**ponchar**	vb	1	americanismo	**IN**	Desinflarse un objeto como un neumático: "Les voy a dejar este regalito pero aquí mire, aquí, para que se les ponche la llanta por pichurrias"
CL	**rasca**	aj	1	Chile	**IN**	Ordinario, vulgar, corriente: "Yo no sé cómo pude ser tan tonta de pensar que una mina tan rasca como tú podía ser virgen"
CL	**tama-gochita**	nm	1	neologismo	**IN**	(del japonés a través del inglés) Mascota electrónica: "¿Cómo está la tamagochita más linda […]?"
CL	**to play**	vb	1	anglicismo	**CC**	Tocar música: "¿Qué nos vas a mostrar, pues...?, !Shhh! ¡Play!"

Figura 8: vocablos y frecuencias: filiación y contextos[4]

4 Abreviaturas: CC: *Collins Cobuild Advanced Dictionary of English*, London, 2006; DRAE: *Diccionario de la RAE* (v. bibliografía).

Como puede verse, por una parte casi todos los vocablos son comprensibles, sobre todo si se ubican en su contexto. Por otra, todos aparecen registrados en diferentes fuentes – entre ellas Internet, a la que es necesario acudir, dado que los diccionarios no están suficientemente actualizados. Finalmente, si se consideran las frecuencias – las ocurrencias de cada vocablo, que corresponden a la forma en que se perciben en las transmisiones – los porcentajes de las voces con filiación disminuyen a 37, lo que equivale al 0.6%, como se muestra en la figura 9. Este porcentaje es lo que percibiría la audiencia que escuchara las telenovelas, lo que equivale aproximadamente a 6 palabras marcadas por cada mil que se transmiten.

	Vocablos		Frecuencias	
sin filiación	1.318	98,30%	5.876	99,40%
con filiación	22	1,70%	37	0,60%
Total	1.340	100%	5.913	100%

Figura 9: vocablos sin y con filiación: frecuencias y porcentajes

Los 99 vocablos más frecuentes en las telenovelas aparecen a continuación. Las ordeno por frecuencias descendentes.[5]

Vocablo	Frecuencia	Categoría
tener	63	vb
decir	58	vb
saber	58	vb
hacer	52	vb
bueno	45	aj
poder	38	vb
querer	38	vb
ver	36	vb

Vocablo	Frecuencia	Categoría
vida	8	st
mirar	8	vb
loco	7	aj
hola	7	ij
viejo	7	nm
amigo	7	st
desayuno	7	st
hijo	7	st

5 Excluyo de la lista los vocablos de tipo deíctico (pronombres, adverbios, adjetivos demostrativos), así como los nexos, los artículos, los numerales, los adverbios que eran derivados de adjetivos – se incluyeron en esta categoría –, los verbos copulativos y el verbo ir en perífrasis de futuro. Los verboides se incluyen dentro de los verbos correspondientes.

ay	33	ij
pasar	32	vb
verdad	25	st
doña	22	st
venir	21	vb
amor	20	st
señor	20	st
niño	18	st
dar	16	vb
hablar	16	vb
dejar	15	vb
oír	15	vb
mamá	14	st
mujer	14	st
creer	14	vb
imaginar	14	vb
ah	13	ij
amar	13	vb
escuchar	13	vb
casa	12	st
cosa	12	st
hermano	12	st
pensar	12	vb
día	11	st
gracia	11	st
importante	10	aj
tanto	10	aj
poner	10	vb
claro	9	aj
seguro	9	aj
enfermero	9	nm
momento	9	st
buscar	9	vb
encantar	9	vb
esperar	9	vb
gustar	9	vb
servir	9	vb
mejor	8	aj
poco	8	aj
favor	8	st
perdón	8	st

comer	7	vb
cuidar	7	vb
deber	7	vb
enterar	7	vb
llamar	7	vb
llegar	7	vb
morir	7	vb
vestir	7	vb
vivir	7	vb
nuevo	6	aj
papá	6	st
problema	6	st
señorita	6	st
tía	6	st
tiempo	6	st
caer	6	vb
contar	6	vb
pedir	6	vb
preocupar	6	vb
quitar	6	vb
salir	6	vb
soltar	6	vb
trabajo	6	st
acabar	6	vb
lindo	5	aj
mal	5	aj
hora	5	st
idea	5	st
novio	5	st
acompañar	5	vb
andar	5	vb
enamorar	5	vb
encontrar	5	vb
llevar	5	vb
necesitar	5	vb
preguntar	5	vb
quedar	5	vb
seguir	5	vb
sentar	5	vb
sentir	5	vb
suponer	5	vb
volver	5	vb

Figura 10: telenovelas: 99 vocablos más frecuentes

De acuerdo con la lista de frecuencias, podría imaginarse un diálogo de una telenovela entre una mujer (M) y un hombre (H) como el siguiente:

–(M) Tendrás que decirme lo que sabes, y hacer algo bueno.

–(H) Ojalá pudieras quererme..., ver la verdad. No la dejes pasar. ¡Dame tu amor!

–(M) ¿Y tú qué crees? ¡Escúchame! ¿Piensas que es importante amar?

–(H) Por favor... Te pido perdón, mi vida. Mira que estoy loco por ti. Quiero un hijo tuyo. Te voy a ayudar a cuidarlo.

–(M) Sería tu deber, ¿no? Si eres su papá tendrías que darle de comer y vestirlo.

–(H) Sí, pues acabaría a tiempo mi trabajo para volver a casa y cuidar al niño.

–(M) ¡Ni lo imagines! ¡Ya deja de hablar! ¿Qué supones? ¡No te quiero ni como novio! ¡Anda a enamorar a otra!

5.4 Enunciados y densidad del léxico

En lo relacionado con la dimensión sintagmática del discurso, los resultados en cuanto a la longitud promedio de los enunciados (palabras gráficas: p. g.) fue muy adecuada si se compara con la lengua hablada (Ávila 2009, 164): se sitúa entre la norma culta y la popular. En cambio, la densidad de los textos (se excluyen los casos de onomástica) es relativamente alta, sobre todo en la telenovela de Chile. De acuerdo con mis investigaciones anteriores, la densidad de la lengua hablada de nivel o rango superior, por ejemplo, es de 68.5 p. g. diferentes o tipos por cada segmento de 100 (Ávila 2009, 163).

	Longitud prom. enunciados (p. g.)	Densidad léxica
MX	8,78	65
CO	9,73	65
VE	8,13	66
PE	10,66	65
CL	8,15	71
Promedio	9,09	66,4

Figura 11: longitud promedio de enunciados y densidad léxica

6 Conclusiones

Desde el punto de vista fonético, las telenovelas que se analizaron se circunscriben a dos normas básicas: la alfa (CO, MX), y la beta (CL, PE, VE), con las variantes alfa 1 (MX) y alfa 2 (CO); y beta 1.1, 1.2 y 3 (respectivamente, VE, PE y CL). Es necesario añadir que en la telenovela chilena se escucha con alguna frecuencia la pronunciación [-áo] de la terminación de participio -ado.

El léxico marcado o con filiación es relativamente muy poco desde el punto de vista porcentual. Si se consideran los vocablos, se obtiene un porcentaje de 1.7; en cambio, si se toman en cuenta las ocurrencias de esas voces, el porcentaje baja hasta 0.6. La cantidad mayor de voces con marca aparece en la telenovela chilena, y la menor en la venezolana y la mexicana.

En cuanto a la longitud de los enunciados medida en palabras gráficas, todas las telenovelas utilizan parlamentos muy similares a los de la lengua hablada. En cambio, la densidad de los textos resulta un poco alta, sobre todo en la telenovela chilena. Cabe señalar que, de acuerdo con la telenovela, Chile es el país con mayor individualidad lingüística, tanto por la pronunciación como por el léxico. En esa telenovela, además, pude recoger los únicos ejemplos de morfología que no son de uso general, como *estáis* [ehtái], *vais* [bai], *seguís* [segíh], *sabís* [sabíh], *podís* [podíh] o *hacís* [asíh].

Los resultados de la investigación, en todo caso, confirman las hipótesis planteadas. Las telenovelas difunden una norma internacional estándar. Por eso no resulta inconveniente que los rumanos sigan afirmando sus conocimientos del español mediante sus transmisiones. El espacio audiovisual ofrece no sólo datos gramaticales y fonéticos: también incluye una propuesta pragmática mediante los escenarios y los participantes. Como es de esperarse, quienes pretendan aprender el español mediante ese recurso tendrán que ampliar su vocabulario, pues aparecen muchas voces, sobre todo las referidas a las *pars pudendi*; las palabras consideradas ofensivas o vulgares y otras más. Por supuesto, no podrán evitar aprender frases como *Te quiero*, *Mi vida*, *Un beso para ti*, *No te puedo olvidar*, *Quiero decirte algo más*, *Te extraño*, *Mucha suerte para todos en Rumanía*.

7 Bibliografía

Ávila, Raúl (2009): *De la imprenta a la internet. La lengua española y los medios de comunicación masiva*, 2ª ed., México: El Colegio de México.

Ávila, Raúl (2011): *Diálogos: instrucciones para edición*, México: El Colegio de México, en línea: http://www.colmex.mx/academicos/cell/ravila/index_archivos/page0003.htm (26.09.2011).

Barrón Domínguez, Leticia (2009): *La industria de la telenovela mexicana: procesos de comunicación, documentación y comercialización*, Madrid: Universidad Complutense, en línea:
http://eprints.ucm.es/9584/1/T30988.pdf (09.03.2011).

Clave (1997): *Clave. Diccionario de uso del español actual*, 2ª ed., Madrid: Ediciones SM.

Drae (2001): *Diccionario de la lengua española*, 22ª ed., Madrid: Real Academia Española.

Giurescu, Constantin C./Giurescu, Dinu C. (1979): *Historia de Rumania*, Toluca: Gobierno del Estado de México.

Iordan, Iorgu et al. (1971): *Dictionarul limbii române*, Bucuresti: Academiei Republicii Socialiste România.

Lees (2000): *Lector y escritor. CD ROM idea y diseño de R. Ávila*, México: El Colegio de México/Instituto Nacional para la Educación de los Adultos. [Programa de cómputo].

Macrea, Dimitrie (ed.) (1957): *Dictionarul limbii romîne moderne*, Bucuresti: Institutul de Linguistica.

Mazziotti, Nora (2008): "La telenovela y su hegemonía en Latinoamérica", En: *La Mirada de Telemo, Revista Académica sobre Televisión Peruana y Mundial.* Lima: Pontificia Universidad Católica del Perú, 31 agosto, en línea:
http://revistas.pucp.edu.pe/lamiradadetelemo/node/15 (04.03.2011).

Olariu, Florin-Teodor et al. (2007): "Los atlas lingüísticos rumanos: entre manuscrito y formato electrónico", En: *Revista Española de Lingüística* 37, pp. 215-246.

Orozco, Guillermo (2006): "La telenovela en México: ¿de una expresión cultural a un simple producto para la mercadotecnia?", En: *Comunicación y Sociedad*, 6, julio-diciembre, pp. 11-35, en línea:
http://www.publicaciones.cucsh.udg.mx/pperiod/comsoc/pdf/2006_6/11-35.pdf (10.10.2011).

Patrut, Ioan (1938): *Atlasul lingvistic român*, Cluj: Editura Academiei Republicii Populare Romîne.

Reyes de la Maza, Luis (1999): *Crónica de la telenovela I: México Sentimental*, México: Clío.

Sánchez Villarroel, Jorge (2005): "Análisis y funcionalización pedagógica de la telenovela", En: *Horizontes Educacionales* 10, Bio Bio, pp. 95-106.

Kommunikative Handlungsmuster im Wandel: theoretische und methodische Bausteine ausgelotet anhand der Textsorte Leserbrief

Eva Martha Eckkrammer (Mannheim)

Gabriele Knauer (Berlin)

Prototypical structures of genres arise in precise periods under very particular circumstances, which can be influenced by the exchange between cultures and languages as well as by media change. As a consequence, we propose a theoretical model for approaching generic developments taking into account the historicity and (inter) culturalism as well as the continuous evolution of media and multimodality. We argue that a linguistic approach to these processes involves a careful study of the elements that constitute a genre and the respective discursive traditions in order to demonstrate changes in the profile of a textual genre or to identify its structural and rhetorical core. At the same time we highlight the theoretical and methodological challenges to explain the influence of diversification, mixing and convergence processes in the generic change between convention and innovation as it accelerates in phases of strong media change.

The theoretical reflections are accompanied by an analysis of the textual genre of letters to the editor or letters to the direction which belongs to a well-established genre tradition and which reflects the socio-historical context of its production very clearly (e.g. the system of mass media, the role of editorials, the interaction with readers). Moreover, its textual structure and framework of "originalization" are determined by this context. From a diachronic perspective, changes occur induced by internal factors (e.g. stylistic changes) and external factors, such as profound changes in the political system. Therefore, the contribution analyzes a corpus of parallel texts obtained from the newspaper Neues Deutschland (GDR / FRG) before and after the fall of the Berlin Wall and from the newspaper Granma (Cuba), in which the letters to the editor disappear in the eighties and reappear in 2008. It is assumed that convergences and divergences result from the contrastive analysis of the corpus which are explained both with reference to the concept of culturally determined discursive traditions and with theoretical models of media language (e.g. the filter function by the editorial).

1 Zielstellung

> Der Mehrwert einer kontrastiven Medientextologie, welche von komplex vernetzten, medial unterschiedlich realisierten Textsorten innerhalb bestimmter Kommunikationsbereiche ausgeht und die historische Perspektive nicht nur im Zuge der Textsortengeschichte thematisiert, sondern ihr auch anhand von konkreten Textkorpora nachspürt, liegt [...] auf der Hand (Eckkrammer 2010, 45f.).

Er besteht darin, dass wir aus der Verknüpfung von Sprach-, Kultur- und Medienwandel in einer kontrastiven Perspektive eine neue Qualität von Sprach- und Kulturvergleich erreichen, die in verschiedener Hinsicht klare Orientierungslinien für das Erkennen und die Interpretation sprachlicher und kultureller Kon- und Divergenzen schafft (vgl. Eckkrammer 2010, 48). Dazu gehören u. a. Fragen wie der Erstbeleg einer bestimmten Textsorte in einem spezifischen kommunikativen Handlungsbereich bzw. einer Domäne in den verschiedenen Sprachen und ihre funktionalen Ausprägungen sowie Zusammenhänge mit anderen Textsorten oder Diskurstraditionen im Sinne der Textsorten-Intertextualität. Aus dem Wissen um Textsorten bzw. Diskurstraditionen[1] sowie der Beobachtung ihrer Entwicklungstendenzen aus kontrastiver Sicht kann wiederum der Bezug zur Textproduktion hergestellt werden: Nachdenken über die Variation des Musters (vgl. Luginbühl/Perrin 2011), Bewusstmachen von Individualisierungen in der Textgestaltung im Rahmen der Spielräume des Musters, Spielen mit den

1 Die Abgrenzung von Textsorte und Diskurstradition erfolgt in der Linguistik zumeist anhand einer theoretisch-klassifikatorischen Ebene, in der der taxonomisch zumeist funktional abgesteckte Begriff der Textsorte dominiert und einer historisch beschreibenden Ebene, welche die Verankerung im Bewusstsein der SprecherInnen und SchreiberInnen in den Vordergrund stellt. Damit wird die Traditionsgebundenheit der kommunikativen Handlungsmuster innerhalb der Einzelsprache hervorgehoben und vorzugsweise der Begriff der Diskurstradition eingesetzt, wobei Wilhelm (2001) in seinem konzisen Überblicksartikel die Diskurstradition auf eine übergeordnete Ebene stellt, welche sich je nach Komplexitätsgrad in Diskursuniversen, Text- und Diskursgattungen sowie Formeln manifestiert. Im Bereich der Text- und Diskursgattungen findet sich jene Ebene, welche Gegenstand der vorliegenden Betrachtung ist, wobei aus unserer Sicht die texsortenlinguistische Forschung in Deutschland – unabhängig von der verwendeten Begrifflichkeit – stets eine starke Anbindung an konkrete historische Kontexte aufgewiesen hat. Der von Koch (1988) geprägte 1997 theoretisch elaborierte Begriff der Diskurstradition eröffnet zahlreiche Anknüpfungspunkte in die Diskurslinguistik, wird jedoch terminologisch nur in wenigen Sprachräumen aufgegriffen (u.a. Brasilien, Argentinien, Spanien, Japan, cf. Kabatek 2011). In der anglophonen Genre-Forschung hat sich bisher keine vergleichbare Dichotomie entwickelt. Generizität wird dadurch auf kulturell fest verwurzelte sprachliche Handlungstraditionen projiziert. In diesem Sinne werden beide Begrifflichkeiten im vorliegenden Beitrag komplementär benutzt.

Mustern, Herstellen intertextueller Bezüge (z.B. Parodien schreiben, vgl. Kessler 2009, 105). Die kreative Variation oder Originalisierung sind als Stilverfahren fest etabliert, wobei die Abweichung vom Muster – wohlweislich in festgeschriebenen Maßen – für viele Textsorten ebenso obligatorisch ist wie deren Einhaltung (z.B. bei Werbetexten). Dadurch entsteht erst die Attraktivität des Einzeltextes, welche die Leserschaft zur Rezeption des Textes animiert. AutorInnen stellen ihr Können, wie Luginbühl/Perrin (2011, 7) betonen, oftmals gerade durch ihren kreativen Umgang mit dem Muster unter Beweis, eine Tendenz, die sich durch den aktuellen Medienwechsel noch verstärkt (cf. die Befunde zur Postkartenkommunikation oder Fernsehnachrichten im Band von Luginbühl/Perrin 2011). Dieser Umstand gilt für professionelle SchreiberInnen ebenso wie für Laien, z.B. VerfasserInnen von Leserbriefen, Forenbeiträgen, Online-Hotelbewertungen, wobei die Musterhaftigkeit des Textes und dessen kreative Variation unter Zugrundelegung des erwartbaren Professionalisierungsmaßes der VerfasserInnen bei der Bewertung von textueller Authentizität zweifellos eine zentrale Rolle spielt.[2] Die Dynamik und Fluidität von Textsorten lässt sich damit am besten kontrastiv-sprachvergleichend innerhalb eines intertextuellen Kontinuums greifbar machen. Dadurch wird einerseits dem Textualitätskriterium der Kulturalität Rechnung getragen (vgl. Fix/Poethe/Yos 2001) und andererseits die Vernetzung von Diskurstraditionen im historischen Raum (Historizität) innerhalb eines jeweils sprachspezifischen Textsortenrepertoires oder Textsortennetzes (cf. Adamzik 2011; Klein 2000) ins Kalkül gezogen.

Der hohe Grad an Komplexität der bisher skizzierten Herangehensweise erfordert neben einem theoretischen Gerüst auch eine entsprechende materielle Basis, ein Korpus mit tatsächlich geäußerten Textdaten in strukturierter Form. Auf diese Weise ist sowohl der von der Pragmatik zugänglich gemachte Handlungsspielraum und damit der handlungstheoretische Hintergrund von Sprache im kommunikativen Alltag berücksichtigt als auch – bei relevanten Korpusgrößen – das Konventionelle der kommunikativen Handlungsmuster. Der Zugang zu Textdaten wächst durch die aktuellen Digitalisierungstendenzen stetig (digitale Bibliotheken, Online-Archive etc.). Für historische Textstadien besteht allerdings oftmals nach wie vor ein großer Erschließungsaufwand. Die Archiv-

2 Angesichts des aktuellen Medienwechsels sieht sich die Textlinguistik mit Blick auf das Thema der textuellen Authentizität mit neuen Herausforderungen konfrontiert, welche es vor allem unter Einbeziehung kommunikationswissenschaftlicher Erkenntnisse und Methoden, z.B. zur Generierung von Vertrauen (cf. u. a. Kohring 2004), zu erschließen gilt.

lage[3] und die Ergebnisse bisheriger medienhistorischer Untersuchungen im Falle des Massenmediums „Zeitung" – häufig in einer europäischen bzw. internationalen Perspektive – bieten zweifelsohne die besten Voraussetzungen, weshalb die Zeitung hier auch als Ausgangspunkt für die theoretische Modellierung dient.

In der Folge handeln wir zunächst die wichtigsten theoretisch-methodischen Bausteine für eine kontrastiv ausgerichtete Analyse des Sprach-, Kultur- und Medienwandels auf der Basis von Textsorten ab (vgl. 2). Dabei wird insbesondere auf sprach- und medienübergreifende Herausforderungen sowie das Problem der historisch-diachronischen Sichtung eingegangen und versucht, in einem zweiten Schritt die Modelle auf den Gegenstandsbereich des Leserbriefs anzuwenden. In Abschnitt 3 rückt dieser dann in den Fokus der Beobachtungen, um bezogen auf die gewählten Kulturräume und Zeitungen die Textsortenpragmatik sowie textuelle Kon- und Divergenzen zu erschließen. Dabei tritt – nicht zuletzt in Anbetracht der sehr spezifischen politischen Kontextualisierung – die Frage nach Brüchen und Neuorientierungen in den diskurstraditionellen Ketten kontrastiv auf den Plan, welche wir im Ausblick als zentral für weitere Forschungen extrapolieren.

2 Theoretische und methodische Bausteine für die kontrastive Analyse

> Texte bzw. Textsorten sind nur verständlich und erklärbar im Zusammenhang mit den Menschen, die sie hervorbringen und nutzen. Veränderungen im zivilisatorischen Entwicklungsstand der Gesellschaft, politische und ideologische Umbrüche haben mit Notwendigkeit die Möglichkeiten und Formen der Kommunikation verändert. Die sich verändernden kommunikativen Bedürfnisse einer Gesellschaft bestimmen entscheidend das Inventar der notwendigen typischen Formen der Kommunikation. Textsorten sind somit eine zutiefst historische Kategorie (Krause 2000a, 48).

Bereits dieses Eingangszitat verdeutlicht, dass Textsorten innerhalb einzelner Sprachkulturen entstehen, wenn dazu ein sozialer Bedarf besteht. Sie formen in den jeweiligen Kulturen Diskurstraditionen aus, welche zumeist auf vorhandenen diskursiven Mustern aufbauen und als Grundbedingung menschlicher Interaktion zu sehen sind. Damit ist gerade mit Blick auf den Erstbeleg bzw. frühe Belege einer Textsorte eine textsortengenetische Kontextanalyse unabdingbar. Diese verweist vielfach auf die Multifunktionalität von Textsorten in histori-

3 Vgl. für das Spanische z.B. die *Biblioteca Virtual de Prensa Histórica* (*http://www.mcu.es*).

schen Kontexten sowie komplexe Ausfaltungs-, Mischungs- und Konvergenzprozesse (vgl. Koch 1997) in der Etablierung der einzelnen, in ihrer ästhetisch-narrativen Qualität unverwechselbaren Diskurstradition. Ein erster Schritt gilt damit ein solides Fundament in der Pragmatik zu schaffen und der Sach-, Fach-, Kommunikations-, Medien- und Kulturgeschichte mehr Raum einzuräumen.

Im zweiten Schritt heißt es die Kulturalität von Textsorten, ein Kriterium, das vor allem Ulla Fix in die Diskussion eingebracht hat (vgl. Fix/Poethe/Yos 2001), binnenkulturell aber auch kulturenübergreifend als Interkulturalität zu erschließen. Die Textsorte wird dabei als kulturelles und gleichermaßen interkulturelles Konstrukt betrachtet, welche eine Genese *ex nihilo* in der Regel nicht zulässt. Vielmehr wird v.a. im Mittelalter und der frühen Neuzeit entlang antiker und/ oder mittellateinischer Vorbilder, mächtiger paradigmatischer Matrizes, aber auch anhand von Kultur- und Domänenspezifika operiert. Die Intensität ihrer Wirkungsrichtung ist dabei, wie Gaberell (2000, 126) betont, von den soziokulturellen Strömungen der Epoche und Moden abhängig. Textsorten wandern ganz oder partiell von einer Kultur zur anderen, beeinflussen sich über Sprachgrenzen hinweg und nehmen neue Formen an. Gerade in der frühen Phase der Vernakularisierung der europäischen Kulturen sind die konkreten Textualisierungen kommunikativer Handlungen (z.B. der Gerichtsbarkeit oder erstarkenden Wissenschaft) nur vor dem Hintergrund der distanzsprachlichen Vorbilder verständlich. Die Historizität von Textsorten liegt damit auf der Hand und verdient vor allem mit Blick auf den Wandel „im Spannungsfeld von Konvention und Innovation“ (Koch 1997, 61) eine genauere Betrachtung.

Auf der Ebene des Medialen ist ein dritter Schritt zu setzen, der zunächst zwischen fundamentalen Phasen des Medienwechsels, in denen die zentralen Dispositive der Sinngebung sich verändern (z.B. beim Schritt von der Mündlichkeit zur Schriftlichkeit oder vom Manuskript zum Buch) und konstantem medialen Wandel unterscheidet. Auch der Medienwechsel beansprucht beachtliche Zeiträume, z.B. werden drei Jahrhunderte für die Typographisierung der Kulturen nach Gutenberg angesetzt. In welcher medialen Realisierung kommunikative Handlungen transportiert werden und Muster entwickeln unterliegt in diesen Phasen Veränderungen. So berichteten in der frühen Neuzeit Leichenfrauen, Leichenbitter oder Küster bei ihrem Gang von Haus zu Haus vom Ableben eines Menschen. Selbst im 19. Jahrhundert gilt es in vielen sprachkulturellen Kontexten noch als unschicklich, private Vorkommnisse öffentlich anzuzeigen, wenngleich auch im deutschsprachigen Raum bereits im 18. Jahrhundert die ersten öffentlichen Todesanzeigen erscheinen (vgl. Eckkramer 1996). Wandern die Sprachhandlungen aus der Mündlichkeit in die Schriftlichkeit, so werden Versprachlichungen oftmals mit übernommen und zu musterhaften

Formeln, die sich im medial schriftlichen Bereich gleichermaßen weiterentwickeln, z.B. durch allgemeine sprachinterne Veränderungen – z.B. in der Morphosyntax (etwa den Anredeformen) oder in der Lexis – oder aber durch Moden, die ihre Wurzeln auch in anderen Kulturen haben können (z.B. französische Diskursmuster im 18. Jahrhundert). Fest steht, dass jeder Wechsel in ein neues Medium längerfristig eine Variation des Musters nach sich zieht, wobei zunächst noch gerne die konventionalisierten Muster repliziert werden und erst nach und nach die Möglichkeiten des neuen – heute zumeist digitalen – Mediums ausgelotet und ausgereizt werden (dies lässt sich etwa anhand einer intermedialen Beobachtungen zur Textsorte Kontaktanzeige feststellen, vgl. Eckkrammer 2012). Erst dann verzweigen sich die Muster und bringen mitunter neue kommunikative Handlungsmuster hervor. Handlungstheoretisch *ad extremum* geführt wäre nicht nur die Sprachgeschichte, sondern auch die Geschichte der Medien als Geschichte kommunikativer Handlungsmuster zu erzählen.

Neben der intermedialen Ebene der Textsortenentwicklung gilt es in einem vierten Schritt die multimodale Ebene zu erwähnen. Denn Textsortentraditionen konstituieren sich nicht nur sprachlich, sondern seit Anbeginn auch anhand der mit der Sprache über das Design[4] verzahnten typo- und topographischen Oberfläche, des unbewegten oder bewegten Bildmaterials und der Farb- bzw. Tongebung in audiovisuellen Medien (ausführlich dazu vgl. Diekmannshenke/ Klemm/Stöckl 2011). Verschiedene Darstellungsmodalitäten greifen ineinander, wobei gerade die non-verbale Semiotik bei vielen Textsorten eine rasche Wiedererkennung als diskurstraditionell verankertes Exemplar erlaubt (vgl. die prompte Inferenzleistung bei der Todesanzeige anhand des schwarzen Randes).

Im nächsten Schritt erscheint nunmehr der Baustein der Textsorten-Intertextualität[5] von Belang, der etwa den Leserbrief als journalistische Brieftextsorte begreifen würde, welche einerseits aus dem Repertoire der diskursiven Praktiken des Journalismus und den dort verorteten Diskurstraditionen schöpft, andererseits aber auch als spezifische Form öffentlicher Epistolographie zu charakterisieren ist. Von der textsemiotischen Makroebene bis hinein in grammatisch-rhetorische Merkmale lassen sich auf dieser Ebene etwa Übernahme er-

4 Wir greifen hier auf die Sehflächenforschung von Schmitz (u. a. 2011) zurück, welche das Design als jenen Faktor kategorisiert, der den Zusammenhalt und vielfach auch den Sinnzusammenhang zwischen den piktorialen und verbalen Elementen eines Texts herstellt.

5 Krause (2000b) unterscheidet zwischen deiktischer, kooperativer, transformierender, inkorporierender und translatorischer Intertextualität, welche stets auch eine sprachgrenzenüberschreitende Dimension aufweisen kann.

probter Strukturen und Muster in neue Kontexte feststellen (z.B. Grußformeln), welche in der Textsortentwicklung sowohl Rückgriffe auf Bekanntes innerhalb als auch außerhalb der eigenen Kultur nachweisen lassen. Ebenso hier angesiedelt ist die noch zu schreibende Geschichte des Textsortenrepertoires des Interaktionsfeldes (hier z.B. des Massenmediums Zeitung) bzw. die Geschichte von eng verwandten Textsorten in Verbünden (vgl. Klein 2000).

Bevor wir im letzten Schritt der Historizität von Textsorten noch entsprechend Raum widmen, sei an sechster Stelle auf einen Baustein verwiesen, der das sozio-kommunikative Handlungsfeld fokussiert: die Textsorten-Diskursivität. Betrachten wir mit Fix (2008, 231ff.) Kommunikationskultur als Kultur des Umgangs mit Sprache und Freiräume kommunikativen Handelns sowie Handlungsmöglichkeiten als Bedingungen für Text- und Stilmusterwandel, dann zeigt sich die Notwendigkeit, die jeweiligen kommunikativen Handlungsmuster klar in einem Diskursuniversum zu verankern. Im vorliegenden Fall wäre es etwa in Anlehnung an Wilhelm (2001, 468) jenes des „Alltags“ und dort wiederum jenes der öffentlichen Meinungsäußerung in der Presse. Dass die einzelnen Diskursuniversen in den diversen Sprachkulturen keine Selbstverständlichkeit sind, sondern erst nach und nach dynamisch wachsen, zeigen nicht nur die Überlegungen zur Ausgliederung derselben, die bereits mit Schlieben-Lange (1983) beginnen, sondern vor allem ein vorgreifender Blick auf die Absenz bzw. Präsenz der Textsorte Leserbrief in der kubanischen Zeitung Granma, d.h. einer Kultur, in der durch die Absenz von Pressefreiheit eben dieses Diskursuniversum in seiner Ausformung gebremst wurde. Die Absenz eines entsprechenden Gattungsspektrums lässt sich damit anhand der Textsorten-Diskursivität erklären. Diskurse verfügen zudem über zwei grundlegende Aspekte, die in der Kritischen Diskursanalyse nahezu ausgeblendet werden: Historizität und Kulturgebundenheit (vgl. Warnke/Spitzmüller (2008, 21). Während der Aspekt der Kulturgebundenheit bereits als Baustein in den Raum gestellt wurde, gilt es zuletzt die Relevanz der Historizität von Textsorten hervorzuheben und anhand der Textsorten-Veränderungsmatrix von Gaberell (2000, 170) zu skizzieren.

Der Autor nennt zunächst eine Reihe von Problemlagen für die Beobachtung des Textsortenwandels und der dadurch möglichen Pragmatisierung des Sprachwandels. Für den vorliegenden Kontext gilt es neben der geringen Greifbarkeit historischer Textsortenwandelphänomene und historischer Texttypologien vor allem die Alterität kommunikativer Haushalter historischer Stadien zu nennen. Bereits die Arbeit von Fix (2008) zu Leserbriefen vor und nach der Wende, d.h. in der relativ gut erschließbaren neueren Geschichte, zeigt, dass ein umfassendes Erschließen der Erlebens- und Gefühlswelt früherer TextproduzentInnen oder LeserInnen, einen beträchtlichen Aufwand bedeutet.[6]

> Man muss die Spezifik politischer Leserbriefe in der DDR kennen, um ermessen zu können, welcher Aufwand an Dynamik und Individualität nötig war, um die Grenzen der alten Textsorte zu durchbrechen (Fix 2008, 273).

Die konkrete Motivation für Wandelphänomene festzumachen bleibt auch angesichts des meist mehrdimensionalen Verlaufs der Textsortengeschichte ein komplexes Unterfangen: inwieweit kommen eigenkulturelle oder fremdkulturelle Einflüsse zum Zug oder werden Hybride, z.B. durch Übersetzung, Nachahmung, Vorbildwirkung oder durch partielle Wiederbelebung obsolet gewordener Gattungen, hervorgebracht. Die genaue Zuordnung fällt oftmals schwer. Dennoch macht Gaberell (2000, 169) einen praktikablen Vorschlag, um Textsortenwandel analysierbar zu machen. Zunächst kann ein Weiterbestehen (unverändert, teilweise oder vollständig modifiziert), eine Neuentstehung (durch verselbständigende oder verunselbständigende Ablösung, Innovation oder Diversifikation) oder das Aussterben von Textsorten konstatiert werden. Der darin enthaltene Wandel kann in der Folge nach dem Frageschema was, woher/wie und warum in eine Matrix gefasst werden, die bei der Frage „Was" nach der Bezeichnung, des Inhalts, der Form und Funktion der Textsorte beginnt. Die Auslöser des Wandels können anschließend ganz oder partiell der eigenen oder einer fremden Kultur zugeschrieben werden oder unbekannter Genese sein. Im Kontext des „Warum" wird dann zuletzt nach der Situation und Intention gefragt. Auf diese Weise entsteht ein erster Blick auf die Veränderungen und deren Ursachen, welche vor allem unter Berücksichtigung der zuvor genannten Bausteine lohnenswert erscheint.

Zielrichtung der Anwendung des geschilderten Baustein-Ansatzes ist ein klares Bekenntnis, Sprachwandel als Wandel kommunikativer Handlungsmuster aufzufassen, Kulturwandel auch als Wandel in der Wissensvermittlung und -aneignung (z. B. Aufklärung) zu sehen und Medienwandel als Ursache und Resultat von technologischen Entwicklungsprozessen und sozialen Anpassungen, die auf die Bedingungen privater und institutioneller Kommunikation einwirken und damit die Muster kommunikativer Handlungen (Kommunikationsformen aber auch Textsorten) beeinflussen. Prioritär ist dabei niemals die Analyse der Form als solcher, wie Marchuschi (2011) betont:

6 Vgl. hierzu auch die aufschlussreiche Arbeit von Bos (1993).

> Não é prioritária a análise da forma como tal nem da estrutura e sim da organização e das ações sociais desenvolvidas, bem como dos atos retóricos praticados (Marchuschi 2011, 30).

Vielmehr stehen die Organisation des sozialen Handelns im Mittelpunkt und die daran gekettete Rhetorik. Hier schließt sich der Kreis zum Beginn dieses Abschnitts, der sich für die textsortengenerische Kontextanalyse stark macht.

Wichtige Hinweise für die konkrete Modellierung einer entsprechenden Analyse-Matrix liefert Burger (2005, 32-63), der aus medienlinguistischer Sicht Kriterien (für deutsche Medientexte) zusammenstellt, die auch als Ausgangspunkt für eine systematische kontrastive Untersuchung dienen können, z.B. Merkmale, Rezeption und Struktur der Zeitung, externe Bedingungen (Autoren, Schreiborte, Übermittlungswege, Informationsgewinnung), thematische und sprachliche Aspekte (Einflüsse der Kanzleisprache, Juristensprache, Sprache des Handels, der Literatur), Form der Redewiedergabe, thematische Überschriften im Sinne von Schlagzeilen, unterhaltende Beiträge (Unterhaltungsfunktion per se, *soft news*, *spot news*[7]), Information und Meinungsbildung (bewertende Elemente, Kommentare entwickeln sich zu eigener Textsorte und parallel dazu auch Leserbriefe), stilistische Vorbilder und Veränderungen in der Stilistik (Verkürzung) sowie Veränderungen der Autorenschaft (heraus aus der Anonymität). Diese hier nur sehr kursorisch genannten Analyseoptionen führen nur zu einem ausschnitthaften analytischen Bild, so dass sich das Hinzuziehen des mehrdimensionalen DIMEAN-Modells von Warnke/Spitzmüller (2008) empfiehlt, das diskurslinguistisch ausgerichtet ist und auf Prinzipien und Verfahren der Text-, Diskurs- und Medienlinguistik basiert.

Auf der intratextuellen Analyseebene wird eine text-, eine propositions- und eine wortorientierte Analyse vorgeschlagen. Im textanalytischen Kontext arbeitet sich das Modell von der visuellen Textstruktur (Layout, Typographie etc.) zur Meso- und Makrostruktur (Themenentfaltung, Textfunktionen, Textsorte, Textmuster etc.) vor, wohingegen die klassischen mikrostrukturellen Bereiche der Syntax, Rhetorik oder Metaphorik im propositionalen Bereich angesiedelt werden. Auf der Wortebene gilt es nach Komplexitätsgraden verschiedene Verbindungen (appellativisch und onymisch) zu analysieren (z.B. Schlüssel- und Stigmawörter). Warnke/Spitzmüller (2008) kann Folge geleistet werden, wenn sie als Ausgangspunkt der Analyse zunächst einzelne Texte aus einem periodisch strukturierten Korpus, vorzugsweise aus verschiedenen Perioden bzw. historischen Kontexten vorschlagen. Ziel ist im Unterschied zu diskursanalytischen

---

7 Derartige Beiträge enthalten bereits typische Merkmale einer Reportage bzw. eines Augenzeugenberichts im Unterschied zur Nachrichtenperspektive (Burger 2005, 46f.).

Ansätzen die Erfassung universeller und kontextabhängiger Merkmale der einzelnen Textsorten, in unserem Fall des Leserbriefes.

An zweiter Stelle ist – dem handlungstheoretischen Anspruch begegnend – den Akteuren analytisch Tribut zu zollen, so dass bei DIMEAN der Interaktionskontext (Kultur- und Kommunikationsraum, sozialer Wandel, redaktionelles Marketing), die Interaktionsrollen (AutorInnen, AdressatInnen) und die Interaktionspositionen (z.B. sozialer Status) ebenso unter die Lupe genommen werden sollen wie die Medialität (Medium, Kommunikationsform, -bereich und Textmuster) und der Text-Diskurs-Filter (z.B. Text-Diskursivität, Diskursprägung und -status). Der Interaktionskontext bezieht sich auf die äußeren Bedingungen, unter denen die Akteure handeln. Für die Entstehung der publizistischen Medien spielt hier etwa die europäische Reformbewegung der Aufklärung im 18. Jh. eine wichtige Rolle (vgl. 3). Die Benennung von ProduzentIn, Medium und RezipientIn (Interaktionsrollen) wird zum festen Bestandteil der linguistischen Untersuchung von Einzeltexten. Produktions- und Rezeptionspositionen können vielfach besetzt sein, so dass traditionelle Modelle zur Beschreibung von Interaktionsrollen nicht immer geeignet sind, die Komplexität des Akteursfeldes zu erfassen. Die AkteurInnen handeln innerhalb einer Kommunikationsgemeinschaft als Mitglieder gesellschaftlicher Gruppen mit bestimmten Interessen und Intentionen, nehmen demzufolge bestimmte Interaktionspositionen ein. Im Falle des Leserbriefes ist wichtig, dass sich zentrale Akteure in der an eine bestimmte Zeitung gebundenen Kommunikationsgemeinschaft (ProduzentInnen und LeserInnen) „Gehör“ verschaffen. Dies hängt grundsätzlich von den sprachlichen Ressourcen, dem sozialen Status und den Zugangsmöglichkeiten zu den Kommunikationsbereichen und Medien dieser Akteure ab. Sie bewegen sich sprachlich dabei in einem Kontinuum zwischen Experten- und Laienkommunikation sowie funktionaler Varietäten. MedienlinguistInnen verwenden einen weiten und einen engen (zumeist technisch konturierten) Medienbegriff, der gerne mit einem massenmedial-publizistischen gekoppelt wird (Medium als öffentlich bedeutsames Kommunikationsangebot, das unter ökonomischen Bedingungen hergestellt und veröffentlicht wird, vgl. (vgl. Burger 2005, Lüger/Lenk 2008, Perrin 2006). Der Begriff des publizistischen Mediums ist in seiner gesellschaftspolitischen, wirtschaftlichen und kommunikativen Dimension wesentlich konkreter.

Kommunikationsformen sind hingegen „Arten und Weisen der Kommunikation, die durch spezifische situative und mediale Merkmale gekennzeichnet sind“ (Warnke/Spitzmüller 2008, 37): monologisch vs. dialogisch, phonisch vs. graphisch, synchron vs. asynchron, distanzsprachlich vs. nähesprachlich sowie die Unterscheidung einer medialen und konzeptionellen Ebene und die stilistischen Register bzw. Varietäten Standardsprache, Fachsprache, Sondersprache,

Bildungssprache usw. Medium und Kommunikationsform bedingen bestimmte Textsorten mit spezifischen medialen, formalen und funktionalen Eigenschaften (z.B. universitäre Chat-Sprechstunden). Textmuster sind hingegen typisierte und konventionalisierte Handlungsroutinen von TextproduzentInnen, die auf ein entsprechendes Textmusterwissen zurückgreifen, d.h. spezifische textsemiotische und sprachliche Ressourcen. Wenn jeder Text prinzipiell diskursiv geprägt ist, weil kein Text ohne Bezugnahme auf andere Texte realisiert wird, wie der diskurslinguistische Intertextualitätsbegriff ansetzt, dann steht aus einer textlinguistischen Perspektive mit dem Ziel der Beschreibung des Textsortenwandels die Frage im Vordergrund, wie sich dies auf der intratextuellen Ebene in Verbindung mit den AkteurInnen auswirkt.

Die transtextuelle Ebene von Warnke und Spitzmüller (2008) verdeutlicht wiederum in erster Linie die korpusorientierte und diachronische Ausrichtung der Analyse, bei der es nicht um Relationen im Sinne von diskursprägenden Aussagefolgen mit dem Ziel der Identifizierung von Ideologien bzw. Mentalitäten[8] geht, sondern um die Rolle von Textrelationen im Prozess der Genese und Ausdifferenzierung sowie des Wandels von Textsorten in bestimmten Kommunikationsbereichen der Gesellschaft (hier: öffentliche Kommunikation). Somit wird stärker als in der Textlinguistik üblich, der Bezug zwischen intratextuellen und extratextuellen Gegebenheiten hergestellt, jedoch immer im Hinblick auf die sprachlich-visuellen Veränderungen der betreffenden Textsorten. In der Zusammenschau ergibt sich eine praktikable Gesamtmatrix, bei der jedoch angesichts der Fülle an analytischen Komponenten Schwerpunktsetzungen in der konkreten Analysearbeit unabdingbar sind (vgl. Warnke/Spitzmüller 2008, 44).

Auf der Grundlage des extrapolierten DIMEAN-Modells von Warnke/Spitzmüller (2008) sollen nunmehr einige Überlegungen zur Textsorte Leserbrief erfolgen, welche den kontrastiven Vergleich auf zwei Ebenen verortet: dem intra- und intersprachlichen Vergleich mit den Sprachen Deutsch und Spanisch.

3 Zur Pragmatik und Entwicklung des Leserbriefs

Leserbriefe sind diskurstraditionell der Epistolographie zuzurechnen und repräsentieren eine öffentliche Brieftextsorte, über die eine individuelle zumeist kritische Meinungsäußerung eines/r heute in der Regel namentlich firmierenden Lai-

---

8 Auch Diskurse zeichnen sich durch Historizität aus, die aber ebenfalls mit der Aussagenebene im Zusammenhang steht (vgl. Warnke/Spitzmüller 2008, 42).

enkommunikators/in in einem Presseorgan erfolgt.[9] Die Selektion und Bearbeitung von Leserbriefen für die Veröffentlichung obliegt der Redaktion des jeweiligen Presseorgans, so dass von einer Schleusenfunktion bzw. einem mehr oder minder zensierenden Korrektiv auszugehen ist. Punktuell manifestieren sich auch „redaktionelle" bzw. „fiktive" Leserbriefe, die darauf abzielen bestimmte Themen im öffentlichen Diskurs zu platzieren (vgl. auch die Definition bei Mlitz 2008, 106). Der Leserbrief ist damit an Periodika des öffentlichen Diskurses gekettet, insbesondere Zeitungen und Zeitschriften. Diese wiederum entstehen aus dem Buch, weisen hinsichtlich der Produktion und Rezeption jedoch Kurzlebigkeit auf.

> Während Bücher in mühevoller Formulierungsarbeit, in verschiedenen Phasen der Planung und Realisierung zustande kommen, wird der Journalist zum Inbegriff des ‚Schnellschreibers', desjenigen, der ein Produkt verfertigt, das explizit für einmaligen Gebrauch bestimmt ist (Burger 2005, 56).

Aus interaktionaler Perspektive treffen wir in der Textsorte Leserbrief in der Regel auf ein Beziehungsnetz zwischen Zeitungsredaktion, AutorInnen von Artikeln und ZeitungsleserInnen, die interagieren und punktuell als VerfasserInnen von Leserbriefen in Aktion treten. Der Wechsel in die Autorenrolle bedingt interaktionale Beziehungen zu allen drei Gruppen: Redaktion, AutorInnen anderer Artikel sowie der Leserschaft im Allgemeinen. Die Bezugnahme auf einen journalistischen Beitrag, der in der Zeitung zuvor erschienen ist, bleibt dabei fakultativ, da Leserbriefe auch losgelöst von bereits publizierten Zeitungsinhalten gesellschaftlich relevante aber auch private Themen diskutieren, kommentieren oder anprangern können.

Die Zeitungsredaktion und das Redaktionsmitglied als Individuum fungieren als Torwächter, welche nach der Leserschaft unzugänglichen Kriterien aus den einlangenden Leserbriefen jene auswählen, die in eine der folgenden Ausgaben aufgenommen werden (zum *Gatekeeping* in der Nachrichtenforschung vgl. Schulz 1976 und zahlreiche Studien im Anschluss an diese Arbeit). Welche Art von Selektionskriterien und –beschränkungen (z.B. hinsichtlich des Textvolumens, Schreibstils oder der Themenstellung) dabei greifen, wird von der Redaktion und auf der darüber liegenden Ebene des jeweiligen Mediensystems bestimmt. Zur genauen Schleusenwirkung der Redaktionen – etwa welcher Prozentsatz an eingehenden Leserbriefen, in welcher Themenauswahl bzw. konkreten Form (Grad der Kürzung) publiziert wird – liegen nur selten verlässliche Da-

9 Nur in sehr speziellen Fällen kann der Verfasser oder die Verfasserin heute in der publizierten Version anonym bleiben, nicht jedoch gegenüber der Redaktion (vgl. Floskeln wie *Name ist der Redaktion bekannt*).

ten vor.[10] Leserbriefe können inhaltlich Konsens oder Dissens mit früher publizierten Inhalten transportieren, neue Inhalte einbringen oder Missstände anprangern oder auch das Blatt im Allgemeinen loben oder kritisieren. Sie bewirken punktuell Dialogketten durch das Erscheinen von Repliken-Leserbriefen, die aus der Feder der Redaktion, der Leserschaft oder involvierter Instanzen stammen. Die Bedeutung der Textsorte liegt im journalistischen Diskurs vor allem in ihrer Rückmeldungsfunktion, d.h. sie dient – wie Lebsanft (1990, 15) hervorhebt – als Prüfstein im Dialog zwischen Leserschaft und Redaktion. Bleiben die Leserbriefe aus, endet die Interaktion mit den LeserInnen, was das Schicksal eines Blattes, so dieses den regulären, ökonomischen Prämissen des Zeitungsmarktes unterliegt, in der Regel besiegelt.

Die Textsorte ist asynchron, wobei eine rezente intermediale Arbeit zum Wandel des *Courrier des lecteurs* zum Online-Pendant *Réagissez* der Zeitung Le Monde aufzeigt, dass sich derzeit, nicht zuletzt durch eine Reduktion des zeitlichen Reaktionsrahmens, eine Online-Variante des Leserbriefs mit wesentlich geringerem Planungsgrad, d.h. größerer Spontaneität und konzeptionell mündlichen Versprachlichungsmustern herausbildet (vgl. Hammer 2012). Werfen wir jedoch zunächst einen genaueren Blick auf die Genese und Entwicklung der Textsorte – mit besonderem Augenmerk auf germano- und hispanophonen Sprachkulturen.

Die Wurzeln des Leserbriefs finden sich – wie Mlitz (2008, 132ff.) herausarbeitet – im Moraljournalismus des 18. Jahrhundert. Vor allem die beherrschende periodische Gattung der Moralischen Wochenschriften, die sich von England aus (dort bezeichnet man die teilweise mehrmals wöchentlich erscheinenden Blätter als *Periodical Essays*, vgl. Ertler 2012) in vielen europäischen Ländern etabliert hat und sich bei einem vorwiegend bürgerlichen Publikum großer Beliebtheit erfreut, räumt der Textsorte einen zentralen Stellenwert ein (vgl. die schematische Darstellung bei Ertler 2003, 45 bzw. allgemeiner Jüttner 2008).[11]

---

10 Lebsanft (1990, 16) erwähnt, dass Cebrián als Chefredakteur des El País zwischen 1976 und 1980 einhunderttausend Leserbriefe erhält, von denen viertausend veröffentlicht werden. Diese Ratio muss allerdings angesichts der spezifischen Situation Spaniens zu diesem Zeitpunkt als nicht übertragbar betrachtet werden, kann jedoch als interessante Vergleichsgrundlage für Kubas Granma dienen (vgl. 5).

11 In Spanien entwickeln sich die Moralischen Wochenschriften erst im Zuge der Gegenreformation in den sechziger Jahren des 18. Jahrhundert (vgl. die umfassende literaturwissenschaftliche Arbeit zu El Pensador von Ertler 2003).

Die Moralischen Wochenschriften, die eine fiktive Person als HerausgeberIn und AutorIn einsetzen, nutzen den Leserbrief zur Vermittlung aufklärerischer und erzieherischer Ziele in der Tradition des Ratgeberjournalismus, d.h. die Leserbriefe sind zunächst ausschließlich redaktionell erstellt literarische Formen und damit aus der heutigen Perspektive fiktiver Natur. Die Moralischen Wochenschriften orientieren sich im 18. Jahrhundert nicht an tagespolitischen Themen, sondern thematisieren vielmehr moralische und philosophische Grundfragen. Als diskurstraditionelle Stilvorbilder der *Periodical Essays* gelten literarische Formen der italienischen Klassik und des spanischen Goldenen Zeitalters, wobei die Zeitschriften sich eines „ausgeklügelten fiktionalen Kommunikationsmodells" (Ertler 2003, 217) bedienen, das in der jesuitischen Didaktik fußt und eine Remodellierung spätbarocker Rhetorik auf neue Formen propagiert (vgl. Ertler 2003). Im weiteren Verlauf werden – auch in Konkurrenz mit der erstarkenden Presse – die LeserInnen der Moralischen Wochenschriften zunehmend zur Meinungsäußerung angeregt, d.h. aufgefordert eigene Beiträge einzusenden. Redaktionell-fiktive, vielfach deutlich durch Eigenwerbung und Zensurabwehr geprägte Leserbriefe, beginnen damit mit realen Einsendungen zu koexistieren. Eine Öffentlichkeit entsteht, welche im 19. Jahrhundert den laienkommunikativen Stimmen in der Presse einen festen, textsortenlinguistisch ausdifferenzierten Platz zuschreibt (vgl. Mlitz 2008, 130). Stilistisch ist der Leserbrief, wie auch Hrbek (1995) in ihrer Arbeit hervorhebt, selbst im 19. Jahrhundert teilweise noch der im Bildungswesen stark präsenten antiken Rhetorik verpflichtet (vgl. die ersten Leserbriefe in der Gazzeta di Mantova, der ältesten noch bestehenden Zeitung Italiens, im Jahr 1866, vgl. Hrbek 1995).

Vorteil des Leserbriefs ist, dass er die Äußerung individueller Einstellungen, Gefühle, Vermutungen oder Bewertungen erlaubt. Sprachlich kollidieren die Traditionen der antiken Rhetorik und der klassischen literarischen Vorbilder ab der Wende vom 18. zum 19. Jahrhundert mit einer zunehmenden Professionalisierung des Journalismus, die auf den Sprachstil Auswirkungen zeigt (v.a. Verkürzungen). Zudem beobachten wir vor allem in den vierziger Jahren des 19. Jahrhunderts in weiten Teilen des deutschen Sprachraums einen Übergang von der Informations- zur Meinungspresse, welche durch eine Lockerung der Zensur möglich wird (vgl. Püschel 1993, 1995). Eine klare Trennung zwischen (externen) Texten und redaktionellen Beiträgen bleibt weitgehend bestehen, wenngleich die AutorInnen meist anonym bleiben. Vorbehalte gegenüber einer unzensierten Presse sind offensichtlich (vgl. Püschel 1993). In beiden Typen des Leserbriefs dominieren jedoch ein elaborierter Wortschatz, eine ausgefeilte Syntax und eine „blühende Metaphorik" (vgl. Püschel 1993, 84 bzw. zusammenfassend Burger 2005, 49). Die Aufhebung der Anonymität der AutorInnen erfolgt zunächst in Frankreich, dann auch in anderen europäischen Ländern und bewirkt auch beim Leserbrief ein Erstarken der auktorialen Präsenz sowie eine beginnende Intertextualität (Wiedergabe indirekter Reden und Zitate, vgl. Burger 2005). Der anonyme Leserbrief wird zum Sonderfall.

Auch in Deutschland hat der Leserbrief seine Wurzeln in den Moralischen Wochenschriften des frühen 18. Jahrhunderts,[12] welche als gesamteuropäisches Phänomen in protestantischen Gebieten früher als in katholischen Landstrichen Verbreitung finden. Im Sinne einer aufgeklärten Gesellschaft werden die LeserInnen auch in Deutschland mit einer neuen Rolle bedacht, indem sie aufgerufen werden, an die HerausgeberInnen zu schreiben. Dadurch soll die Distanz abgebaut und Lesernähe hergestellt werden. Der größte Teil der Leserbriefe ist jedoch fiktiver Natur, d. h. wird von den HerausgeberInnen der Moralblätter selbst verfasst. Die Funktion der Leserbriefe in den Moralischen Wochenschriften liegt vorrangig in der Werbung (Lob), individuellen Meinungsäußerung und Unterhaltung (Mlitz 2008, 144f.). Nach 1848 erscheinen im deutschsprachigen Raum Familien- und Unterhaltungsblätter mit ausgeprägter Leserorientierung, einer Mischung aus Bildung und Unterhaltung als Ausdruck eines gewissen Orientierungsbedarfs in Folge sozialen Wandels (Ratgeberfunktion).

Eine zweite diskurstraditionelle Kette lässt sich, wie Mlitz (2008) für das Deutsche darstellt, bei Zeitungen nachweisen, welche sich selbst in ihren Ursprüngen maßgeblich aus dem brieflichen Verkehr entwickeln (aus so genannten Zeitungsbriefen bzw. *avisos*[13]). Sie sind lange Zeit Basis jeder Zeitung und können damit ebenfalls als Vorläufer des Leserbriefes angesehen werden. Erste Korrespondenz-Einsendungen von LeserInnen gibt es bereits seit dem 17. Jahrhundert. Der daraus generierte Leserbrief, der auch als solcher kenntlich ist, etabliert sich – wie auch in den Moralischen Wochenschriften – ab dem Ende des 18. Jahrhunderts (vgl. Mlitz 2008, 166) dauerhaft als eigene Pressetextsorte. Funktional ist dabei interessant, dass sie Wissensvermittlung und weiterführende Information zu bestimmten Themen liefern. Im Verlauf des 19. Jahrhunderts entwickeln sich für Leserbriefe spezielle Rubriken wie *Eingesandt*, *Briefkasten*

12 Die Wochenschriften gelten als Leitmedium der Aufklärung, in deren Umfeld der Brief eine zentrale Rolle einnimmt (vgl. Mlitz 2008, 132; Habermas 1990, 113).

13 Im Spanischen werden handschriftliche Nachrichten als *aviso* bezeichnet, die im 17. Jahrhundert von privat finanzierten Autoren am Hof verfasst werden, um ausgewählte Personen der Aristokratie von Neuigkeiten zu unterrichten. Deshalb werden die Autoren oftmals als Vorgänger der Journalisten bezeichnet (Details zur Textsorte *aviso* vgl. Pellicer de Ossau 1988).

und *Sprechsaal.*[14] Die Rahmenbedingungen dafür bilden die Lokalberichterstattung, Räsonnement, Bildungsstand sowie die wirtschaftliche und soziale Lage der LeserInnen. In dieser Zeit entstehen verbindliche formale und inhaltliche Vorgaben, die auch im 20. Jahrhundert wirksam bleiben. Im Dritten Reich wird der Leserbrief, so die umfassende Darstellung von Mlitz (2008, 131f.), zu Propaganda-Zwecken missbraucht. 1945-1949 dient er dann u. a. als Instrument der Re-Education, wodurch seine Rolle als Spiegelbild der politischen und gesellschaftlichen Verhältnisse deutlich nachgewiesen werden kann. Mit der deutschen Teilung entwickeln sich zwei ganz unterschiedliche Leserbriefkulturen: In der Bundesrepublik wird er als Instrument der Sozialisation und Mittel der demokratischen Meinungsbildung zum festen Bestandteil einer jeden (Tages)Zeitung. In der DDR dient er der Vermittlung von Werten aus der Sicht einer Partei mit dem vordergründigen Ziel der Integration.

In Spanien, wo mit dem verzögerten Einsetzen der Aufklärung ein gesellschaftspolitischer Erneuerungsprozess einsetzt, beobachten wir eine etwas zeitversetze Ausfaltung der Textsorte Leserbrief. Auch diese greift frühe journalistische Textsorten auf, z.B. die frühneuzeitlichen *manuscritos*, *relaciones de sucesos* und v.a. die epistolographisch geprägten *avisos* und beginnen, in Presseorganen wie *gacetas*, *mercurios* und *periódicos*, die in der Ausfaltung der neuzeitlichen Presse neben den populären *almanaques* und *pronósticos* dominieren, eine Rolle zu spielen. Auf diese Weise etabliert sich der Leserbrief nicht nur als spezifische Gattung der Moralischen Wochenschriften (vgl. Ertler 2003) sondern – mit etwas Verzögerung – auch als kommunikatives Handlungsmuster der Tagespresse (Rubrik *cartas*). Während der literarisch elaborierte, redaktionelle Leserbrief der Moralischen Wochenschriften mit einem sehr allgemeinen moralisierenden Themenspektrum mit der Gattung verschwindet, entwickelt sich in der modernen Presse der laienkommunikative (oder fingiert laienkommunikative) Leserbrief, der direkt auf vorherige Artikel oder Inhalte der Zeitung oder auch andere tagespolitische Themen Bezug nimmt, mit neuen Stilmitteln weiter. Mit dem Erstarken der Presse im 19. Jahrhundert etablieren sich in Lateinamerika sowie auf der iberischen Halbinsel eigenständige Leserbrieftraditionen, welche durch die jeweiligen politischen Entwicklungen gebremst oder befördert werden.

Während des Franko-Regimes kommt es in Spanien zu deutlichen Restriktionen. Erst das Pressegesetz von 1966 eröffnet Möglichkeiten freier Meinungsäußerung sowie die Gründung einer Fülle an neuen Pressestimmen, welche die

---

14 Vgl. die ältesten Leserzuschriften in der Rothen Zeitung des Landpfarrers Bräß (Mlitz 2008, 192).

Presse in der späten Franco-Ära zur Triebfeder einer neuen politischen Dynamik werden lässt (cf. Sánchez Aranda/Barrera 1992).[15] Neben dezidiert regimekritischen Stimmen wie z.B. Cuadernos para el diálogo, Triunfo oder Destino manifestieren sich vorsichtige Veränderungen auch in etablierten Organen wie Ya, ABC, Vanguardia oder El Alcázar.

> Las circunstancias, pues, hicieron que la prensa tuviese el protagonismo de una tribuna pública, a través de la cual se desarrollaron algunas luchas políticas, y que pudieron esparcir ideas que de otro modo difícilmente hubieran podido llegar al conocimineto público. En los diez años que van desde 1966 a 1975 la prensa fue así escenario de polémicas y discusiones que enriquecieron la antes anodina vida política española y ayudaron a clarificar las posiciones de los distintos contendientes (cf. Sánchez Aranda/Barrera 1992, 466).

Im Zuge dieses Aufbruchs wird der Leserbrief – zumeist als *carta al director* im Abschnitt *opinión* – in der spanischen Presselandschaft zu einem festen Bestandteil und Ausdruck der freien Meinungsäußerung. El País, dessen Eintrag ins Presseregister erst 1975 erlaubt wird, gilt als wichtigste Stimme des spanischen Demokratisierungsprozesses.[16] Die Zeitung setzt auf dialogorientierte Textsorten und räumt Leserbriefen mit etwa 800 publizierten Exemplaren jährlich von Beginn an[17] großen Raum ein. Durch die Formulierung pointierter Überschriften wird die Textsorte noch attraktiver (vgl. Lebsanft 1990, 14f.).

Leserbriefe bilden ohne Zweifel bis heute einen der meistgelesenen Teile spanischer Zeitungen und durchleben in der Moderne weitere Wandelerscheinungen, z.B. hin zu einer weniger komplexen Rhetorik, klassische Briefanreden (z.B. *muy señor mío*) verschwinden und machen redaktionell erstellten, punktgenauen Leserbrief-Titeln Platz. Die Veränderungen sind in ihrer Dynamik an die sozio-kommunikative Relevanz der Textsorte innerhalb konkreter gesellschaftlicher Prozesse gekettet, wie Marchuschi (2011) betont:

> É claro que as mudanças vão occorendo, tal como hoje se observa no caso das notícias jornalísticas, reportagens e as notas sociais, por exemplo. É sabido que quanto mais um gênero circula, mais ele é suscetível a mudanças e alterações por se achar estreitamente ligado a uma moldagem social. Veja-se o caso das cartas ao leitor em um jornal diário e numa revista semanal. Hà uma diferença sensível quanto à natureza temática, mas há similaridade organizacional funcional (Marchuschi 2011, 24f.)

15 Dass die Abschaffung der Zensur mit neuen Formen der Medienkontrolle und Repression einhergeht, muss hier ebenfalls erwähnt werden.

16 So ist beispielsweise die zentrale Rolle von El País im Rahmen des Putschversuchs vom Februar 1981 unbestritten (cf. Lebsanft 1990, 5f.).

17 Der erste Leserbrief erscheint am 07.05.1976.

Auch auf formaler Ebene unterliegen Leserbriefe heute stringenten Vorgaben, in Spanien ist beispielsweise die namentliche Firmierung des Beitrags inklusive klarer Identifikationsangaben (Adresse, Nummer des DNI) obligatorisch. Viele Zeitungsredaktionen machen auch klare Angaben zur konventionellen Länge der Beiträge (z.B. Zeilenbeschränkung auf 30). Funktional ist eine parallele Ausrichtung zum Deutschen zu konstatieren, allerdings kommt dem Leserbrief in Spanien angesichts der *transición* in den letzten Dekaden des 20. Jahrhunderts eine besondere Rolle zu. Sein Themenspektrum ist nahezu unbegrenzt. Lebsanft (1990) betont dies für die einschlägige Rubrik in El País, indem er hervorhebt:

> Die Seite der *Cartas al director* hat etwas von der Hyde Park Corner in London. Hier ist ein Forum geschaffen worden, auf dem die einfachen Leute, die *gente de a pie*, Anliegen und Standpunkte, die sie von „denen da oben" nicht oder nicht genügend berücksichtigt glauben, vor der ganzen lesenden Nation vorbringen können (Lebsanft 1990, 15).

Die Heterogenität der Autorenschaft der Leserbriefe ist zweifellos ein Hauptgrund für ihren kulturübergreifenden Erfolg.

An vielen Stellen lassen sich in der weiteren Entwicklung ähnlich wie zur Zeit der Moralischen Wochenschriften (s.o.) interkulturelle Übernahme- und Beeinflussungsprozesse ablesen, z.B. bilden die meinungsbetonten Rubriken des englischen Pressewesens für die Entwicklung der spanischen Presse in der Zeit der *transición* einen wichtigen Referenzpunkt. Die spanische Presse und diverse Überseegründungen (z.B. von ABC in den 1970er Jahren) wirken wiederum auf die Herausbildung der meinungsbetonten Textsorten in der lateinamerikanischen Presse – und damit auch die dortigen Leserbriefkulturen – ein.

Die Zeit der Aufklärung ist in Lateinamerika von kürzerer Dauer als in Spanien und koinzidiert mit dem Übergang der lateinamerikanischen Nationen zur Unabhängigkeit. Sie beginnt mit der Regierungszeit von Carlos III. und bringt die neue Sprache der Aufklärer endgültig nach Amerika. Als Träger dieser neuen Sprache etablieren sich in verschiedenen Städten Lateinamerikas zwischen Ende des 18. und Anfang des 19. Jahrhunderts die ersten *gacetas* und *periódicos*.

> Ciertamente esta es la época fundacional de la prensa americana, con modelos en la Gazeta de Madrid y el Mercurio Histórico y Político de España [...]: La Gazeta de México, la Gazeta de Lima, el Mercurio Peruano, la Gazeta de Santa Fe, el Papel Periódico de la Havana (Gutiérrez Grova/Knauer 2002, 251).

Die Zeitung Papel Periódico de la Havana (1790-1805)[18] ist die erste in Kuba veröffentlichte Zeitung, in der die Probleme einer aufstrebenden kreolischen Gesellschaft auf dem Weg in die Unabhängigkeit aus wirtschaftlicher und literarisch-kultureller Sicht thematisiert werden, darunter der Einfluss der Aufklärung. Die Zeitung kann auch als Vorläufer eines dialogorientierten Journalismus gesehen werden, denn sie fördert die Mitarbeit ihrer Leserschaft, deren Beiträge als Leserbriefe veröffentlicht werden. Unter dem Titel *Noticias particulares de la Havana* folgt eine oftmals ausladende Überschrift mit dem Thema des Beitrags, gefolgt von der Formel *Carta dirigida al Impresor*. Der Fließtext wird mit einer Grußformel in Majuskeln eingeleitet (*MUY SR. MIO*), häufig gefolgt von einem einleitenden Fragesatz sowie wiederholter direkter Ansprache des Interaktionspartners in der Redaktion. Auch die Verabschiedungsformel zeigt den deutlichen Adressatenbezug auf:

> Si se logra el fin, tendré la satisfacción de haber contribuido à quitar esta clase de borrones; y si no, la de manifestarle el sumo afecto que por su utilísima ocupación le profesa un apasionado y perpetuo Subcriptor. Havana 29 de Noviembre de 1790. *PAPEL PERIÓDICO DE LA HAVANA*, Núm. 12, 10 de Febrero de 1791 (Vitier/García-Marruz/Friol 1990, 50).

Die Asynchronizität zwischen dem Eingang des Briefs und dessen Publikation, welche in aktuellen Leserbriefen nicht angegeben wird, ergibt sich aus dieser Darstellungsweise mit großer Klarheit. Als Gegenstand linguistischer Untersuchungen sind die Leserbriefe des Papel Periódico de la Havana zudem interessant für Untersuchungen zum Sprachgebrauch dieser Zeit, vor allem im Hinblick auf dessen deskriptiv-normative Aspekte. Für die Geschichte des Spanischen in Amerika ist dies insofern bedeutsam, als die sprachkritischen Kommentare der kubanischen Intellektuellen als Hintergrund die *norma de prestigio* aus Madrid in ihrer Funktion als Sprache der Macht haben, die höhere und gebildete Schichten in den Kolonien beherrschen und damit aber einen Diskurs gestalten, der im Hinblick auf seine Inhalte und Ausdrucksformen eigentlich schon amerikanisch und in besonderer Weise vom Konflikt zwischen *criollos* und *peninsulares* gekennzeichnet ist (vgl. Gutiérrez Grova/Knauer 2002, 249f.). Die europäischen Vorläufer des Leserbriefes im Allgemeinen und insbesondere Spaniens können als Modelle für den in lateinamerikanische Zeitungen eingebetteten Leserbrief angesehen werden. Für Gutiérrez (2006) ist die Textstruktur vieler Beiträge des *Papel* zudem in zweifacher Hinsicht transgressiv, nämlich in seiner Gestaltung auf der sprachlichen und textuellen Ebene. Sie identifiziert die Parodie als Ausdrucksmittel der Kritik an traditionellen Institutionen, und zwar im Rahmen der

18 Vgl. Vitier/García-Marruz/Friol (1990).

von ihnen verwendeten Textsorten. Parodisiert werden Textsorten wie z.B. *testamento, crónica, epístola, cuento* und *poesía lírica*.

> Con esto, se atacaba las significaciones culturales desde adentro, empleando la tradición escritural que había sido su soporte para mostrarlas en ridículo – corrigere ridendo mores (Gutiérrez 2006, 171) .

Aus zeitgenössischer Perspektive können Leserbriefe als fester Bestandteil der hispanoamerikanischen Presse bezeichnet werden. Sie befördern die Interaktion mit der Leserschaft in allen größeren Presseorganen, lediglich in Phasen fundamentaler politischer Umwälzungen ergeben sich Besonderheiten. Eine davon – die vor allem durch die lange Persistenz und den Wandel des Regimes besonders interessant erscheint – soll in der Folge herausgegriffen werden: Leserbriefe in der kubanischen Zeitung Granma. Auf der Seite des Deutschen bietet sich hier angesichts der exzellenten Forschungslage (vgl. Fix 2008) der Vergleich mit den Modifikationen der Leserbriefe in der Zeitung Neues Deutschland im Zuge der Wende an.

4 Leserbriefe in Granma und Neues Deutschland

Beide Tageszeitungen sind als staatliche Medien entstanden und weisen die damit verbundene typische (rituelle und operative) Funktion sowie die entsprechenden sprachlichen Merkmale auf: integratives, regulatives und persuasives Sprachspiel einschließlich ihres wesentlichsten Merkmals, der Wiederholung festgeprägter Ausdrücke (im Unterschied zum instrumentalen Sprachspiel in nicht-staatlichen Medien) (vgl. Fix 2008, 273ff.). Neues Deutschland war und Granma ist sozio-politischen Veränderungen ausgesetzt, die sich in dem einen Fall (deutsche Wiedervereinigung) radikaler ausgewirkt haben als im anderen (*Período Especial*).

Die erste Ausgabe des Neuen Deutschlands erscheint am 23. April 1946 als Zentralorgan der SED. Nach der deutschen Wiedervereinigung wird sie zu einer überregionalen Tageszeitung mit politischer Nähe zur Linken und als Sprachrohr des Ostens, deren Leserschaft auch vorwiegend aus dem Osten Deutschlands kommt. Seit März 2007 gibt es eine Online-Ausgabe der Zeitung (*http://www.neues-deutschland.de*). Der Ende 1989 einsetzende radikale soziale Wandel geht einher mit ebenso radikalen Veränderungen in der Medienlandschaft der ehemaligen DDR, die sich sprachlich vor allem im Wandel der Medientextsorten niederschlagen. Im Falle des Leserbriefes beschreibt Fix (2008) diesen Wandel allgemein als Dynamisierung und Individualisierung. Er vollzieht sich auf verschiedenen Ebenen, d. h. in den Themen (Staatstreue – Kritik am Staat), den Intentionen und Funktionen (Integration – Abgrenzung, Distanzierung), den Sprachhandlungen und deren Adressierung (Zustimmen, Drohen – Fragen, Klagen, Drohen) und der Wahl sprachlicher Mittel (zu den Details der Untersuchung von deutschsprachigen Leserbriefen vor und nach der Wende, vgl. Fix 2008, 273f.).

Die Zeitung Granma erscheint erstmals am 04. Oktober 1965 und ist das offizielle Organ der Kommunistischen Partei und Regierung Kubas und weist eine parallele, aber dennoch unterschiedliche Konstellation auf.[19] Vor der Revolution in der Presse übliche Gepflogenheiten und ihre Vertextungskonventionen geraten in Vergessenheit. Ein Bruch in den Diskurstraditionen ist offenbar. In beiden Fällen kommt es neben dem entsprechenden Parteiorgan zu einer radikalen Ausdünnung der Presselandschaft (im Spanien der Franco-Ära treffen wir hingegen auf eine Instrumentalisierung und drastische Zensur vorhandener Presseorgane). Empirisch nachweisbar ist, dass die Leserbrief-Rubrik *A vuelta de correo* in der Zeitung Granma erst 1974 erscheint und bereits nach 1979 wieder eingestellt wird. Für diese Epoche lassen sich Vergleiche zwischen beiden Zeitungen besonders gut herstellen, weil sie außer dem Aspekt des Zeitraumes auch Übereinstimmungen im sozio-politischen System, darunter der Zensur, aufweist. Tatsächlich lassen sich auf der Basis der Ergebnisse der Studie von Fix (2008) sowohl Gemeinsamkeiten als auch Unterschiede im Hinblick auf Ziele und Intentionen, Sender und Empfänger, inter- und außertextuelle Bezüge kommunikative Handlungen und sprachliche Mittel von Leserbriefen feststellen.[20]

Ändert sich die politische Situation schlagartig oder auch graduell – beide Kommunikationsgemeinschaften sind vom Fall des eisernen Vorhangs unmittelbar betroffen – so kommt Bewegung in das diskurstraditionelle Gefüge. Am 14. März 2008 veröffentlichte die Zeitung folgende programmatische Meldung, um die Wiedereinführung der Textsorte Leserbrief zu verkünden, die dem Textsortenprofil der Granma seit den 1980er Jahren nicht mehr angehört:

> Con Cartas a la dirección, Granma reinicia su sección destinada al intercambio con sus lectores de manera semanal. Nos proponemos abordar en ella los planteamientos y problemas más frecuentes o coincidentes en los mensajes de los lectores. Esta sec-

19 Seit 1996 ist Granma auch im Internet vertreten (*http://www.granma.cu*).

20 Unterschiede ergeben sich z. B. im Format dieser Rubrik. Es besteht in der Zeitung Granma darin, dass der Leserbrief in der Regel über materielle Missstände informiert und damit zum Auslöser für eine journalistische Recherche wird, über deren Ergebnisse in der Rubrik durch die Redaktion informiert wird und die häufig eine Replik von Seiten betroffener Institutionen zur Folge hat, die sich rechtfertigt bzw. Lösungsmöglichkeiten für die betreffenden Probleme vorschlägt.

ción será una vía, aunque por su alcance pueda decidirse que los temas de que se trate se reflejen o amplíen en materiales periodísticos en otras páginas del diario. Nos proponemos que preste un servicio de información y orientación, pues nos damos cuenta de que, en muchos casos, es lo que reclaman los remitentes. Estamos persuadidos de que, quienes acuden a la prensa, como regla, es que han agotado otros caminos. A fuer de sinceros debemos señalar en esta "presentación de credenciales" que no contamos con varitas mágicas entre nuestros recursos. Pero sí con la voluntad y el ánimo de responder a la confianza que se deposita en nosotros. Haremos el máximo por atender, que no siempre quiere decir resolver, los asuntos que se nos trasladen. Nuestra arma principal será la información. Sabemos que hay muchos problemas acumulados en muchos campos. Nuestra intención es agrupar por temáticas esas inquietudes. De ahí que no siempre lo que aparezca publicado indicará expresamente quiénes lo plantearon. Como toda regla, habrá excepciones por la magnitud y/o alcance de lo planteado, y porque sirva de ejemplo para que no ocurran situaciones similares. Nuestra sección tiene también entre sus objetivos alertar y sugerir alternativas. Nuestra divisa será escuchar, leer atentamente cuanto se nos plantee, aun cuando podamos no coincidir en todo o en parte con lectores e interlocutores.Esperamos poder seguir contando con nuestra fuente principal: ustedes. Esperamos poder cumplir con sus expectativas que son también las nuestras.

El Director

Zwar weist die Rubrik des Leserbriefes in Kuba bereits eine vorzeitige Traditionskette auf (vgl. 4) und repräsentiert, wie weiter oben bereits ausgeführt, auch in den post-revolutionären kubanischen Medien keine absolute Neuerung.[21] Die Wiedereinführung der Rubrik *Cartas a la dirección* in der Zeitung Granma[22] vollzieht sich jedoch mit viel Aufmerksamkeit im Kontext des Wechsels in der Staats- und Regierungsführung, d.h. im Nachklang einer Rede von Raúl Castro vom 26. Juli 2007, in der die Bevölkerung aufgefordert wird, die Probleme im Land zu benennen und nach Lösungen zu suchen. Sie repräsentieren damit ein Element des politischen Wandels unter staatlicher Steuerung. Im Unterschied zum Neuen Deutschland erscheinen Leserbriefe in der Granma damit ab 2008 unter neuen diskursiven Bedingungen, wenngleich die grundlegenden politischen Begebenheiten unverändert bleiben. Sie sind gleichermaßen ein Spiegel eines beginnenden Tauwetters mit neuen öffentlichen Äußerungsmöglichkeiten.

---

21 Wie auch aus einem Bericht des Spiegels (1980, 1-2, 34. Jg. 104) hervorgeht, veröffentlichen Granma, Juventud Rebelde und Trabajadores noch 1979 regelmäßig Kolumnen mit Leserbriefen über Missstände in Fabriken und der Verwaltung. Später gibt es sie nur noch in Juventud Rebelde (vgl. Saavedra Hurtado 2003, 68).

22 Im Unterschied zu den 70er Jahren wird nun eine Auswahl der eingesandten Leserbriefe und Repliken in der Ausgabe vom Freitag direkt abgedruckt.

Damit ist es interessant das Spannungsfeld auszuloten, in dem sich die Textsorte seit ihrer Wiedereinführung bewegt.

Die Themenbreite und Diktion der in Granma seit März 2008 erscheinenden Leserbriefe spiegelt den kubanischen Veränderungsprozess deutlich wieder. Kritische Leserbriefe, so sie partikulare Kritik an konkreten Umständen (z.B. Lebensmittelverfügbarkeit und -preise, Währungspolitik, Mangelwirtschaft und ungerechte Verteilung, öffentlicher Transport etc.) üben, treten mit wachsender Häufigkeit auf. Die derzeitige Leserbriefpolitik der Granma kann damit auch im Licht einer Leserbindungsstrategie und Selbstrechtfertigung des Parteiorgans gesehen werden, welche in Zeiten der Veränderung bewusst Offenheit und Schlagkraft demonstrieren möchte, mit dem Ziel in der Gesellschaft wahrgenommen zu werden und sich als Problemlöserin und Informationsschnittstelle im Dienste des Volkes zu stilisieren. Das Wiedereinführungsstatement (s.o.) verdeutlicht diese Rolle des Dienstes an der Bürgerschaft sowie das Einräumen von Mitsprache mit Blick auf die Inhalte der Zeitung. Diese Stoßrichtung wird durch eine weitere Textsorte untermauert, die ebenfalls in der Rubrik *Cartas a la dirección* mit steigender Dichte aufscheint: Die Replik auf den Leserbrief (181 publizierte Textexemplare im Zeitraum 2008-2012), die sich als Subtextsorte des Leserbriefs einordnen lässt. In diesen Antworten werden vorrangig Interventionen und Klarstellungen dargeboten, die darauf abzielen, die in den publizierten Leserbriefen angeprangerten Missstände zu beheben oder bestimmte Vorgangsweisen öffentlicher Stellen zu rechtfertigen. Dabei sind die AutorInnen der Antworten mehrheitlich nicht in der Redaktion der Zeitung oder der übrigen Leserschaft zu finden, sondern im Kreise öffentlicher Einrichtungen und Unternehmen, z.B. finden sich Repliken des Bildungs- und Landwirtschaftsministeriums, der Postverwaltung, der Direktion des Nahverkehrs oder der Bahndirektion. Der Titel der Repliken auf die Anzeigen von Missständen – oftmals wird schlechter Service, Mängel und Veränderungen an Bauten etc. moniert – beginnt konventionell mit dem Wort *respuesta.* Im ersten Absatz erfolgt eine klare Bezugnahme auf den Leserbrief, auf den sich die Antwort bezieht. Verabschiedungsformeln wie *fraternalmente* prägen zahlreiche Repliken, die stets mit Namen und Funktion des/r VerfasserIn gezeichnet sind. Zumeist wird den Monita mit ausführlichen Erklärungen in komplexem administrativem Schreibstil begegnet. Punktuell entspricht der Stil der Repliken vollständig der formellen Epistolografie des administrativen Kontexts. Es handelt sich demgemäß um einen nunmehr öffentlich ausgetragenen Rechtfertigungsdiskurs, der in anderen Ländern kaum entsprechend häufige und ausführliche Pendants in der Presse aufweist. Das nachfolgende Beispiel (Granma, 19.05.2008) referiert explizit auf Schwierigkeiten des *Período Especial* und ist im Online-Archiv des Leserbriefabschnitts von Granma als Replik einsortiert, wenngleich es sich um einen Leserbrief *sui generis* handelt, der – wie dies in Granma eher selten geschieht – hinsichtlich eines Artikels des redaktionellen Teils Stellung bezieht. Ursache dafür ist wahrscheinlich, dass der Leserbrief dem Rechtfertigungsdiskurs der offiziellen Instanzen zuzurechnen ist, der für gewöhnlich in den Repliken verortet ist. Die Einleitungssequenz entspricht noch nicht der mittlerweile etablierten floskelhaften Konvention der Textsorte (s. o.) und spiegelt deutlich deren Fluidität bei der Wiederaufnahme im Jahr 2008 wieder:

Respuesta sobre la Sala de la Gloria Deportiva del Béisbol Cubano

La Habana, mayo 19 de 2008

Año 50 de la Revolución

Co. Lázaro Barredo Medina

Director Periódico Granma

Estimado Lázaro:

Respecto al trabajo del periodista Rafael Pérez Valdés publicado el pasado viernes 16 de mayo referido al proyecto del Salón de la Fama o Sala de la Gloria Deportiva del Béisbol Cubano, le informo que es un proyecto al que no hemos renunciado y seguiremos trabajando para materializarlo en un futuro mediato.

Es importante tomar en cuenta que el deporte en general y el béisbol en particular no han estado ajenos a las limitaciones económicas que nos impuso y aún impone el periodo especial, hemos tenido durante estos años que establecer prioridades encaminadas a garantizar la sostenibilidad de esta disciplina deportiva, en particular su práctica en todos los territorios y desarrollo del programa de competencias nacional e internacional.

Consideramos lógica la decisión de nuestro organismo en cuanto a priorizar en lo que resta de año la reapertura del Museo Nacional del Deporte, en el cual el béisbol cubano tendrá un espacio relevante.

Poco a poco el país se está recuperando y estamos seguros de que en cuanto existan las condiciones se ubicarán los fondos necesarios para acometer el trabajo, nosotros mientras tanto comenzaremos a evaluar los proyectos presentados para actualizarlos y adecuarlos a los tiempos actuales.

Estamos en plena disposición de mantenerlos actualizados respecto a lo que se comenzará a realizar, cuente con nuestra disposición permanente para ello.

Le saluda.

Fraternalmente,

Pedro Cabrera Isidrón

Director de Prensa y Propaganda del INDER

Mitunter finden sich wieder Leserbriefe, die auf die Repliken reagieren, so dass für Granma in jedem Fall eine neue Dialogkultur zu beobachten ist. Dennoch nimmt nur ein Bruchteil der Leserbriefe Bezug auf andere Textsorten der Granma und – so dies der Fall ist – in der Regel um ähnliche Erfahrungen zu berichten, d.h. die Kritik an dort formulierten Missständen (z.B. den unsachgemäßen Umgang mit stattlichen Insignien) zu bestärken. Punktuell sind allerdings bereits subtil polemisierende, auf die öffentliche Meinung ausgerichtete Beiträge nachweisbar, die jedoch meist keine Diskussionen nach sich ziehen. Die politische Meinungsbildung steht nicht im Vordergrund. Diese Ausrichtung der Leserbriefkommunikation ergibt sich freilich auch aus dem Umstand, dass der redaktionelle Inhalt von Granma eine politische Meinungsbildung und Diskussion nicht befördert, sondern eher zu vermeiden sucht. Bezugnahmen auf den redaktionellen Teil entfallen damit fast zwangsweise. Der über die Leserbriefe ausgestaltete Dialog dient damit vorwiegend einer positiven Selbstinszenierung (Interventions- und Servicebereitschaft) sowie dem Suggerieren von Meinungsfreiheit, die sich jedoch auf das „Informieren" über Missstände beschränkt. Dieser Duktus lässt sich auch aus der zum Jahresbeginn 2013 seitens der Redaktion publizierten Botschaft ablesen, die aus Anlass der 250. Edition der Leserbriefsektion erscheint:

> A nuestros lectores
>
> Con la de hoy, primera del Año 55 de la Revolución, entregamos la sección número 250, desde que apareció la primera, el 14 de marzo del 2008, conscientes de que son ustedes nuestro principal vínculo con la población que cada viernes nos hace el mejor de los regalos: tenerla como lectura preferente y mantener esa correspondencia e intercambio cotidianos con opiniones, quejas, críticas, denuncias e, incluso, no pocos reconocimientos a nuestra labor.
>
> Ese fue, es y será el objetivo de Cartas a la Dirección, independientemente de que coincidamos o no, en su totalidad o en parte, con los criterios y señalamientos que se nos trasladan.
>
> Sabemos que es imposible satisfacer a los miles de lectores que anualmente nos escriben, nos llaman o solicitan intercambios para manifestar personalmente preocupaciones o, simplemente, pedir la información u orientación que no han podido obtener por otras vías por una razón u otra, no siempre comprensible tampoco por nosotros.
>
> Cada semana, estén seguros, nos esforzamos por seleccionar las mejores misivas y mensajes, aquellos que resultan más abarcadores o generalizables, que abordan problemas acuciantes del quehacer cotidiano o que son, en determinado momento, punto de mira de la opinión pública, o asuntos de la actualidad política, económica y social que generan debates por la diversidad de consideraciones expuestas; por tramitar con los organismos y entidades que corresponda, las de carácter personal referidas a ese, lamentablemente, frecuente maltrato que se recibe en oficinas, estableci-

mientos y centros, cuya razón de ser es servir a la población; por informar y orientar lo mejor posible a quienes se dirigen a nosotros, aun cuando no sea nuestra función.

Cuando pasamos balance a nuestras estadísticas en el 2012, apreciamos gratamente la confianza que ustedes nos expresan en los más de 3 700 correos electrónicos dirigidos a Cartas... y cerca de 80 mil 300 generales enviados al diario que hemos recepcionado, las casi 2 900 cartas postales procesadas, las más de 9 000 llamadas y de 500 personas atendidas en nuestro departamento de Atención al Lector durante el año.

Próximos a cumplir el V aniversario de Cartas a la Dirección, les reiteramos nuestra disposición de continuar en el camino de satisfacer sus expectativas que, como siempre señalamos, son también las nuestras.

Les deseamos a todos un feliz y venturoso 2013.

El director

Schenkt man den zitierten Zahlen Glauben und beurteilt die per Mail und per Brief eingegangenen Leserbriefe grundsätzlich als publikationsfähig, dann liegt die Relation zwischen eingegangenen und publizierten Leserbriefen bei etwa 1,5% (d.h. wesentlich unter jener des El País im Zeitraum 1976-1980, vgl. Fußnote 10). Granma zielt geschickt darauf ab, sich als dialog- und problemlösungsorientiertes Organ darzustellen, wobei der Metadiskurs den Nachweis erbringt, dass die Wiedereinführung mit einer funktionalen Neuorientierung der Textsorte einhergeht. Granma tendiert folglich seit 2008 zu einem interaktionalen Leserbrief-Genre besonderer Prägung, das die Bevölkerung dazu bringen soll, Missstände zwar anzuklagen und damit die kollektive Überwachung ebenso zu befeuern wie die Problemlösung. Durch die Offenlegung erhalten die angeklagten Stellen zumindest die Möglichkeit gegenzusteuern. Zu etwa 5% der eingegangenen Leserbriefe pro Jahr werden offizielle Leserbrief-Repliken publiziert (s.o.). Eine explizite Kritik an den unzureichenden Reaktionen der Betroffenen sowie noch virulenter am Schreibstil der Reaktionen seitens der Redaktion manifestiert sich interessanterweise bereits im November 2008 im Kontext einer ausladenden Replik des Landwirtschaftsministeriums, welche die Redaktion zum Verfassen eines kritischen Beitrags unter dem Titel *El daño de los burócratas* veranlasst. In diesem Beitrag wird heftig die bürokratische, bürgerfremde Sprache sowie der Umfang der Antwort kritisiert:

> Se reafirma la creencia popular de que quienes practican el burocratismo llegan a especializarse a tal punto en cuestiones de papeleo, reunionismo y falta de decisión, que a cada solución le encuentran siempre uno o más problemas.
>
> De los informes hacen trabajos de tesis, muchas veces alejados de la vida real en los barrios y centros laborales. (Alberto Nuñez Bethancourt in Granma 7.11.2008)

Nach dem ersten Erfahrungsjahr (13.03.2009) und damit 52 Editionen der Rubrik äußert sich die Redaktion weiterhin unzufrieden über die Reaktionen der kritisierten Entitäten, entschuldigt sich für den zwangsweise geringen Anteil an publizierten Repliken und fordert explizit dazu auf, nicht mit fiktiven Absenderdaten zu operieren, da dies eine Publikation verunmögliche.

Im Vergleich zur DDR-Version von Neues Deutschland zeigen sich deutliche Unterschiede im Bereich des Umfangs und der metadiskursiven Verankerung der Leserbriefe, im Umfeld der Sprachhandlungen hingegen deutliche Konvergenzen: Auch in Granma wird noch in vielen Beiträgen deutlich Konsens mit dem Regime zum Ausdruck gebracht und – selbst wenn Monita zur aktuellen Situation erfolgen – sprachlich Linientreue demonstriert. Das untenstehende Beispiel weist diesbezüglich eine geradezu frappierende diskursiv-stilistische Parallelität nach, wenngleich das Thema divergiert:

> Eine klare einfache Sprache
>
> Lenin schrieb vor über siebzig Jahren: „Ein Programm ist eine kurze klare Darstellung alles dessen, was die Partei anstrebt und wofür sie kämpft." Für mich ist die klare und einfache Sprache unserer Partei, die tiefe marxistisch-leninistische Durchdringung der Programme und der anderen Dokumente sehr beeindruckend. (Erwin Rosse in Neues Deutschland am 19. März 1976, 4)
>
> Un Mandato en nuestra historia
>
> Lenin decía que "El Socialismo se constituye científicamente o no se construye." No se desarrolla espontáneamente. El Partido debe guiar con sabiduría la implementación de la estructura económica y del aparato legal que hagan posible su construcción exitosa. (A. Clavijo Portieles in Granma am 19. März 2010, 11)

Auch für die fragenden, anklagenden, denunzierenden und drohenden Sprachhandlungen sind in beiden Zeitungen rekurrente Muster nachweisbar (vgl. die Untersuchung von Fix 2008). Selbst für die Ambivalenz des kubanischen Leserbriefs finden sich – nicht zuletzt aufgrund der Annahme eines ähnlichen *Gatekeeping*-Faktors seitens der Redaktionen (s. o.) – Parallelen in Neues Deutschland. Kritische Stimmen werden offensichtlich dann publiziert, wenn sie die Reparaturmöglichkeit durch das System in den Raum stellen. Beispielhaft sei hier der Beitrag vom 01.05.2009 unter dem Titel *Pagar en moneda nacional no es mendigar un favor* erwähnt, in dem die Dualität des Währungssystems zwar deutlich angeklagt wird, dennoch aber nicht der Duktus des Regimes in Frage gestellt wird. Spannend ist dabei auch der Metadiskurs, der sich in den kubanischen Leserbriefen nachweisen lässt, wobei hier wiederum deutlich wird, dass die Öffnung gegenüber dialogorientierten Pressetextsorten als strategischem Instrument des Regimes durchaus zu funktionieren scheint. Die AutorInnen scheinen – stets unter der Prämisse, dass es sich um einen authentischen Leserbrief und keinen redaktionellen Beitrag handelt[23] – die Veränderungen nicht als Schwäche, sondern als Stärke des Systems zu beurteilen. So heißt es in einem von A. Martínez Sardiñas firmierten Beitrag vom 3.09.2010 in Granma:

> Nuestra prensa ha experimentado un salto de calidad, yo diría más aún, se ha comenzado a hacer periodismo crítico, se ha comprendido que tapar lo mal hecho solo genera cosas más mal hechas, decepción, falta de confianza y deformación. La crítica es uno de los instrumentos que el Marxismo nos ha enseñado para fortalecer la Revolución, esta había caído en desuso (aunque nunca se utilizó mucho).

Fest steht damit, dass sich für das Funktionsspektrum sowie die Subtexttypologie der Leserbriefe in Kuba eine Weitung nachweisen lässt, welche einerseits die Replikenkultur (s.o.), andererseits aber auch die sogenannten *Cartas* betreffen. Letztgenannte kubanische Leserbriefsubtextsorte enthält zumeist undatierte Solidaritätsbekundungen aus unterschiedlichen Ländern, die sich teilweise direkt an Fidel und Raúl Castro richten, aber auch eine allgemeine Ausrichtung haben können. Rezente Themen werden aufgegriffen, indem beispielsweise Dank seitens einer venezolanischen Leserin ausgesprochen wird für die in Kuba vollzogenen medizinischen Behandlungen an Hugo Chávez (2012).

Aus der Darstellung der Redaktion zum ersten Jahrestag der Wiedereinführung der Leserbriefsektion erfahren wir, dass die Öffnung dieser Sektion einen Anstieg von 468 auf 3292 elektronische und 3072 klassische Briefnachrichten mit sich brachte, davon wurden 277 publiziert.[24] Es lohnt also, die intra- und transtextuelle Ebene wie auch die Akteure der kubanischen Leserbriefkultur text- und diskursanalytisch noch genauer unter die Lupe zu nehmen. Aus Platzgründen muss dies jedoch in einer Folgearbeit geschehen.

---

23 Gerade im Jahr der Wiedereinführung der *Cartas a la dirección* 2008 finden sich zahlreiche Beiträge, deren Qualität als fiktive d.h. redaktionell erstellte Leserbriefe durchaus in den Raum gestellt werden darf, wenngleich sie unsererseits nicht nachweisbar ist.

24 Im ersten Jahr lag die Publikationsquote damit noch bei 4,4%. Nicht mitausgewertet wurden 34 Repliken-Leserbriefe und einige wenige Kommentare. Dass die Zahl der Leserbriefe in den Jahren 2009-2012 nach Angaben der Redaktion fünfstellig sind, ist insofern frappierend, da Granma bei einer wesentlich geringeren Bevölkerungsdichte damit bald jene Werte erreich, die El País in den ersten fünf Jahren der transición ausweist, wenngleich in Spanien wesentlich mehr Leserbriefe publiziert wurden (jährlich etwa 800 im Vergleich zu jährlich etwa 300 bei Granma in den ersten fünf Jahren einer ex post möglicherweise ebenfalls als *transición* zu deklarierenden Periode, vgl. Fußnote 10).

5 Schlussfolgerungen

In diesem Beitrag haben wir versucht, ausgehend von theoretischen und methodischen Überlegungen die kontrastive Erforschung kommunikativer Handlungsmuster voran zu treiben, indem wir einen Brückenschlag zwischen Text- und Diskurslinguistik sowie konkrete Bausteine vorschlagen. Textsorten als kommunikative Aushandlungsorte zwischen Konvention und Innovation spiegeln in den einzelnen Kulturen stets Veränderungen in politischen und gesellschaftlichen Systemen wider. Dennoch lassen sich sprachübergreifend bei ähnlichen Bedingungen auch ähnliche Textualisierungen aufzeigen. Die kontinuierliche Variation ist dabei innerhalb eines Originalisierungsrahmens selbstredend und führt im Sinne notwendiger Anpassungen zu Textsortenwandel.

> Die Durchbrechung oder Mißachtung der kommunikativen Normen – jenseits einer gewissen Variationsbreite – die die Voraussetzung der individuellen Realisation wie auch des historischen Wandels darstellt – führt zu Verständigungsschwierigkeiten und im Extremfall zum Mißlingen des Kommunikationsaktes (Wilhelm 2001).

Ein solch überdimensionales Maß an stilistisch-rhetorischer wie auch thematischer Variation ist im Kontext des traditionellen gedruckten Leserbriefs schon angesichts der *Gatekeeper*-Funktion der Zeitungsredaktionen nicht wahrscheinlich, steht jedoch für den digitalen Leserbrief durchaus im Raum. Für die in diesem Beitrag fokussierten Sprachkulturen und deren Leserbriefe liegt jedoch ein Wandel auf der Hand, der sich im Rahmen der möglichen Originalisierungen vollzieht, z.B. im Bereich der Begrüßungs- und Verabschiedungsformeln, und nur in Momenten politischer Umbrüche virulentere Eingriffe aufweist. Die Kulturalität der kommunikativen Handlungsmuster ist dabei für die Beurteilung der Konventionalität insofern ausschlaggebend, da sie nur innerhalb einer Kommunikationsgemeinschaft erfolgen kann, so würde die Verabschiedungsformel *fraternalmente* in einem spanischen Lesebrief als weitgehend inadäquat betrachtet, in Kuba jedoch als konventionell. Andererseits gilt es stets zu klären, aus welchen angrenzenden Textsortenrepertoires sich die jeweiligen Vertextungsmuster speisen (z.B. dem administrativen Diskurs). Als besonders ertragreich für die Textsorte Leserbrief könnten sich, wie die Beobachtungen zum Deutschen und Spanischen in dieser Arbeit zeigen, demnach auch Analysen zu Textexemplaren entpuppen, die insofern als grenzgängerisch charakterisiert werden können, da sie die kreative Variation in der Sprache so weit einschränken, um als konventionell durchzugehen, gleichermaßen aber innovative Themen und Argumente zu platzieren. Die sprachliche Subtilität, dem politisch zensierenden Auge zu entgehen, um in konventionell verpackter Form in unterschiedlichen gesellschaftlichen Spannungsfeldern via Leserbrief öffentlich Kritik zu äußern, gilt es in weiteren Studien mikrostrukturell ebenso zu analysieren wie den konkreten Wandel.

Mit den hier vorgestellten theoretischen Ansätzen und analytischen Bausteinen sollte der Weg für weiterführende korpusbasierte Studien geebnet sein.

6 Bibliographie

Adamzik, Kirsten (2011): „Textsortennetze", in: Habscheid, Stephan (Hrsg.): *Textsorten, Handlungsmuster, Oberflächen: linguistische Typologien der Kommunikation*, Berlin/ New York: de Gruyter, pp. 367-388.

Bos, Ellen (1993): *Leserbriefe in Tageszeitungen der DDR. Zur „Massenverbundenheit" der Presse 1949-1989*, Opladen: Westdeutscher Verlag.

Burger, Harald (2005[3]): *Mediensprache. Eine Einführung in Sprache und Kommunikationsformen der Massenmedien*, Berlin/New York: de Gruyter.

Diekmannshenke, Hajo/Klemm, Michael/Stöckl, Hartmut (Hrsg.) (2011): *Bildlinguistik. Theorien – Methoden – Fallbeispiele*, Berlin: ESV.

Eckkrammer, Eva Martha (1996): *Die Todesanzeige als Spiegel kultureller Konventionen*, Bonn: Hillen.

Eckkrammer, Eva Martha (2010): „Kontrastive Medientextologie und die historische Dimension. Eine theoretisch-methodische Auslotung", in: Luginbühl, Martin/Hauser, Stefan (Hrsg.): *MedienTextKultur. Linguistische Beiträge zur kontrastiven Medienanalyse*, Landau: Verlag Empirische Pädagogik, pp. 43-65.

Eckkrammer, Eva Martha (2012): „Textsorten im Medienwechsel. Befunde zur digitalen Revolution anhand des kommunikativen Handlungsmusters des Online-Partnersuche-Portals", in: Reutner, Ursula (Hrsg.): *Von der digitalen zur interkulturellen Revolution*, Baden-Baden: Nomos, pp. 107-127.

Ertler, Klaus (2003): *Moralische Wochenschriften in Spanien*, Tübingen: Narr.

Ertler, Klaus Dieter (2012): „Moralische Wochenschriften", in: Leibniz-Institut für Europäische Geschichte (IEG) (Hrsg.): *Europäische Geschichte Online (EGO)*, Mainz 30.01.2012, online:
http://www.ieg-ego.eu/ertlerk-2012-de (21.12.2012).

Fix, Ulla (2008): *Texte und Textsorten – sprachliche, kommunikative und kulturelle Phänomeine*, Berlin: Frank & Timme.

Fix, Ulla/Poethe, Hannelore/Yos, Gabriele (2001): *Textlinguistik und Stilistik für Einsteiger. Ein Lehr- und Arbeitsbuch.* Unter Mitarbeit von Ruth Geier, Frankfurt am Main u.a.: Peter Lang.

Gaberell, Roger (2000): „Probleme einer deutschen Textsortengeschichte – die 'Anfänge'", in: Adamzik, Kirsten (Hrsg.): *Textsorten. Reflexionen und Analysen*, Tübingen: Stauffenburg, pp. 153-172.

Gutiérrez, Alina (2006): „Apuntes para un estudio de la relación entre corrección y transgresión lingüísticas en el *Papel Periódico de la Havana* (1791)", in: Knauer, Gabriele/Miranda, Elina/Reinstädtler, Janett (Hsrg.): *Transgresiones cubanas. Cultura, literatura y lengua dentro y fuera de la isla*, Madrid: Iberoamericana, pp. 161-173.

Gutiérrez Grova, Alina/Knauer, Gabriele (2002): „El Papel Periódico de la Havana (1791-94) y la constitución del español americano o propiamente antillano", in: *Neue Romania* 25, Bd. II, pp. 245-283.

Habermas, Jürgen (1990): *Strukturwandel der Öffentlichkeit. Untersuchungen zu einer Kategorie der bürgerlichen Gesellschaft*, Frankfurt am Main: Suhrkamp.

Hammer, Françoise (2014): „Du Courrier des lecteurs à Réagissez", in: Rentel, Nadine/Reutner, Ursula/Schröpf, Ramona (Hrsg): *Von der Zeitung zur Twitterdämmerung. Medientextsorten und neue Kommunikationsformen im deutsch-französischen* Vergleich, Münster: LIT, pp. 45-62.

Hrbek, Anja (1995): *Vier Jahrhunderte Zeitungsgeschichte in Oberitalien. Text-, sprach- und allgemeingeschichtliche Entwicklungen in der `Gazzetta die Mantova' und vergleichbaren Zeitungen*, Tübingen: Niemeyer.

Jüttner, Siegfried (Hrsg.) (2008): *Die Konstituierung eines Kultur- und Kommunikationsraumes Europa im Wandel der Medienlandschaft des 18. Jahrhunderts*, Frankfurt am Main u.a.: Peter Lang.

Kabatek, Johannes (2011): „Diskurstraditionen und Genres", in: Schmid, Dessì et al. (Hrsg.): *Rahmen des Sprechens. Beiträge zur Valenztheorie, Varietätenlinguistik, Kreolistik, Kognitiver und Historischer Semantik. Peter Koch zum 60. Geburtstag*, Tübingen: Narr, pp. 89-100.

Kessler, Christine (2009): „Beschreibung von Textsortenwandel: ein methodischer Ansatz im Erwerb von Textkompetenz", in: *Sprachwandel und Entwicklungstendenzen als Themen im Deutschunterricht: fachliche Grundlagen – Unterrichtsanregungen – Unterrichtsmaterialien*, Potsdam: Universitätsverlag Potsdam, pp. 103-120.

Klein, Josef, (2000): „Intertextualität, Geltungsmodus, Texthandlungsmuster. Drei vernachlässigte Kategorien der Textsortenforschung – exemplifiziert an politischen und medialen Textsorten", in: Adamzik, Kirsten (Hrsg): *Textsorten, Reflexionen und Analysen*, Tübingen: Stauffenburg, pp. 31-44.

Koch, Peter (1988): „Norm und Sprache", in: Albrecht, Jörn/Lüdtke, Jens/Thun, Harald (Hrsg.): *Energeia und Ergon. Studia in Honorem Eugenio Coseriu*. Bd. II. Tübingen: Narr, pp. 327-354.

Koch, Peter (1997): „Diskurstraditionen: zu ihrem sprachtheoretischen Status und ihrer Dynamik", in: Frank, Barbara/Haye, Thomas/Tophinke, Doris (Hrsg.): *Gattungen mittelalterlicher Schriftlichkeit*, Tübingen: Narr, pp. 43-97.

Kohring, Matthias (2004): *Vertrauen in Journalismus: Theorie und Empirie*, Konstanz: UVK.

Krause, Wolf-Dieter (2000a): „Text, Textsorte, Textvergleich", in: Adamzik, Kirsten (Hrsg): *Textsorten, Reflexionen und Analysen*, Tübingen: Stauffenburg, pp. 91-112.

Krause, Wolf-Dieter (Hrsg.) (2000b): *Textsorten. Kommunikationslinguistische und konfrontative Aspekte*, Frankfurt am Main u.a.: Peter Lang.

Lebsanft, Franz (1990): *Spanien und seine Sprachen in den Cartas al Director von El País (1976-1987). Einführung und analytische Bibliographie*, Tübingen: Narr.

Lüger, Heinz-Helmut/Lenk, Hartmut E. H. (Hrsg.) (2008): *Kontrastive Medienlinguistik*, Landau: Verlag Empirische Pädagogik.

Luginbühl, Martin/Perrin, Daniel (Hrsg.) (2011): *Muster und Variation. Medienlinguistische Perspektiven auf Textproduktion und Text*, Bern u.a.: Peter Lang.

Marcuschi, Luiz Antônio (2011): „Gêneros textuais: Configuração, dinamicidade e circulação", in: Karwoski, Acir Mário/Gaydeczka, Beatriz/Siebeneicher Brito, Karim (Hrsg.): *Gêneros textualis. Reflexões e ensino*, São Paulo: Parábola, pp. 17-31.

Mlitz, Andrea (2008): *Dialogorientierter Journalismus. Leserbriefe in der deutschen Tagespresse*, Konstanz: UVK.

Pellicer de Ossau, José (1988): *Avisos históricos*, Madrid: Taurus.

Perrin, Daniel (2006): *Medienlinguistik*, Konstanz: UVK.

Püschel, Ulrich (1993): „Zwischen Modernität und Tradition. Die Anfänge der Leserbriefkommunikation in der Zeitung", in: Heringer, Hans Jürgen/Stötzel, Georg (Hrsg.): *Sprachgeschichte und Sprachkritik. Festschrift für Peter von Polenz zum 65. Geburtstag*, Berlin: Schmidt, pp. 68-88.

Püschel, Ulrich (1995): „Vom Räsonnement zum Schlagabtausch. Leserbriefe vor und während der Märzrevolution 1848", in: Lerchner, Gotthard/Schröder, Marianne/Fix, Ulla (Hrsg.): *Chronologische, areale und situative Varietäten des Deutschen in der Sprachhistoriographie. Festschrift für Rudolf Große*, Frankfurt am Main u.a.: Peter Lang, pp. 135-144.

Saavedra Hurtado, Carola (2003): „Massenmedien in Kuba", in: Wilke, Jürgen (Hrsg.): *Alte und neue Medien in Lateinamerika*, Hamburg: Deutsches Übersee-Institut, pp. 11-132.

Sánchez Aranda, José Javier/Barrera, Carlos (1992): *Historia del periodismo español desde sus orígenes hasta 1975*, Pamplona: Ediciones Universidad de Navarra.

Schlieben-Lange, Brigitte (1983): *Traditionen des Sprechens. Elemente einer pragmatischen Sprachgeschichtsschreibung*, Stuttgart: Kohlhammer.

Schmitz, Ulrich (2011): „Sehflächenforschung. Eine Einführung", in: Diekmannshenke, Hajo/Klemm, Michael/Stöckl, Hartmut (Hrsg.): *Bildlinguistik. Theorien – Methoden – Fallbeispiele*, Berlin: ESV, pp. 21-42.

Schulz, Winfried (1976): *Die Konstitution von Realität in den Nachrichtenmedien. Analyse der aktuellen Berichterstattung*, Freiburg/München: Alber.

Vitier, Cintio/Gracía-Marruz, Fina/Friol, Roberto (Hrsg.) (1990): *La literatura en el Papel Periódico de la Havana (1790-1805)*, La Habana: Editorial Letras Cubanas.

Warnke, Ingo H./Spitzmüller, Jürgen (2008): „Methoden und Methodologie der Diskurslinguistik – Grundlagen und Verfahren einer Sprachwissenschaft jenseits textueller Grenzen", in: Warnke, Ingo H./Spitzmüller, Jürgen (Hrsg.): *Methoden der Diskurslinguistik.*

Sprachwissenschaftliche Zugänge zur transtextuellen Ebene, Berlin/New York: de Gruyter, pp. 3-54.

Wilhelm, Raymund (2001): „Diskurstraditionen", in: Haspelmath, Martin et al. (Hrsg.): *Language Typology and Language Universals. An International Handbook.* Bd. I. Berlin/New York: de Gruyter, pp. 467-477.

Autorenpräsentation

Raúl AVILA es investigador del Centro de Estudios Lingüísticos y Literarios de El Colegio de México. Ha dado cursos y conferencias en diferentes países de las Américas, Asia, Europa y África. Es miembro de comités editoriales de revistas de varios países de América y de España. Pertenece a asociaciones científicas como la Academia Mexicana de Ciencias y otras. Es miembro del Sistema Nacional de Investigadores de México, en el nivel más alto. Actualmente coordina un proyecto internacional sobre el español en los medios de comunicación masiva, en el que han participado 26 universidades de 20 países. Tiene más de 120 publicaciones entre artículos y libros. Los más recientes se refieren a la lengua española en los medios. También ha redactado diccionarios, de los cuales ha publicado dos, y uno más está en prensa. Es editor de una revista digital: intercambio.org.mx, y ha diseñado varios programas de cómputo. Pueden conseguirse más datos de Raúl Ávila en internet. Buscar: <raúl ávila colmex>.

Internet: http://www.colmex.mx/academicos/cell/ravila/index.htm
Contacto: ravila@colmex.mx

Kristina BEDIJS ist seit 2011 wissenschaftliche Mitarbeiterin am Lehrstuhl für Medienlinguistik an der Universität Hildesheim. Sie studierte Romanistik, Medien- und Kommunikationswissenschaft und Komparatistik in Göttingen und wurde dort mit einer Dissertation zur französischen Jugendsprache in Spielfilmen promoviert. Ihre Forschungsschwerpunkte sind die romanistische Medienlinguistik, Varietätenlinguistik und Migrationslinguistik sowie linguistische Themen mit Bezug zur Fachdidaktik. Derzeit arbeitet sie an ihrem Habilitationsprojekt zu Spracheinstellungen spanischer ArbeitsimmigrantInnen in Deutschland.

Internet: http://www.uni-hildesheim.de/spanienprojekt
Kontakt: bedijs@uni-hildesheim.de

Mireia CALVET CREIZET es Profesora Titular del Departamento de Filología Inglesa y Alemana de la Facultad de Filología de la Universidad de Barcelona desde 2001. Imparte cursos de lingüística alemana sincrónica (estructuras argumerntales y valencia sintáctica, sintaxis construccional, morfología léxica y flexiva) y diacrónica (historia cultural y textual de la lengua alemana). Es profesora del Máster en Formación de Profesores de Lengua Extranjera de Secundaria (didáctica de los géneros desde una perspectiva multimodal). Durante los cursos 2013-14 y 2014-15 ha sido profesora del Máster Lingüística Aplicada y

Adquisición de Lenguas en Contextos Multilingües, donde ha impartido clases teóricas y prácticas de Métodos de Investigación. Es co-autora de materiales para la enseñanza de la lengua alemana y autora de trabajos sobre aspectos contrastivos de la formación de palabras y la sintaxis del alemán y sobre el empleo de recursos fono- y morfo-estilísticos en algunas tipologías textuales (lenguaje publicitario, géneros bíblicos). En la actualidad, participa en un proyecto interuniversitario financiado por la EU sobre el uso de tecnologías online para el aprendizaje colaborativo de lenguas extranjeras y para la investigación sobre actividades de blending en el marco del Task- Based Language Learning. Otros ámbitos de investigación por los que experimenta un creciente interés son el análisis de la interacción semi-ficticia en géneros comunicativos rutinizados y el estudio de aspectos discursivos de la fraseología contrastiva

Internet: http://www.ub.edu/lada/
Contacto: mireiacalvet@ub.edu

Eva Martha ECKKRAMMER ist seit 2009 Professorin für Romanische Sprach- und Medienwissenschaft am Romanischen Seminar der Universität Mannheim. Sie studierte Romanistik an den Universitäten Salzburg und Coimbra, unterrichtete an den Universitäten Passau und Heidelberg und verbrachte zahlreiche Lehr- und Forschungsaufenthalte im romanischsprachigen Ausland, z.B. in Lateinamerika (Niederländische Antillen, Argentinien, Kuba). Nach der Promotion 1994 zum Kreolischen der ABC-Inseln und einem Forschungsprojekt zur Kontrastiven Textologie, erfolgte 2005 die Habilitation zum Thema „Medizin für den Laien vom Pesttraktat zum digitalen Aufklärungstext". Ihre Forschungsschwerpunkte liegen in der sprach- und kulturvergleichenden Text- und Medienlinguistik (inkl. Multimodalität bzw. Textsemiotik), der Fachkommunikationsforschung, der Kreolistik sowie der Produkt- und Migrationslinguistik.

Internet: http://www.phil.uni-mannheim.de/romsem/startseite/index.html
Kontakt: eckkrammer@phil.uni-mannheim.de

Elmar EGGERT es Catedrático de Lingüística Románica en la Universidad de Kiel (Alemania) desde el año 2012. Estudió Filología francesa e hispánica en las universidades de Münster y Lille III (Francia), donde obtuvo la Maîtrise de lettres modernes en 1994. Completó los estudios con un Magister Artium – licenciatura – en la Universidad de Münster (Alemania) en 1998. Su tesis de doctorado, realizada en 2002 en co-dirección de las universidades de Tours (Francia) y Münster (Alemania), trata sobre las reglas de formación de gentilicios franceses para aplicaciones de tratamiento automático. En 2010 terminó su formación académica en la Universidad de Bochum (Alemania) con la tesis de habilitación para el acceso a cátedra sobre el desarrollo de la tradición discursiva enciclopédica en la España tardomedieval. Fue suplente de cátedra en las universidades de Fráncfort del Meno, Bochum y Heidelberg (Alemania). Sus intereses lingüísticos abarcan las tradiciones discursivas, la evolución de los lenguajes históricos de especialidad, la política lingüística, la traductología y la morfología.

Internet: http://www.eggert.romanistik.uni-kiel.de
Contacto: elmar.eggert@romanistik.uni-kiel.de

Maria EGIDO VICENTE es desde el 2013 profesora asociada del Departamento de Filología Moderna de la Universidad de Salamanca. Anteriormente, entre el 2006 y el 2012 desempeñó la posición de profesor lector de español en el Departamento de Románicas de la Universidad de Würzburg, Alemania. Estudió Filología Alemana en la Universidad de Salamanca y Colonia. Su tesis doctoral versa sobre el estudio contrastivo de las construcciones con verbos funcionales en alemán y español. Otros campos de interés son la lexicografía bilingüe, la lingüística de corpus y la lingüística medial.

Internet: http://www.usc.es/es/proxectos/diconale/infomaria.html
Contacto: mariaegido@usal.es

Sybille GROSSE ist seit 2011 Professorin für Romanische Sprachwissenschaft am Romanischen Seminar der Universität Heidelberg. Sie studierte Romanistik und Erwachsenenbildung an der Universität Leipzig und wurde dort mit einer Arbeit zum brasilianischen Portugiesisch promoviert. Nach einem Postdoc-Stipendium des DAAD in Rouen und Paris und verschiedenen anderen Forschungsaufenthalten hat sie sich 2009 an der Philosophischen Fakultät der Universität Potsdam im Fach Romanische Philologie (Sprachwissenschaft) habilitiert. Von Oktober 2008 bis März 2011 war sie als Vertretung der W3-Professur „Spanische, hispano-amerikanische, portugiesische und brasilianische Sprachwissenschaft" am Institut für Romanistik der Universität Leipzig tätig. Ihre Forschungsschwerpunkte sind die Sprachgeschichte und der Sprachwandel in den romanischen Sprachen, die diachrone Soziolinguistik, die Tradition der Epistolarität in Frankreich, Spanien und Portugal sowie Ausdrucksmöglichkeiten von Evidentialität aus Sprachkontaktperspektive.

Internet: http://www.uni-heidelberg.de/rose/personen/grosse.html
Kontakt: sybille.grosse@rose.uni-heidelberg.de

Karoline HEYDER ist wissenschaftliche Mitarbeiterin im Arbeitsbereich Didaktik der Romanischen Sprachen und Literaturen am Seminar für Romanische Philologie der Georg-August-Universität Göttingen. Nach dem Studium der Romanistik, der Geschichts- und der Musikwissenschaft an den Universitäten Freiburg i.Br., Göttingen und Lausanne hat sie das Referendariat für das Lehramt an Gymnasien erfolgreich abgeschlossen und als Lehrerin gearbeitet. Ihre Forschungsschwerpunkte liegen an der Schnittstelle zwischen der Linguistik und der Didaktik des Sprachunterrichts, insbesondere in den Bereichen der Kontakt-, der Varietäten- und der Medienlinguistik sowie auf den Gebieten der Mehrsprachigkeit aus linguistischer und didaktischer Perspektive und der Mediendidaktik. In ihrer Dissertation untersuchte sie die varietale Mehrsprachigkeit in der Suisse romande.

Internet: http://www.uni-goettingen.de/de/fachdidaktik/60719.html
Kontakt: kmeyerh@gwdg.de

Daniel KALLWEIT vertritt seit 2014 die Akademische Ratsstelle für spanische Sprachwissenschaft am Romanischen Seminar der Ruhr-Universität Bochum. Nach seinem Studium der Romanistik und der Medienwissenschaft an der Ruhr-Universität Bochum und der Pompeu Fabra Barcelona begann er 2008 sein Promotionsprojekt zu alternativen Schreibweisen im spanischen Chat und wurde 2014 in Bochum promoviert. Während dieser Zeit war er erst als Lehrkraft für besondere Aufgaben und später als wissenschaftlicher Mitarbeiter am Lehrstuhl Mihatsch in Bochum tätig. Seine aktuellen Forschungsinteressen liegen in den Bereichen der Varietätenlinguistik, der Mündlichkeits-Schriftlichkeits-Forschung, der Orthografie sowie der Lexikografie.

Internet: http://homepage.ruhr-uni-bochum.de/daniel.kallweit/
Kontakt: daniel.kallweit@rub.de

Gabriele KNAUER ist seit 2004 Professorin für Romanische Sprachen (Spanisch) an der Humboldt-Universität zu Berlin. Nach einem Sprachmittlerstudium für Französisch und Spanisch an der Karl-Marx-Universität Leipzig war sie dort von 1977 bis 1981 Forschungsstudentin und wurde 1982 mit einer Dissertation zur Diskursanalyse promoviert. 1981 begann sie ihre Tätigkeit als wissenschaftliche Mitarbeiterin an der Humboldt-Universität zu Berlin, wo sie sich mit einer Studie zum Gebrauch des Subjuntivo und Indicativo im Spanischen habilitierte. 1992/93 war sie Stipendiatin des Feodor Lynen-Programms der Alexander von Humboldt-Stiftung am Colegio de México. Nach Fortsetzung ihrer Tätigkeit in Berlin bis 1996 nahm sie als Privatdozentin Gastprofessuren in Tübingen,

Köln und wiederum an der Humboldt-Universität zu Berlin wahr. Ihre aktuellen Forschungsinteressen liegen im Bereich der Medienlinguistik, insbesondere in der Untersuchung von Medientexten aus Kuba, Argentinien und den USA im Hinblick auf Phänomene der Variation und des Wandels aus synchroner und diachroner Perspektive. Dabei wendet sie im Rahmen einer kulturwissenschaftlich ausgerichteten Linguistik u.a. Methoden der multimodalen Textanalyse und der Korpuslinguistik an.

Internet: http://www.romanistik.hu-berlin.de/personal/knauer_html
Kontakt: gabriele.knauer@romanistik.hu-berlin.de

Nadine RENTEL, Studium der Romanistik (Französisch, Italienisch) und der Computerlinguistik an der Universität Duisburg-Essen und in Poitiers (Frankreich); Promotion (2004) zu Sprache-Bild-Relationen in der französischen Anzeigenwerbung. Zahlreiche Kongressvorträge und Veröffentlichungen in deutscher, englischer, französischer und italienischer Sprache. Forschungsschwerpunkte unter anderem in den Bereichen der Kontrastiven Textologie und des Sprach- und Kulturvergleichs, insbesondere Arbeiten zu Unterschieden zwischen der deutschen und romanischen Wissenschaftskultur. Weitere Forschungen zur Kommunikation in den Neuen Medien (SMS, Twitter, Forenkommunikation). Von 2006 bis 2010 DAAD-Lektorin in Frankreich (an den Universitäten Besançon und Paris IV-Sorbonne) und dort ab 2008 Koordinatorin des Lektorenprogramms. Seit 2011 Professorin für Romanische Sprachen (Schwerpunkt Wirtschaftsfranzösisch) an der Westsächsischen Hochschule Zwickau.

Internet: http://www.fh-zwickau.de/index.php?id=9157
Kontakt: nadine.rentel@fh-zwickau.de

Antonio RUIZ TINOCO es actualmente catedrático de Lengua Española y Lingüística en la Universidad Sophia de Tokio. Es licenciado en Estudios Japoneses por la Universidad de Estudios Extranjeros de Tokio, y completó su máster y doctorado (1988) en Lingüística en la Universidad Tsukuba de Japón. Su tesis doctoral propone y analiza la sintaxis y la semántica del determinante cero en japonés. Ha enseñado en la Universidad Keio, la Universidad de Tokio y otras varias en Japón. Es autor de varios libros de texto de español, coautor de varios diccionarios español-japonés, japonés-español, y una serie de artículos y capítulos de libros sobre la variación lingüística del español. Últimamente se dedica al estudio de la variación lingüística en Twitter.

Internet: http://lingua.cc.sophia.ac.jp/taller/
Contacto: a-ruiz@sophia.ac.jp

Raúl SÁNCHEZ PRIETO Raúl Sánchez es profesor de lingüística alemana en la Universidad de Salamanca. Actualmente es subdirector del Departamento de Filología Moderna e Investigador Principal del proyecto I+D "Comments 2.0". Su investigación se centra en la lingüística contrastiva y en el conflicto lingüístico.

Internet: http://diarium.usal.es/raulsanchez/
Contacto: raulsanchez@usal.es

Tilman SCHRÖDER ist derzeit wissenschaftlicher Geschäftsführer am „Jakob-Fugger-Zentrum – Forschungskolleg für Transnationale Studien“ der Universität Augsburg. Er studierte Romanistik und Betriebswirtschaftslehre an den Universitäten Mannheim und Buenos Aires und arbeitete nach dem Examen für mehrere Jahre als Assistent der Geschäftsführung, in der Web-Entwicklung und im Marketing bei einem deutschen Sprachreiseveranstalter. Im Jahr 2012 wurde er mit einer linguistischen Dissertation zu kulturspezifischen Merkmalen auf internationalen Unternehmenswebsites am Romanischen Seminar der Universität Mannheim promoviert. Forschungsaufenthalte führten ihn an das Linguistics Department der University of California at Berkeley und ans Monterey Institute of International Studies in den USA. Seine Arbeitsschwerpunkte liegen in den Bereichen Kontrastive Linguistik, Medienlinguistik, (Hyper-)Textlinguistik sowie Werbe- und Unternehmenskommunikation.

Internet: http://www.jfz.uni-augsburg.de/
Kontakt: tilman.schroeder@praesidium.uni-augsburg.de

Falk SEILER vertritt derzeit eine Professur für Romanische Sprach- und Medienwissenschaft an der Universität Mannheim. Er hat an den Universitäten Leipzig und Pisa Französisch, Italienisch und Allgemeine Sprachwissenschaft studiert. Seine Forschungsschwerpunkte liegen in den Bereichen der Soziolinguistik (z.B. Minderheitensprachen, Karibik, soziolinguistische Zugänge zur Literatur), der Sprachbewusstseinsforschung, der Laienlinguistik, der Medienlinguistik (z.B. Softwarestudien, Blogforschung) sowie der Erforschung des Verhältnisses von Sprache und Ökonomie.

Internet: http://www.fseiler.de/
Kontakt: seiler@phil.uni-mannheim.de

Studien zur Translation und Interkulturellen Kommunikation in der Romania

Herausgegeben von Nadine Rentel und Ramona Schröpf

Band 1 Anne-Catherine Gonnot / Nadine Rentel / Stephanie Schwerter (dir.): Dialogues entre langues et cultures. 2013.

Band 2 Nadine Rentel / Ursula Reutner / Ramona Schröpf (eds.): Lingüística mediática y traducción audiovisual. Estudios comparativos español-alemán. 2015.

Band 3 Nadine Rentel / Tilman Schröder / Ramona Schröpf (Hrsg./eds.): Kommunikative Handlungsmuster im Wandel? / ¿Convenciones comunicativas en proceso de transformación? Chats, Foren und Dienste des Web 2.0 im deutsch-spanischen Vergleich / Estudios hispano-alemanes de chats, foros y redes sociales. 2015.

www.peterlang.com

www.ingramcontent.com/pod-product-compliance
Ingram Content Group UK Ltd.
Pitfield, Milton Keynes, MK11 3LW, UK
UKHW041824290926
8980IPUK00002B/58

9 783631 668054